Ronald Gleich/Peter Bartels/Volker Breisig (Hrsg.)

Nachhaltigkeitscontrolling:
Konzepte, Instrumente und Fallbeispiele zur Umsetzung

Ronald Gleich/Peter Bartels/Volker Breisig (Hrsg.)

# Nachhaltigkeitscontrolling: Konzepte, Instrumente und Fallbeispiele zur Umsetzung

Haufe Gruppe
Freiburg • München

**Bibliografische Information der Deutschen Nationalbibliothek**

Die Deutsche Nationalbibliothek verzeichnet diese Publikation in der Deutschen Nationalbibliografie; detaillierte bibliografische Daten sind im Internet über http://dnb.ddb.de abrufbar.

Print: ISBN: 978-3-648-03219-0          Bestell-Nr.: 01493-0001
ePub: ISBN: 978-3-648-03220-6          Bestell-Nr.: 01493-0100
ePDF: ISBN: 978-3-648-03221-3          Bestell-Nr.: 01493-0150

Ronald Gleich/Peter Bartels/Volker Breisig (Hrsg.)
Nachhaltigkeitscontrolling: Konzepte, Instrumente und Fallbeispiele zur Umsetzung

1. Auflage 2012

© 2012 Haufe-Lexware GmbH & Co. KG, Munzinger Straße 9, 79111 Freiburg
Redaktionsanschrift: Fraunhoferstraße 5, 82152 Planegg/München
Telefon: 089 895 17-0
Telefax: 089 895 17-290
Internet: www.haufe.de
E-Mail: online@haufe.de
Lektorat: Dipl.-Betriebswirt (FH) Günther Lehmann
Schriftleitung: Dipl.-Kfm. Mike Schulze (EBS Business School)

**Umschlag:** RED GmbH, 82152 Krailling
**Druckvorstufe:** Reemers Publishing Services GmbH, Luisenstraße 62, 47799 Krefeld
**Druck:** fgb. freiburger graphische betriebe, 79108 Freiburg

Zur Herstellung dieses Buches wurde alterungsbeständiges Papier verwendet.

# Vorwort

Liebe Leserinnen und Leser,

der von der „UN-Weltkommission für Umwelt und Entwicklung" (World Commission on Environment and Development, WCED) im Jahr 1987 geprägte Begriff einer nachhaltigen Entwicklung ist seitdem zu einem gesellschaftspolitischen Leitbild und dessen Umsetzung zu einer globalen Herausforderung für das 21. Jahrhundert geworden. In diesem Zusammenhang kommt Unternehmen als gesellschaftlich verantwortlichen Akteuren eine hohe Bedeutung zu. Eine nachhaltige Unternehmensführung ist darauf ausgerichtet, die Beiträge eines Unternehmens zu den Zielen der sozialen, ökologischen und ökonomischen Nachhaltigkeitsdimension systematisch zu optimieren. Dies impliziert ein Erfolgskonzept im Sinne einer dreidimensionalen Wertschöpfung („Triple Bottom Line") und erweitert damit die klassische Sichtweise einer eindimensionalen, rein wertorientierten Unternehmensführung.

Aus der zunehmenden strategischen Bedeutung einer nachhaltigen Ausrichtung aller Unternehmensaktivitäten leitet sich eine aktive Rolle des Controllings in diesem Wandel ab. Diese Rolle umfasst neben messenden, bewertenden und steuernden Aspekten auch die Unterstützung der Bewusstseinsbildung und Sensibilisierung insbesondere der Unternehmensführung für die Bedeutung nachhaltiger Themen. Im Rahmen eines Nachhaltigkeitscontrollings sind dazu ökologische und soziale Aspekte systematisch in das bestehende Controlling-System zu integrieren und die entsprechenden Controlling-Prozesse strategisch im Hinblick auf Nachhaltigkeit auszurichten. Dazu sind auch bereits bestehende Ansätze und Instrumente des klassischen Controllings weiterzuentwickeln.

Trotz dieser zukünftigen Herausforderung für das Controlling gibt es bislang nur wenige deutschsprachige Publikationen, die über die Konzeption und erfolgreiche Umsetzung des Nachhaltigkeitscontrollings in der Praxis berichten oder weiterentwickelte Ansätze und Instrumente näher beleuchten. Wir möchten mit diesem Band daher einen Beitrag dazu leisten, Controller bei der Einführung und Umsetzung eines Nachhaltigkeitscontrollings zu unterstützen.

In der Rubrik „Standpunkt" äußert sich im Rahmen eines thematischen Einstiegs Prof. Dr. Dr. h.c. mult. Péter Horváth zum aktuellen Stand der Integration ökologischer Aspekte in das Controlling. Die speziellen Herausforderungen für Unternehmen im Bereich des Energiemanagements werden in einem weiteren Experten-Interview mit Dr. Volker Breisig von der Wirtschaftsprüfungsgesellschaft PricewaterhouseCoopers diskutiert.

Der erste Beitrag in der Rubrik **„Grundlagen & Konzepte"** stellt die Herausforderungen im Zusammenhang mit der Konzeption eines strategisch fundierten Nachhaltigkeitscontrollings vor und leitet hieraus Handlungsempfehlungen für Unternehmen ab. Ein zweiter Beitrag gibt einen praxisorientierten Überblick über die bestehenden Ansätze und Instrumente des Nachhaltigkeitscontrollings. In weiteren Beiträgen werden das Performance Measurement mithilfe einer Sustainability Balanced Scorecard sowie das nachhaltigkeitsorientierte Life Cycle Costing näher beleuchtet.

Konkrete Beispiele der Implementierung in der Praxis sind in der Rubrik **„Umsetzung & Praxis"** zu finden, welche sich in diesem Band insbesondere den zwei Themenschwerpunkten „Energie-Controlling" und „Carbon Accounting" widmen. Zum „Energie-Controlling" werden als Einstieg das Benchmarking mit energiedatengestützten Kennzahlen als ein Instrument des Energie-Controllings erläutert sowie Ergebnisse eines im Jahre 2011 von PricewaterhouseCoopers durchgeführten Energie-Benchmarkings vorgestellt. Ein zweiter Beitrag behandelt die Chancen und Herausforderungen für das Controlling von Industrieunternehmen im Zusammenhang mit der Energiebeschaffung. Zum „Carbon Accounting" werden zunächst die grundlegenden Herausforderungen bei der Gestaltung von effizienten Carbon Accounting-Prozessen aufgezeigt und entsprechende Handlungsempfehlungen abgeleitet. Konkrete Beispiele für die Vorgehensweise in der Praxis bei der Berechnung und Bilanzierung eines Carbon Footprint finden sich in den zwei anschließenden Beiträgen. Die Rubrik wird abschließend durch zwei weitere Beiträge ergänzt. Dabei werden anhand einer Fallstudie ein „grüner" Target Costing-Ansatz vorgestellt sowie die Vorgehensweise bei der Implementierung nachhaltigkeitsorientierter Key Performance Indicators (KPI) anhand eines konkreten Unternehmensbeispiels aufgezeigt.

Die Rubrik **„Organisation & IT"** fokussiert sich diesmal auf informationstechnische Aspekte der Umsetzung eines Nachhaltigkeitscontrollings. Ein erster Beitrag stellt einen Rechner zur Ermittlung von betrieblichen Treibhausgasemissionen vor, der insbesondere für kleine und mittlere Unternehmen interessant ist. Der zweite Beitrag gibt einen Überblick über bestehende Controlling-Software zur Unterstützung eines Nachhaltigkeitscontrollings.

In der letzten Rubrik **„Literaturanalyse"** stellen wir Ihnen vier ausgewählte Bücher als weiterführende Literatur vor.

Wir bedanken uns ganz herzlich bei allen Autoren, die zum Gelingen dieser Ausgabe beigetragen haben, und wünschen Ihnen, liebe Leserinnen und Leser, eine interessante Lektüre.

Oestrich-Winkel/Düsseldorf, im Juni 2012
Ronald Gleich, Peter Bartels und Volker Breisig

# Inhalt

# Die Autoren

**Dr. Peter Bartels**
Mitglied des Vorstands und Leiter des Geschäftsbereichs „Familienunternehmen und Mittelstand" bei der Pricewaterhouse Coopers AG WPG in Hamburg.

**Sebastian Berlin**
Wissenschaftlicher Mitarbeiter am International Performance Research Institute (IPRI) und Doktorand an der Universität Stuttgart.

**Dr. Volker Breisig**
Partner im Bereich Advisory „Utilities & Regulation" bei der PricewaterhouseCoopers AG WPG in Düsseldorf.

**Adrian Bründl**
Unternehmensberater aus dem Bereich Advisory „Utilities & Regulation" bei der PricewaterhouseCoopers AG WPG in Düsseldorf.

**Nicolas Deutsch**
Unternehmensberater aus dem Bereich Advisory „Utilities & Regulation" bei der PricewaterhouseCoopers AG WPG in Stuttgart.

**Stefan Dierks**
Senior Manager Corporate Responsibility bei der Tchibo GmbH in Hamburg.

**Andreas Dutz**
Leiter Marketing und Business Development bei der prevero AG in München. Er ist Mitglied des Fachkreises „Green Controlling" des Internationalen Controller Vereins (ICV) sowie im Forschungsprojekt „ÖkoLogi" des International Performance Research Institutes (IPRI).

**Magdalena Gabriel**
Wissenschaftliche Mitarbeiterin am Transferzentrum Industrial Management der FH JOANNEUM in Kapfenberg.

**Prof. Dr. Ronald Gleich**
Head of Department Innovation Management and Entrepreneurship sowie Executive Director Strascheg Institute for Innovation and Entrepreneurship (SIIE) der EBS Business School in Oestrich-Winkel.

**Prof. Dr. Edeltraud Günther**
Inhaberin des Lehrstuhls für Betriebliche Umweltökonomie an der TU Dresden, Fakultät Wirtschaftswissenschaften und Gastprofessorin an der University of Virginia.

**Prof. Dr. Dr. h. c. mult. Péter Horváth**
Geschäftsführer des International Performance Research Institute (IPRI) in Stuttgart sowie Vorsitzender des Aufsichtsrates der Horváth AG. Bis März 2005 war er Inhaber des Lehrstuhls für Allgemeine Betriebswirtschaftslehre und Controlling an der Universität Stuttgart.

**Dr. Lukas Krüger**
Unternehmensberater aus dem Bereich Advisory „Utilities & Regulation" bei der PricewaterhouseCoopers AG WPG in Düsseldorf.

**Tobias Michel**
Mitarbeiter aus dem Bereich Advisory „Utilities & Regulation" bei der PricewaterhouseCoopers AG WPG in Düsseldorf.

**Prof. Dr. Armin Müller**
Professor für allgemeine Betriebswirtschaftslehre, Rechnungswesen und Controlling an der Hochschule für angewandte Wissenschaft (HAW) Ingolstadt.

**Christoph Munck**
Wissenschaftlicher Mitarbeiter und Doktorand im Forschungsschwerpunkt Controlling & Innovation am Strascheg Institute for Innovation and Entrepreneurship (SIIE) der EBS Business School in Oestrich-Winkel.

**Helge F. R. Nuhn**
Wissenschaftlicher Mitarbeiter und Doktorand im Forschungsschwerpunkt Innovationsmanagement am Strascheg Institute for Innovation and Entrepreneurship (SIIE) der EBS Business School in Oestrich-Winkel.

**Bernd Odenthal**
Unternehmensberater aus dem Bereich Advisory „Utilities & Regulation" bei der PricewaterhouseCoopers AG WPG in Düsseldorf.

**Prof. Dr. Alfred Posch**
Stellvertretender Leiter des Instituts für Systemwissenschaften, Innovations- und Nachhaltigkeitsforschung an der Universität Graz.

**Robert Prengel**
Manager und Projektleiter bei der PricewaterhouseCoopers AG WPG in Berlin und Leiter der Arbeitsgruppe „Ecosystems and Climate Change Services".

**Martina Prox**
Head of Marketing & Sales bei der ifu Hamburg GmbH.

**Clemens Raqué**
Wissenschaftlicher Mitarbeiter am Institut für Industrial Ecology der Hochschule Pforzheim.

**Hans-Peter Sander**
Dipl.-Journalist und Presseverantwortlicher des Internationalen Controller Vereins e.V. (ICV).

**Prof. Dr. Stefan Schaltegger**
Leiter des Centre for Sustainability Management (CSM) und Inhaber des Lehrstuhls für Nachhaltigkeitsmanagement an der Leuphana Universität Lüneburg.

**Prof. Dr. Mario Schmidt**
Leiter des Institutes für Industrial Ecology an der Hochschule Pforzheim.

**Mike Schulze**
Wissenschaftlicher Mitarbeiter und Doktorand im Forschungsschwerpunkt Controlling & Innovation am Strascheg Institute for Innovation and Entrepreneurship (SIIE) der EBS Business School in Oestrich-Winkel.

**Kristin Stechemesser**
Wissenschaftliche Mitarbeiterin und Doktorandin am Lehrstuhl für Betriebliche Umweltökonomie der TU Dresden, Fakultät Wirtschaftswissenschaften.

**Karl-Heinz Steinke**
Leiter Konzern-Controlling und Kostenmanagement bei der Deutschen Lufthansa AG sowie Vorstandsmitglied des ICV und Leiter des ICV-Fachkreises „Green Controlling".

**Silke Thomas**
Senior-Expertin Corporate Responsibility bei der Deutschen Telekom AG in Bonn.

**Prof. Dr. Martin Tschandl**
Leiter der Studiengänge und des Transferzentrums Industrial Management an der FH JOANNEUM in Kapfenberg.

**Dimitar Zvezdov**
Wissenschaftlicher Mitarbeiter am Centre for Sustainability Management (CSM) der Leuphana Universität Lüneburg.

# Kapitel 1: Standpunkt

# Experten-Interview „Green Controlling: Herausforderungen der Integration ökologischer Aspekte in das Controlling"

■ **Interviewpartner:**

**Prof. Dr. Dr. h. c. mult. Péter Horváth.** Geschäftsführer des International Performance Research Institute (IPRI) in Stuttgart sowie Vorsitzender des Aufsichtsrates der Horváth AG. Bis März 2005 war er Inhaber des Lehrstuhls für Allgemeine Betriebswirtschaftslehre und Controlling an der Universität Stuttgart.

■ **Das Interview führte:**

**Mike Schulze.** Wissenschaftlicher Mitarbeiter und Doktorand im Forschungsschwerpunkt Controlling & Innovation am Strascheg Institute for Innovation and Entrepreneurship (SIIE) der EBS Business School in Oestrich-Winkel.

Die „Ideenwerkstatt" des Internationalen Controller Vereins (ICV) (unter der Leitung von Prof. Dr. Dr. h. c. mult. Péter Horváth und Dr. Uwe Michel) hat 2011 eine Studie zum Thema „Green Controlling – eine neue Herausforderung für den Controller?" veröffentlicht. Ziel der Studie war es, zum einen den aktuellen Stand und die Ausprägung des Green Controllings in der Unternehmenspraxis empirisch zu untersuchen, zum anderen aber auch die Unternehmen sowie die Controller Community zu ermuntern, sich weiter mit der Herausforderung der Integration ökologischer Aspekte in die Unternehmenssteuerung auseinanderzusetzen.

## 1 Hintergrund und Ziele eines Green Controllings

*Mike Schulze*: Herr Prof. Horváth, Sie waren einer der Impulsgeber für die Auseinandersetzung mit der Thematik Green Controlling in der „Ideenwerkstatt" des ICV. Aus welcher Überzeugung bzw. Motivation heraus ist diese Initiative entstanden?

*Péter Horváth*: Der Impuls für die Studie zur Thematik Green Controlling ist sehr stark praxisgetrieben gewesen. Sowohl über Mitglieder des ICV als auch über unsere Praxispartner des IPRI haben wir gemerkt, dass die Bedeutung dieses Themas in den Unternehmen in den letzten Jahren deutlich zugenommen hat. Einige Unternehmen haben bereits die

Möglichkeit erkannt, durch die Integration ökologischer Aspekte Markt-chancen zu generieren oder sogar neue Geschäftsmodelle zu entwickeln. Auch in der betriebswirtschaftlichen Literatur lässt sich diese positive Entwicklung feststellen; die Anzahl von Publikationen zu diesem Thema hat in den letzten Jahren ebenfalls zugenommen. Um die Relevanz, den aktuellen Stand und die Herausforderungen eines Green Controllings insbesondere im deutschsprachigen Raum auf Basis dieser Eindrücke systematisch zu analysieren, hat der ICV diese Studie auf meinen Vorschlag hin initiiert.

*Mike Schulze*: Was war der Grund, sich in der Studie lediglich auf die ökologische Ausrichtung des Controllings und damit nur auf eine der drei Nachhaltigkeitsdimensionen zu fokussieren? Sind die ökonomische und die soziale Dimension der Nachhaltigkeit nicht von gleicher Bedeutung für das Controlling?

*Péter Horváth*: Die Fokussierung auf die ökologische Ausrichtung des Controllings hatte in erster Linie praktische Gründe. Wir wollten in der uns zur Verfügung stehenden Zeit möglichst aussagefähige und in der Praxis verwertbare Ergebnisse bekommen und dies war unserer Meinung nach nur durch eine thematische Fokussierung zu erreichen. Der inhaltliche Aspekt dabei ist, dass wir der Auffassung sind, dass das Thema Nachhaltigkeit derart vielschichtig ist, dass eine pauschale und simultane Behandlung aller relevanten Aspekte eher zu verwirrenden und wenig konkreten Aussagen führen würde.

Ich persönlich bin schon der Meinung, dass die soziale Dimension der Nachhaltigkeit auch heute bereits eine ebenfalls sehr wichtige Bedeutung für Unternehmen hat. Ich kann hier natürlich keine quantitative Gewichtung zwischen der ökologischen und der sozialen Dimension der Nachhaltigkeit vornehmen. Aber wenn wir uns mal ein konkretes Beispiel anschauen: Wir haben heutzutage in vielen Unternehmen präventive Maßnahmen im Bereich des Gesundheitsmanagements. Diese verfolgen primär das Ziel, die Effektivität und Effizienz des Unternehmens zu erhöhen, darüber hinaus aber auch die Mitarbeiterzufriedenheit positiv zu beeinflussen. Das ist aus Sicht der Unternehmen sicherlich genauso wesentlich wie die Berücksichtigung und die Integration ökologischer Aspekte in die Unternehmensführung.

*Mike Schulze*: Wie ist Ihr derzeitiges Verständnis eines Green Con-trollings?

*Péter Horváth*: Die zunehmende Relevanz der Berücksichtigung öko-logischer Aspekte auf Unternehmensebene führt dazu, dass das Umwelt-management zu einer Querschnittsaufgabe wird, zu der jede betriebliche Funktion einen Beitrag zu leisten hat. Dazu gehört selbstverständlich auch das Controlling. Während sich in anderen Funktionen Begriffe wie „Green IT" oder „Green Logistics" bereits etabliert haben, hat dies im Controlling noch nicht stattgefunden. Den individuellen Beitrag des Controllings zu einer ökologischen Ausrichtung der Unternehmensaktivitäten bezeichnen wir daher als „Green Controlling". Dies bedeutet allerdings nicht, dass in den Unternehmen ein separates grünes Controlling entwickelt werden soll, sondern dass die ökologische Perspektive integrativer Bestandteil des gesamten Steuerungssystems im Unternehmen werden muss.

*Mike Schulze*: Was ist neu am Green-Controlling-Verständnis im Vergleich zu der umwelt-/ökologieorientierten Ausrichtung des Controllings in den 80er/90er Jahren?

*Péter Horváth*: Ich sehe den grundlegenden Unterschied darin, dass sowohl Umweltcontrolling als auch Ökocontrolling in den 80er und auch 90er Jahren jeweils einzelne, eher operative Teilaspekte des Controllings aufgegriffen und behandelt haben. Darüber hinaus variierten in den Publikationen dieser Zeit das jeweilige Begriffsverständnis und die dort vorgeschlagenen Ansätze und Instrumente je nach Autor durchaus beträchtlich. Meiner Meinung nach hat man heute, im Unterschied zu früher, die strategische und systemische Bedeutung einer ökologischen Unternehmensausrichtung erkannt. Wir sprechen heute nicht mehr nur von einzelnen Controllingwerkzeugen, wie beispielsweise der Umweltkostenrechnung im klassischen Sinne, um einmal ein Beispiel aus den 80er Jahren zu nennen. Heute geht es darum, die Controllingprozesse strategisch auf die Perspektive Umwelt auszurichten und ökologische Aspekte durchgehend in ihnen zu verankern. Wir haben uns mit „Green Controlling" ganz bewusst für einen plakativen neuen Begriff entschieden, um in der Controller Community größere Aufmerksamkeit für dieses Thema zu erzeugen.

## 2 Aufgaben und Inhalte

*Mike Schulze*: Welche speziellen Aufgaben sind für das Controlling Ihrer Meinung nach mit der Integration eines Green Controllings verbunden? Sehen Sie in diesem Bereich derzeitig Probleme für das Controlling?

*Péter Horváth*: Die wichtigste Aufgabe eines Green Controllings sehe ich darin, die Wirtschaftlichkeit ökologischer Strategien nachzuweisen, deren Zielerreichung zu monitoren und mithilfe von den „richtigen" Kennzahlen einen transparenten und objektiven Umgang mit ökologischen Themen zu ermöglichen. Hierfür müssen in einem ersten Schritt ökologische Informationsbedarfe identifiziert, Informationen unternehmensweit erhoben, einheitlich analysiert und letztlich im Einklang mit ökonomischen Informationen interpretiert werden.

Dazu sind meines Erachtens zwei Teilaspekte hervorzuheben. Die erste Herausforderung stellt den Bedarf einer ökologischen Informationsgenerierung und -bewertung dar. Nur auf dieser Basis können der Status quo der ökologischen Leistung bestimmt und mögliche Chancen sowie Risiken identifiziert werden, was eine ökologische strategische Positionierung ermöglicht. Die zweite Herausforderung liegt darin, eine ökologische Informationsverwendung i. S. e. Steuerung im Unternehmen sicherzustellen. Dies umfasst die Integration ökologischer Informationen in Form von Zielen, Kennzahlen etc. in die Unternehmenssteuerung. Nur wenn es gelingt, diese neuen ökologischen Informationen als gleichberechtigte Zielgrößen in alle Informations- und Entscheidungsprozesse einzubinden, können eine ökologisch-ökonomisch ausgewogene Entscheidungsfindung und Verhaltensausrichtung im Unternehmen ermöglicht werden. Während die ökologische Informationsgenerierung durch ein separates Umweltmanagement erfüllt werden kann, bedarf die Sicherstellung einer ökologischen Informationsverwendung einer Integration dieser Informationen in die Aufgaben und Abläufe des Unternehmenscontrollings.

Ich glaube, dass der Neuheitsgrad dieser Aufgaben gar nicht so groß ist. Auch heute schon gehört das strategische Controlling zum Aufgabenbereich eines modernen Controllers. Umweltaspekte sind ein Teilbereich der strategischen Ausrichtung eines Unternehmens und deshalb natürlich auch Aufgabe des strategischen Controllings. Insofern gilt es aus meiner Sicht, den strategischen Blick des Controllers für die Berücksichtigung ökologischer Aspekte zu schärfen; für die Funktion des Controllers und auch für die Controlling-Instrumente ist das eigentlich nichts fundamental Neues. Es geht, wie schon eingangs erwähnt, insbesondere darum, die strategische ökologische Ausrichtung in die Controlling-Prozesse und -Instrumente systematisch zu integrieren.

*Mike Schulze*: Sehen Sie durch diese Erweiterung des Aufgabenprofils der Controller auch Auswirkungen auf das künftige Rollenverständnis?

*Péter Horváth*: Ich sehe hier keine grundsätzliche Veränderung, sondern eher eine Verstärkung der Entwicklung, die wir jetzt schon haben. Die Erwartungshaltung des Managements hat sich in den vergangenen Jahren dahingehend entwickelt, dass ein Controller als Business Partner des Managements fungiert. Dazu gehört nicht mehr nur die Bereitstellung von benötigten Informationen, sondern das aktive Vorbereiten und Begleiten von Entscheidungsprozessen sowie das Führen eines hoch qualifizierten Dialogs zwischen den einzelnen Geschäftsfeldern und Funktionsbereichen. Der Controller ist damit sowohl Finanzspezialist als auch unternehmensinterner Berater, schaut in die Vergangenheit genauso wie in die Zukunft, zeichnet sich durch proaktives Handeln und ganzheitliche Kommunikation aus. Damit übernimmt er eine Schlüsselrolle im Unternehmen. Genau dieses Rollenverständnis ist auch bei der Umsetzung eines Green Controllings gefragt.

*Mike Schulze*: Welche Controlling-Instrumente sollten Unternehmen zukünftig verstärkt nutzen, damit das Controlling seinen Beitrag zu einer ökologischen Ausrichtung leisten kann?

*Péter Horváth*: Für Unternehmen besteht die Aufgabe meines Erachtens darin, ihre bestehenden Controlling-Instrumente entsprechend anzupassen und eine sog. „Green Controlling Toolbox" aufzubauen. Ich denke hier im Rahmen der strategischen Planung beispielsweise an Instrumente wie Stakeholder-Analysen, Portfoliotechniken zur Marktpotenzialanalyse, Szenariotechniken oder eine Sustainability Balanced Scorecard (SBSC). In der Kosten-, Leistungs- und Ergebnisrechnung besteht die Aufgabe beispielsweise darin, Umweltkosten im Rahmen einer Umweltkostenrechnung abzubilden. Im Projekt- und Investitionscontrolling können ökologische Betrachtungen beispielsweise verstärkt in Life Cycle Assessments oder in ein Green Target Costing integriert werden. Noch einmal: Es geht nicht darum, vollkommen neue Controllinginstrumente zu entwickeln, sondern die bestehenden Controlling-Instrumente um den speziellen Blickwinkel einer ökologischen Ausrichtung zu erweitern und anzupassen.

# 3 Organisation

*Mike* Schulze: Welche Controlling-Prozesse müssen zukünftig stärker ökologische Aspekte berücksichtigen, um eine entsprechende Ausrichtung des Unternehmens zu gewährleisten?

*Péter Horváth*: Zur Integration ökologischer Aspekte in die Controlling-Prozesse müssen erstens ökologische Informationen als Prozessinput bereitstehen bzw. generiert werden (beispielsweise $CO_2$-Emissionen, umweltrelevante Kosten etc.), zweitens müssen diese in den Prozessen mittels geeigneter Controlling-Instrumente verarbeitet und ggf. transformiert werden und drittens als Output den relevanten internen Prozesskunden in verarbeitbarer Form zur Verfügung gestellt werden. Meiner Meinung nach sind dieser Systematik folgend alle Teilprozesse des Controllings relativ gleichmäßig betroffen und müssen dementsprechend an die neuen Bedürfnisse angepasst werden.

*Mike Schulze*: Welche Rolle kann Ihrer Meinung nach das Controlling einnehmen, um den (Bewusstseins-)Änderungsprozess im Unternehmen mit anzustoßen und andere Funktionen und Unternehmensbereiche für ökologische bzw. Nachhaltigkeitsaspekte zu sensibilisieren?

*Péter Horváth*: Ein entscheidender Faktor im Veränderungsprozess ist sicherlich zunächst einmal eine klare Positionierung der Unternehmensführung in Bezug auf eine ökologische Ausrichtung des Unternehmens. Für den Controller in seiner Rolle als Business Partner wird es dann nachfolgend zur Aufgabe, sich mit der wirtschaftlichen Relevanz der Chancen und Risiken dieser ökologischen Ausrichtung auseinanderzusetzen. Es obliegt dabei dem Controller, i.S.d. Führungsunterstützung die strategische Bedeutung dieser Ausrichtung für andere Unternehmensfunktionen und Unternehmensbereiche greifbar zu machen und so ökologisches Bewusstsein zu generieren bzw. zu steigern. Ich sehe hier also im Wesentlichen eine beratende, sensibilisierende und unterstützende Funktion des Controllings.

# 4 IT-Instrumente

*Mike Schulze*: Welche Herausforderung sehen Sie in Bezug auf die Ausgestaltung der IT-Instrumente in Unternehmen aufgrund der Integration ökologischer Aspekte in die Unternehmenssteuerung?

*Péter Horváth*: Die Integration ökologischer Aspekte in die Controllingprozesse setzt in den meisten Fällen die Existenz geeigneter Informationen voraus. Diese können in vielen Unternehmen derzeitig noch nicht direkt aus den eher finanzorientierten IT-Systemen ermittelt werden und müssen dann umständlich über händische Verfahren zusammengetragen und kalkuliert oder sogar geschätzt werden. Die Herausforderung wird also in vielen Fällen darin bestehen, die existierende IT-Landschaft in den Unternehmen an den neuen umweltorientierten Informationsbedarf anzupassen und IT-basierte Lösungen in die existierende IT-Landschaft zu integrieren.

Dazu vielleicht ein erfolgreiches Beispiel: Die Péter-Horváth-Stiftung zeichnet seit 2011 jährlich eine innovative und effektive Green-Controlling-Lösung aus. Die Preisträger des vergangenen Jahres, die Deutsche Post DHL, hat ein Umweltcontrolling-System entwickelt, das diese beiden Kriterien hervorragend erfüllt. Das von Deutsche Post DHL entwickelte System zum „Carbon Accounting & Controlling" unterstützt das konzernweite Klimaschutzprogramm „GoGreen". Das System ermöglicht dabei erstmals im Konzern, dass $CO_2$-Planung, -Reporting und -Kontrolle auf allen Unternehmensebenen umsetzbar sind.

# 5 Ausblick

*Mike Schulze*: Wie beurteilen Sie die künftige Relevanz eines Green Controllings im deutschsprachigen Raum?

*Péter Horváth*: Unternehmen unterliegen bereits heute einer Reihe von externen Rahmenbedingungen im Bereich der ökologischen Ausrichtung, die sich meiner Meinung nach zukünftig noch verstärken werden. Auf der Inputseite beispielsweise sind sie mit steigenden und teilweise auch extrem volatilen Rohstoff- und Energiepreisen konfrontiert, sodass hier ein erheblicher Handlungsdruck für Unternehmen besteht. Auf der Output-Seite kommen zunehmend regulative Anforderungen hinzu, wie das Beispiel des Emissionshandels bzw. die daraus resultierende Notwendigkeit zum Erwerb entsprechender $CO_2$-Emissionszertifikate zeigt. Auch die Kunden werden in zunehmendem Maße umweltbewusst und haben steigende ökologische Anforderungen an Produkte und Dienstleistungen. Man sieht also schon an diesen wenigen Beispielen, dass sowohl von der Input- als auch von der Outputseite her der externe Handlungsdruck auf die Unternehmen eher noch steigen wird. Dies wird sich sicherlich auch in zunehmendem Maße auf das Controlling auswirken. Daher ist es jetzt auch wichtig, sich in der Controller Community auf diese Anforderungen vorzubereiten.

*Mike Schulze*: Herr Prof. Horváth, vielen Dank für das interessante Gespräch!

Standpunkt

# Experten-Interview „Energiemanagement weiterdenken – Welchen Herausforderungen Unternehmen sich zukünftig stellen müssen"

◾ **Interviewpartner:**

**Dr. Volker Breisig.** Partner im Bereich Advisory „Utilities & Regulation" bei der PricewaterhouseCoopers AG WPG in Düsseldorf.

◾ **Das Interview führte:**

**Mike Schulze.** Wissenschaftlicher Mitarbeiter und Doktorand im Forschungsschwerpunkt Controlling & Innovation am Strascheg Institute for Innovation and Entrepreneurship (SIIE) der EBS Business School in Oestrich-Winkel.

### Überblick

Die aktuellen Entwicklungen auf den Energiemärkten führen zu einer unmittelbaren Zunahme an Preis-, Mengen- und Qualitätsrisiken und können die Energiekosten von Unternehmen ohne Absicherung und aktives Management erheblich beeinflussen. Ein allein auf die gegenwärtigen rechtlichen Mindestvorgaben ausgerichtetes Energiemanagement ist nicht geeignet, um alle Potenziale zur Kostensenkung zu nutzen.

*Mike Schulze:* Die Energieproduktivität deutscher Unternehmen stagnierte in den letzten Jahren. Zudem lässt die weltweit steigende Nachfrage nach fossilen Energieträgern die spezifischen Energiekosten von Unternehmen weiter steigen. Was bedeutet dies für produzierende Unternehmen in Deutschland?

*Volker Breisig:* Eigentlich ist die Energieproduktivität ein Beweis für die Innovationskraft deutscher Unternehmen. Zwar war diese Entwicklung auch von sektoralen Verschiebungen geprägt, im internationalen Vergleich gelingt es aber deutschen Unternehmen besonders gut, wirtschaftliche Leistung pro eingesetzte Einheit Primärenergie, also Kohle, Öl oder Gas – zu erzeugen. Gegenwärtig stagniert diese Entwicklung allerdings. Die Ursachen sind vielfältig. Generell lässt sich aber sagen, dass vor dem Hintergrund der vergangenen Wirtschaftskrisen Investitionen in Effizienzmaßnahmen auf dem Prüfstand stehen. In den letzten Jahren gab es weniger freies Kapital und es war den Unternehmen wichtiger, finanzielle Reserven zu bilden. Dabei ist das Thema der Steigerung der Energieeffizienz auf der Agenda der Unternehmen etwas nach hinten gerückt. Aktuell scheinen sich die Finanzmärkte zu beruhigen und die Wirtschaft zu erholen. Somit entsteht für Unternehmen wieder Handlungsspielraum. Es ist wichtig, dass Unternehmen diesen nun auch nutzen. Der sparsame und effiziente Umgang mit Energie ermöglicht es den Unternehmen, ihren spezifischen Energieverbrauch und damit auch ihre Energiekosten in einem gewissen Rahmen zu senken. Dies erscheint dringend notwendig. Allein die Strompreise für mittelständische Industriekunden sind im Jahr 2011 um rund 9 % im Vergleich zum Vorjahr gestiegen. Deutsche Unternehmen bezahlen durchschnittlich 14 Cent pro Kilowattstunde, damit bereits jetzt schon 1 Cent über dem Durchschnitt in der Eurozone. Unter allen EU-Mitgliedstaaten rangiert Deutschland damit auf Platz 7.

*Mike Schulze*: Reagieren die Märkte damit jetzt schon auf den bevorstehenden dauerhaften Verlust von rund 8.500 MW in der Stromerzeugung durch den Ausstieg Deutschlands aus der Kernenergie?

*Volker Breisig*: Der Einfluss der Rückkehr zum Atomausstieg und der Abschaltung von 7 Reaktoren auf die Energiepreise im Allgemeinen und die Strompreise im Speziellen ist umstritten. Mehrheitlich kommen Gutachten und Studien zu dem Ergebnis, dass der Anstieg der Preise nur bedingt darauf zurückzuführen ist. Dies wird damit begründet, dass die Energiewende bereits von der rot-grünen Bundesregierung beschlossen wurde und die Märkte das bereits antizipiert haben. Eindeutig zugenommen hat aber die Volatilität der Strompreise. Erstmals seit der Ölkrise in den 1970ern ist auch wieder das Thema Versorgungssicherheit – getrieben durch flächendeckende Stromausfälle und die Restrukturierung großer Energieversorgungsunternehmen – in den Fokus gerückt. Die assoziierten Mengen- und Qualitätsrisiken führen zu größeren Schwankungen der Börsenpreise für Strom. Auch diese Risiken als potenzielle Kostentreiber gilt es aktiv zu beherrschen, um mittelfristig Wettbewerbsnachteilen vorzubeugen. Dies gilt im Besonderen für die Branchen in Deutschland, z.B. Papier, Glas und Stahl, in denen die Energienutzung von strategischer Bedeutung ist.

*Mike Schulze*: Inwiefern bietet die Politik geeignete Hilfestellungen, um die Unternehmen zu entlasten?

*Volker Breisig*: Einerseits schafft die Politik Anreize zur Steigerung der Energieeffizienz und andererseits Möglichkeiten zur Entlastung bei Steuern und Abgaben. Die EU hat sich zum Ziel gesetzt, bis zum Jahr 2020 20 % ihres Primärenergieverbrauchs einzusparen. Nach den letzten Schätzungen der Kommission wird die EU im Jahr 2020 dieses Ziel voraussichtlich nur zur Hälfte erreichen. Eng damit verbunden ist das klimapolitische Ziel der Bundesregierung, die $CO_2$-Emissionen bis zum Jahr 2020 ebenfalls um 20 % zu senken und ein nachhaltiges Energiesystem zu schaffen. Neben einer sicheren, bezahlbaren und klima-schonenden Energiebereitstellung durch die Energieversorger ist eine bewusstere Energienachfrage der Verbraucher zentraler Faktor für den Erfolg der Erreichung der ambitionierten Ziele.

Für Unternehmen aus dem produzierenden Gewerbe sieht die Politik neben der Förderung konkreter Effizienzmaßnahmen die Umsetzung von Energiemanagementsystemen z.B. nach DIN EN ISO 50001 vor. Dieses Instrument soll durch seine Standardisierung möglichst wenig Transaktionskosten verursachen und das Unternehmen in die Lage versetzen, seine energiebezogene Leistung einschließlich Energieeffizienz, Energieeinsatz und Energieverbrauch zu verbessern. Bei Vorhandensein eines solchen Energiemanagementsystems und bei Erfüllung gewisser Kriterien können Unternehmen nach der aktuellen Rechtslage eine Senkung der EEG-Umlage sowie der Strom- und Energiesteuer beantra-gen. Während hier der Anreiz zur Steigerung der Energieeffizienz und die Möglichkeit zur Entlastung bei Steuern und Abgaben zusammenfal-len, wird es in Zukunft auch ganz konkrete Einsparverpflichtungen für Unternehmen geben. Die aktuelle Ausarbeitung der Richtlinie zur Energieeffizienz der Europäischen Kommission (KOM (2011) 370) sieht vor, dass Energieversorgungsunternehmen jährlich Energieeinsparung von 1,5 % des Vorjahresabsatzes realisieren. Die Erfahrungen aus den Ländern, welche solche Energieeffizienz-Anreizsysteme bereits umsetzen, zeigen, dass Energieversorgungsunternehmen die Kosten zur Erfüllung der Vorgaben auf die Energiepreise umlegen und mit den Energiever-brauchern kooperieren, um gemeinsam die Energieeffizienz zu steigern. Auf nationaler Ebene sieht auch der Entwurf zur Änderung des Strom-und Energiesteuergesetzes für Unternehmen einen Nachweis jährlicher Endenergieeinsparungen als Voraussetzung vor, um die Möglichkeit zur Reduzierung der Strom- und Energiesteuer nutzen zu können. Allein dazu ist es für Unternehmen nicht mehr ausreichend, nur die Anforde-rungen einer Norm zum Energiemanagement zu erfüllen und dies durch eine Zertifizierung nachzuweisen. Letztlich sollte die Realisierung eines über die reine Normerfüllung hinausgehenden ganzheitlichen Energie-managements (GEM) nicht nur als Reaktion auf politische Rahmenbe-dingungen und Vorgaben beschlossen werden. Vielmehr ist GEM künftig als ein wichtiger Bestandteil einer nachhaltigen Unternehmensstrategie zu sehen, in deren Fokus vor allem auch die Einsparung von Energie-kosten zur Sicherung der eigenen Wettbewerbsfähigkeit steht.

*Mike Schulze*: Was bedarf es zusätzlich, um den neuen durch die Politik und die Energiewende entstehenden Herausforderungen adäquat begeg-nen zu können?

*Volker Breisig*: Die auf den ersten Blick naheliegenden technischen Möglichkeiten zur Steigerung der Energieeffizienz müssen für ein ganzheitliches Energiemanagement um die entscheidenden betriebswirtschaftlichen Aspekte erweitert werden, um das volle Potenzial zur Senkung der Energiekosten und zur Reduzierung der Preis-, Mengen- und Qualitätsrisiken ausschöpfen zu können. Beispielsweise sollten die bei der Einführung eines eher technisch orientierten Energiemanagementsystems gewonnenen Daten um betriebswirtschaftlich relevante Daten erweitert werden und zugleich mit externen Daten anderer vergleichbarer Unternehmen („Benchmarking") verglichen werden, um eine fundierte Entscheidungsgrundlage für Investitionsmaßnahmen sicherzustellen. Anders sind die Herausforderungen des Energiemanagements schwer beherrschbar. Ein fragmentierter Markt für Energieträger und Energiedienstleistungen, komplizierte Tarifmodelle, neue Technologien, rechtliche Vorgaben und Entlastungsmöglichkeiten, heterogene Stakeholder-Ansprüche sowie vielfältige Finanzierungsmöglichkeiten müssen koordiniert und etwaige negative Wechselwirkungen vermieden werden. Hier bieten sich die gleichen betriebswirtschaftlichen Instrumente in angepasster Form an, die für das Management anderer Produktionsfaktoren wie Kapital oder Personal bereits seit Jahrzehnten eingesetzt werden. Neben einer funktionierenden Organisation bedeutet dies auch den Einsatz von geeigneten Kennzahlen und relevanten Steuerungsgrößen, um energiestrategische Entscheidungen treffen zu können und sich nachhaltig aufzustellen.

*Mike Schulze*: Wie kann sichergestellt werden, dass das Kosten-Nutzen-Verhältnis eines auf alle Potenziale bezogenen Energiemanagements positiv ist? Wie sollten dementsprechend Unternehmen beim Thema Energiemanagement vorgehen?

*Volker Breisig*: Eine integrierte, ganzheitliche Sichtweise auf das Thema Energiekosten ist entscheidend. Verdeutlichen lässt sich das Prinzip am Beispiel eines Unternehmens aus dem produzierenden Gewerbe. Dieses will beispielsweise sein Energiepreisrisiko reduzieren sowie die Versorgungssicherheit erhöhen und denkt deswegen darüber nach, ein BHKW einzusetzen. Unabhängig davon, ob dieser Entscheidungsprozess von einer spezialisierten Abteilung oder gar der Geschäftsführung angestoßen wird, steht die dann letztlich neben den technischen Fragestellungen vor allem die Klärung der Wirtschaftlichkeit des BHKW-Einsatzes im Vordergrund. Zur Analyse der Wirtschaftlichkeit bedarf es einerseits geeigneter Informationsquellen über die Leistungsfähigkeit und Kosten verfügbarer BHKW und andererseits eine Planung, wie sich das Produktangebot und der eigene Energieverbrauch in Zukunft sowie die Gas- und Strompreise entwickeln werden. An dieser Stelle müssen Einkauf, Vertrieb, Controlling und Unternehmensplanung zusammenarbeiten sowie die mittels Energiemanagementsystem erzeugte Datenbasis koordiniert werden. Des Weiteren müssen die Auswirkungen auf z. B. die EEG-Umlage berücksichtigt werden. Auch hier muss das Energiemanagement eine koordinierende Funktion übernehmen. Langfristig führt dann ein solches ganzheitliches Energiemanagement zu steuerungsfähigen Strukturen im Unternehmen. Auf dem Weg dorthin können z. B. individuell konfigurierbare Energiecontrolling-Lösungen einen entscheidenden Beitrag leisten.

*Mike Schulze*: Herr Dr. Breisig, vielen Dank für das interessante Gespräch!

Standpunkt

# Neuer ICV-Fachkreis „Green Controlling" gegründet

- 2010 und 2011 hat sich die „Ideenwerkstatt" des Internationalen Controller Vereins (ICV) mit der Notwendigkeit und der Relevanz eines grünen Controllings beschäftigt.

- Aus der Arbeit der „Ideenwerkstatt" sind eine empirische Studie und ein Whitepaper entstanden. Diese Grundlagenarbeit soll im Fachkreis „Green Controlling" weiter fortgeführt werden, der seine Arbeit im November 2011 aufgenommen hat.

- Die insgesamt dreizehn Mitglieder aus Unternehmenspraxis, Beratung und Wissenschaft haben sich zum Ziel gesetzt, ein Vorgehensmodell zu erarbeiten, wie ein ökologieorientiertes Controlling in der Unternehmenspraxis erfolgreich umgesetzt werden kann.

- Der Fachkreis ist stark an einem inhaltlichen Erfahrungsaustausch und einer Diskussion mit weiteren Unternehmen interessiert. Dazu sollen zu den einzelnen Sitzungen des Fachkreises Gastreferenten eingeladen werden, die die organisatorische Umsetzung einer Integration ökologischer Aspekte in die Unternehmensführung und -steuerung ihrer Unternehmen vorstellen. Falls Sie oder Ihr Unternehmen Interesse an einer Zusammenarbeit haben, laden wir Sie herzlich dazu ein, mit dem Fachkreis Kontakt aufzunehmen.

### ■ Die Autoren

**Mike Schulze**, Wissenschaftlicher Mitarbeiter und Doktorand am Strascheg Institute for Innovation and Entrepreneurship (SIIE) der EBS Business School in Oestrich-Winkel sowie Mitglied im Fachkreis „Green Controlling" des Internationalen Controller Vereins (ICV).

**Karl-Heinz Steinke**, Leiter Konzern-Controlling und Kostenmanagement bei der Deutschen Lufthansa AG sowie Vorstandsmitglied des ICV und Leiter des ICV-Fachkreises „Green Controlling".

# 1 Der Internationale Controller Verein (ICV)

Der Internationale Controller Verein (ICV) wurde als erste deutsche Controller-Vereinigung 1975 von Absolventen der Controller Akademie in Gauting bei München gegründet. Der Verein hat seitdem erfolgreich das Controlling im deutschen Sprachraum geprägt und Standards gesetzt. Mittlerweile zählt der ICV über 6.000 Mitglieder in Deutschland, Österreich, der Schweiz, Polen sowie neun weiteren Ländern in Zentral- und Osteuropa. Der Internationale Controller Verein ist heute eine Adresse für internationale Controlling-Kompetenz.

*Gebündelte Controlling-Kompetenz seit über 35 Jahren*

Der ICV verfolgt keinen gewerblichen Zweck, er orientiert sich ausschließlich am Nutzen seiner Mitglieder. Im Zentrum stehen der Erfahrungsaustausch und die Kommunikation unter den Mitgliedern sowie die Fokussierung auf zukunftsorientierte Trends im Controlling. Der ICV führt dabei Controller, CFOs, Manager und Wissenschaftler zusammen. Er verbindet praktische Erfahrung und neueste Forschungsergebnisse und bereitet dieses Wissen für die praktische Umsetzung auf.

Herzstück der Vereinsarbeit sind die Arbeitskreise. Rund 60 regionale oder branchenbezogene Arbeitskreise tagen regelmäßig mehrmals jährlich und dienen als Forum für den Erfahrungsaustausch der Mitglieder. In weiteren 10 Fachkreisen entwickeln führende Praktiker, Berater und Wissenschaftler neue, praxisgerechte Controlling-Lösungen zu aktuellen Themen. Darüber hinaus veranstaltet der ICV mit dem jährlichen „Congress der Controller" die größte Fachtagung zum Thema Controlling im zentraleuropäischen Raum. Er ist damit eine der bedeutendsten Controlling-Veranstaltungen und wichtiger Treffpunkt für die Controlling-Community. Darüber hinaus gibt es jährliche Regionaltagungen und weitere branchenbezogene Tagungen zu aktuellen Entwicklungen im Controlling.

*Arbeits- und Fachkreise als Herzstück der Vereinsarbeit*

Angesichts einer immer enger vernetzten globalen Geschäftswelt ist der Wert eines international anerkannten Berufsbildes mit einheitlichen Controlling-Instrumenten nicht hoch genug einzuschätzen – insbesondere aus unternehmerischer Sicht. Daher ist der ICV auch Gründungsmitglied der International Group of Controlling (IGC) und stellt derzeitig deren Vorsitzenden. Die IGC ist eine Kooperation internationaler Institutionen, die auf dem Gebiet des Controllings tätig sind. Ihr Ziel ist, ein gemeinsam getragenes Controlling-Verständnis zu Berufsbild, Terminologie und Ausbildung zu schaffen. Ein wesentliches Ergebnis der bisherigen Zusammenarbeit in der IGC ist beispielsweise das gemeinsame Controller-Leitbild.

*Enge Kooperation zwischen ICV und IGC*

## 2 Der Fachkreis „Green Controlling"

### 2.1 Inhaltliche Zielsetzungen

*Erfolgreiche Vorarbeit durch die „Ideenwerkstatt" des ICV*

In den Jahren 2010 und 2011 hat sich die „Ideenwerkstatt" des ICV mit der Frage nach der Notwendigkeit und der Relevanz eines grünen Controllings beschäftigt. Ausgangspunkt dafür ist die erkennbar zunehmende strategische Bedeutung der ökologischen Nachhaltigkeit in Unternehmen und die sich daraus ergebenden internen Mess- und Steuerungsbedarfe. Dieser interne Faktor wird ergänzt durch Interessen externer Stakeholder, die zunehmend nicht nur Informationen zur finanziellen, d.h. der ökonomischen Leistung, sondern auch zur ökologischen Performance von Unternehmen nachfragen. Aus der Arbeit der „Ideenwerkstatt" zum „Green Controlling" sind sowohl eine empirische Studie als auch ein erstes ICV-Whitepaper entstanden.[1] Diese Grundlagenarbeit soll im neuen Fachkreis „Green Controlling" fortgeführt werden, der seine Arbeit im November 2011 aufgenommen hat.

*Ziel: Erarbeitung eines Vorgehensmodells zur Umsetzung*

Das wesentliche Ziel des Fachkreises „Green Controlling" ist, ein allgemeines Vorgehensmodell zu erarbeiten, wie ein ökologieorientiertes Controlling in der Unternehmenspraxis umgesetzt werden kann. Dazu beschäftigt sich der Fachkreis zukünftig im Einzelnen mit folgenden Fragestellungen:

- Was ist ein gemeinsames Verständnis zur ökologischen Ausrichtung von Unternehmen und deren Bedeutung für das Controlling? Wie sieht darauf aufbauend eine Definition von „Green Controlling" aus?

- Wie kann ein „Green Controlling" in der Praxis organisatorisch umgesetzt werden:
  - Was sind die Aufgaben (funktionale Ausgestaltung)?
  - Wer sind die Akteure? Wie ist deren Zusammenspiel (institutionelle Ausgestaltung)?
  - Was sind die relevanten Instrumente (instrumentelle Ausgestaltung)?

- Wie sind die Controlling-Prozesse (in Anlehnung an das IGC Controlling-Prozessmodell) auszugestalten, um eine strategische Unternehmenssteuerung im Sinne einer ökologischen Nachhaltigkeit umzusetzen?

- Wie wird der (Bewusstseins-)Änderungsprozess im Sinne eines Change Managements im Unternehmen angestoßen? Welche Rolle hat das Controlling?

---

[1]  Vgl. Internationaler Controller Verein 2011a und 2011b.

- Welche Best bzw. Good Practices sind aus Unternehmensbeispielen für ein allgemeines Vorgehensmodell ableitbar?

## 2.2 IGC–Controlling–Prozessmodell als Basis der fachlichen Arbeit

Die inhaltliche Arbeit des Fachkreises „Green Controlling" setzt auf das bereits bestehende Controlling-Prozessmodell der IGC auf (s. Abb. 1).

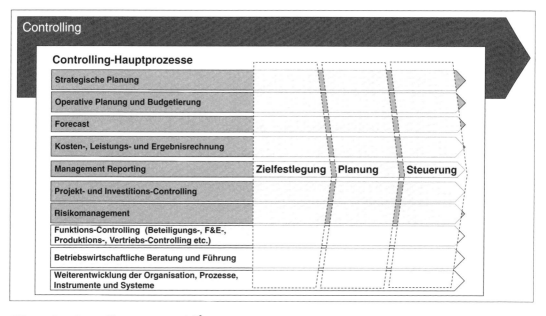

**Abb. 1:** Das Controlling-Prozessmodell[2]

Das Controlling-Prozessmodell ist als zweckorientiertes, vereinfachendes Standardmodell entwickelt worden, das der Dokumentation, Analyse und Gestaltung von Controlling-Prozessen sowie der Kommunikation über Controlling-Prozesse dient. Es orientiert sich an einem hierarchischen Prozessmodell und betrachtet den Geschäftsprozess Controlling auf verschiedenen Ebenen. Durch die Prozesshierarchie gelingt es, Transparenz und Klarheit zu schaffen, da Zusammenhänge von übergeordneten Abläufen und Einzelheiten innerhalb der einzelnen Prozessebenen systematisch abgebildet werden.

Hierarchisches Prozessmodell

---

[2] International Group of Controlling (2011), S. 21.

Controlling als Geschäftsprozess der Prozesslandkarte eines Unternehmens (Prozessebene 1) umfasst nach dem Controlling-Prozessmodell der IGC insgesamt zehn Controlling-Hauptprozesse (Prozessebene 2). Die sieben Hauptprozesse von Strategischer Planung bis zum Risikomanagement bilden dabei den Kern des Controllings. Die weiteren drei Hauptprozesse nehmen aufgrund ihrer spezifischen Inhalte eine Sonderstellung ein. Für jeden der zehn Controlling-Hauptprozesse definiert das Modell in einer weiteren Ebene die Zielsetzung, Inhalte, Prozessanfang, Prozessende, Prozessinput, Prozessoutput und die zugehörigen Teilprozesse (Prozessebene 3).[3]

*Integration ökologischer Aspekte*

Ein Fokus der Arbeit des Fachkreises „Green Controlling" wird im weiteren Verlauf darauf liegen, zu analysieren, inwieweit das Controlling-Prozessmodell durch die Integration ökologischer Aspekte angepasst und/oder erweitert werden muss.

## 2.3 Zusammensetzung des Fachkreises

*Mitglieder aus Unternehmen und Wissenschaft*

Der Fachkreis „Green Controlling" besteht aus dreizehn Mitgliedern, dazu gehören sowohl Unternehmensvertreter aus der Controlling-Praxis, Vertreter von Beratungsunternehmen als auch Vertreter aus Wissenschaft und Forschung.

Die am Fachkreis beteiligten Unternehmen bzw. Forschungseinrichtungen sind:

- 1 & 1 Internet AG,
- Bayer AG,
- Deutsche Lufthansa AG,
- Deutsche Post AG,
- EBS Universität für Wirtschaft und Recht,
- Hansgrohe AG,
- Horváth & Partner GmbH,
- International Performance Research Institute (IPRI),
- Prevero AG,
- PricewaterhouseCoopers AG WPG,
- Stabilo International GmbH,
- WHU – Otto Beisheim School of Management.

---

[3] Vgl. International Group of Controlling (2011), S. 19ff.

## 2.4 Ausblick auf weitere Aktivitäten

Der Fachkreis strebt als wesentlichen Output an, einen Sammelband im Sommer/Herbst 2013 zu veröffentlichen, der die Ergebnisse der Arbeit des Fachkreises und seiner verschiedenen Arbeitsgruppen zusammenfasst. Es ist weiterhin geplant, bereits prozessbegleitend einzelne thematische Aspekte und erste Teilergebnisse in Fachzeitschriften zu veröffentlichen und in den verschiedenen Medien des ICV aufzugreifen. Darüber hinaus beabsichtigt der Fachkreis, im Rahmen von Vorträgen und durch einen eigenen Stand während des Controller Congresses 2013 der Controlling-Community die Ergebnisse der Arbeit zu präsentieren und gemeinsam zu diskutieren.

*Erarbeitung eines Sammelbandes geplant*

# 3 Externe Unterstützung des Fachkreises

Die Mitglieder des Fachkreises haben sich in den bisherigen Sitzungen darüber verständigt, dass es zunächst nicht geplant ist, zusätzliche Mitglieder in den Fachkreis „Green Controlling" aufzunehmen. Dadurch sollen insbesondere in der derzeitigen Startphase die Arbeitsfähigkeit und Kontinuität des Fachkreises und die der bereits gebildeten themenspezifischen Arbeitsgruppen gewährleistet werden. Ein weiterer Aspekt ist, die derzeitige Größe des Fachkreises dadurch auch im weiteren Verlauf der Arbeit organisatorisch handhabbar zu gestalten.

Der Fachkreis ist allerdings stark an einem inhaltlichen Austausch und einer Diskussion mit weiteren Unternehmen interessiert, die in dem Themenfeld der Umsetzung eines ökologieorientierten Controllings über Expertise und Erfahrung verfügen. Es ist daher geplant, zu den einzelnen Sitzungen des Fachkreises Gastreferenten einzuladen, die die jeweilige organisatorische Umsetzung einer Integration ökologischer Aspekte in die Unternehmensführung und -steuerung sowie die aktuellen Herausforderungen ihrer Unternehmen vorstellen. Falls Sie oder Ihr Unternehmen Interesse an einer Zusammenarbeit haben, laden wir Sie herzlich dazu ein, mit dem Fachkreis Kontakt aufzunehmen.

*Erfahrungsaustausch mit interessierten Unternehmen*

# 4 Literaturhinweise

Internationaler Controller Verein (Hrsg.) [2011a], Green Controlling – eine (neue) Herausforderung für den Controller?, Gauting/Stuttgart, 2011.

Internationaler Controller Verein (Hrsg.) [2011b], Green Controlling – Relevanz und Ansätze einer „Begrünung" des Controlling-Systems, Gauting/Stuttgart, 2011.

International Group of Controlling (Hrsg.), Controlling-Prozessmodell – Ein Leitfaden für die Beschreibung und Gestaltung von Controlling-Prozessen, Freiburg, 2011.

# Die neue DIN EN ISO Norm 14051 zur Materialflusskostenrechnung

- Der Beitrag stellt die im September 2011 in Kraft getretene Norm zur Materialflusskostenrechnung (DIN EN ISO 14051) sowie die Grundsätze und Elemente der Materialflusskostenrechnung vor.

- Dieser Kostenrechnungsansatz zielt darauf ab, die direkten Umweltwirkungen der betrieblichen Energie- und Materialströme sowie die damit verbundenen Kosten effizient zu steuern.

- Im Unterschied zur konventionellen Kostenrechnung rechnet die Materialflusskostenrechnung die Material- und anderen Kosten eines Prozesses nicht nur den entsprechenden Endprodukten zu, sondern auch dem unerwünschten Output, d.h. den Material- und Energieverlusten. Dies wird anhand eines Beispiels illustriert.

- Die Autoren

**Prof. Dr. Edeltraud Günther**, Inhaberin des Lehrstuhls für Betriebliche Umweltökonomie an der TU Dresden, Fakultät Wirtschaftswissenschaften und Gastprofessorin an der University of Virginia.

**Martina Prox**, Head of Marketing & Sales bei der ifu Hamburg GmbH.

# 1 Entwicklung der Methode

Materialfluss-kostenrechnung als umwelt-orientierter Kostenrech-nungsansatz

Die im September 2011 in Kraft getretene Norm zur Materialfluss-kostenrechnung (DIN EN ISO 14051)[1] zielt als Umweltmanagement-norm darauf, betriebliche Umweltwirkungen zu vermeiden. Als betriebs-wirtschaftliche Methode gehört die Materialflusskostenrechnung zu den material- und energieflussorientierten Kostenrechnungsansätzen. Somit zielt die Norm einerseits auf die Steuerung der direkten Umwelt-wirkungen der betrieblichen Energie- und Materialströme und anderer-seits auf die Steuerung der mit ihnen verbundenen Kosten. Indem die Transparenz über die Materialflüsse und Energieverbräuche verbessert wird, sollen Entscheidungsträger in der Produktionsplanung, in der Beschaffung, aber auch bereits in der Entwicklung dabei unterstützt werden, die Material- und Energieverbräuche zu senken und somit Kosten einzusparen und die natürliche Umwelt zu schonen.

Reststoffkosten-rechnung als Vorgänger-methodik

Die Anfänge der Methode finden sich in der Mitte der 90er-Jahre – zunächst unter dem Begriff „Reststoffkostenrechnung". Die Reststoff-kostenrechnung will Transparenz hinsichtlich der in den Abfällen der Produktion, dem unerwünschten Output, verborgenen Kosten schaffen. Denn Reststoffkosten beinhalten neben dem Materialwert, der sich aus dem Preis der eingekauften Rohstoffe ergibt, auch Kosten für den im Material kumulierten Wertschöpfungsanteil, für Umweltschutz-Aktivi-täten (sogenannte End-of-Pipe-Behandlungen) und für die Entsorgung. Häufig entfällt der größte Kostenanteil auf den Wert des eingekauften Materials, der das Unternehmen als Reststoff verlässt. Im Gegensatz zu konventionellen Kostenrechnungsansätzen ordnet die Reststoffkosten-rechnung den Abfällen eines Produktionssystems einen Kostenanteil zu, die Reststoffe werden zu einem weiteren Kostenträger.

Durch diesen Ansatz wird deutlich, welche Kosten eingespart werden könnten, wenn Reststoffe vermieden würden. Durch die Reststoffkosten-rechnung werden Reststoffe als direkt beeinflussbare Stellgrößen für das Unternehmen bezüglich Kostensenkungs- und Umweltentlastungspoten-zialen transparent[2].

Weiter-entwicklung zur Flusskosten-rechnung

Eine Weiterentwicklung der Reststoffkostenrechnung stellt die Fluss-kostenrechnung dar. Deren Ziel ist, die im Unternehmen anfallenden Material- und Energieflüsse konsistent darzustellen. Da diese bisher nicht im Fokus der traditionellen Kostenrechnung stehen, ist deren lückenlose Nachverfolgung nicht möglich. Das Vorgehen erlaubt auch Aussagen zur Ressourceneffizienz, da sowohl die in ein Produkt einge-henden Flüsse als auch die des unerwünschten Outputs nachvollzogen

---

[1]  NAGUS (2011).
[2]  Fischer (2001).

werden können. Sie basiert auf der Reststoffkostenrechnung, erweitert diese jedoch um den Produktfokus[3].

# 2 Grundsätze und Elemente der Materialflusskostenrechnung

Basierend auf den in Kapitel 1 beschriebenen methodischen Ansätzen entstand die Materialflusskostenrechnung[4], deren Systematik mittlerweile in der DIN EN ISO 14051 verankert ist. Als wesentliche Grundsätze nennt die Norm

*Grundsätze der Norm*

- das Verständnis von Materialfluss und Energienutzung,
- die Verknüpfung physikalischer und finanzieller Daten sowie
- die Sicherstellung von Fehlerfreiheit, Vollständigkeit und Vergleichbarkeit der physikalischen Daten.

Damit kann das Ziel der Norm realisiert werden, die Kosten zu den Materialverlusten zu veranschlagen und zuzuordnen.

Zur Umsetzung dieses Zieles führt die Norm zwei wesentliche Elemente der Materialflusskostenrechnung ein, die Mengenstelle und die Materialbilanz:

a) Mengenstelle: Für einen Prozess oder Teilprozess werden die Inputs und Outputs in physikalischen und finanziellen Einheiten quantifiziert. Für diese Mengenstellen werden dann in einem ersten Schritt die Materialflüsse und Energieverbräuche erfasst. In einem zweiten Schritt werden die Materialkosten, Energiekosten, Systemkosten und Abfallmanagementkosten ermittelt.

b) Materialbilanz: Für jede Mengenstelle werden Material- und Energieflüsse als Input erfasst und als Output dem Produkt zugeordnet oder als Materialverlust gekennzeichnet. Differenzen zwischen Input und Output können sich durch Lagerbestände ergeben.

Somit besteht der wesentliche Unterschied zur konventionellen Kostenrechnung darin, dass Material- und andere Kosten eines Prozesses nicht nur den Produkten zugerechnet werden, sondern auch dem unerwünschten Output, d.h., den Material- und Energieverlusten. Obwohl die Hauptmotivation für die Anwendung der Materialflusskostenrechnung häufig die Kostenreduktion ist, ergeben sich dadurch auch positive ökologische Effekte.

*Prinzip, Kosten auch auf den Material- und Energieverlust zuzurechnen*

---

[3] Fichter/Loew/Strobel (2000).
[4] Vgl. Jasch 2009 sowie Wagner/Nakajima/Prox (2009).

## 3 Die Materialflusskostenrechnung am Beispiel

Nachfolgend soll der Zusammenhang zwischen einer Mengenstelle, der Materialbilanz und der daraus resultierenden Kostenzuordnung an einem Beispiel dargestellt werden (s. Abb. 1).

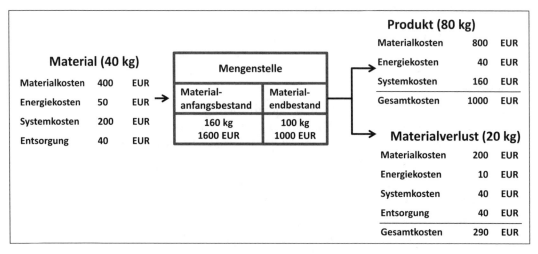

**Abb. 1:** Zusammenhang von Mengenstelle, Materialbilanz und Kostenzuordnung[5]

### ▣ Materialkosten

Für jede Mengenstelle werden die Materialkosten für Inputs und Outputs quantifiziert. Grundlage der Bewertung können historische Anschaffungskosten oder Wiederbeschaffungskosten sein. Ausgangspunkt ist dabei immer die physikalische Menge des Materialflusses. Lagerbestandsänderungen werden entsprechend berücksichtigt.

### ▣ Energiekosten

Die Erfassung der Energiekosten je Mengenstelle erfordert meist, die Gesamtenergiekosten der ausgewählten Prozesse aufzuteilen.

### ▣ Systemkosten

Die Systemkosten umfassen beispielsweise

- Abschreibungen,
- Personalkosten für die Wartung oder
- Transportkosten.

---

[5] In Anlehnung an NAGUS (2011).

▨ Abfallmanagementkosten

Abfallmanagementkosten sind schließlich die Aufwendungen für den Umgang mit Materialverlusten einer Mengenstelle.

## 4 Potenziale der Materialflusskostenrechnung

Durch die Diskussion um seltene Erden und die weltweiten Herausforderungen der Energieversorgung rückt das Thema Ressourceneffizienz zunehmend in den Fokus von Politik und Unternehmen. Mit der Veröffentlichung der Norm DIN EN ISO 14051 erfährt diese bereits erprobte Methode Aufmerksamkeit, die Sicht auf Materialverluste und Ineffizienzen zu schärfen. Die Norm erhöht die Sichtbarkeit des ökologieorientierten Controllings unternehmensintern und kann auch über die Unternehmensgrenzen hinaus einen Beitrag leisten, Ineffizienzen aufzudecken. Standardisierte Grundsätze erhöhen die Glaubwürdigkeit eines Ansatzes und bieten den Akteuren eine gute Möglichkeit, dieses Instrument einzusetzen, um die eigene Material- und Energieeffizienz zu verbessern.

*Zunehmender Fokus auf Ressourceneffizienz als Treiber*

Um weitere Forschungsarbeiten zur Materialflusskostenrechnung anzustoßen, widmet sich das Environmental and Sustainability Management Accounting Network (EMAN) auf seiner Tagung vom 21. bis 22. März 2013 speziell diesem Thema. Der Tagung, die vom Lehrstuhl für Betriebliche Umweltökonomie der TU Dresden ausgerichtet wird, folgt ein Themenheft der Fachzeitschrift „Journal of Cleaner Production". Durch die frühzeitige Ankündigung sollen Wissenschaftler und Praktiker angeregt werden, Forschungsprojekte im Forschungsfeld der Materialflusskostenrechnung zu beginnen.

## 5 Literaturhinweise

Fichter/Loew/Strobel, Flusskostenmanagement, in: UmweltWirtschaftsForum, 8. Jg., H. 1, 2000, S. 72–76.

Fischer, Reststoff-Controlling – Ein neues Tool zur Steigerung der Material- und Energieeffizienz, 2001.

Jasch, Environmental and Material Flow Cost Accounting: Principles and Procedures, 2009.

Normenausschuss Grundlagen des Umweltschutzes (NAGUS) (Hrsg.), DIN EN ISO 14051: „Umweltmanagement – Materialflusskostenrechnung – Allgemeine Rahmenbedingungen", 2011.

Wagner/Nakajima/Prox, Materialflusskostenrechnung – die internationale Karriere einer Methode zur Identifikation von Ineffizienzen in Produktionssystemen, in: UmweltWirtschaftsForum, 18. Jg., H. 3–4, 2010, S. 197–202.

# Kapitel 2: Grundlagen & Konzepte

# Strategisch fundiertes Nachhaltigkeits-controlling – Konzeption und Umsetzung in der Praxis

■ Insbesondere größere Unternehmen haben damit begonnen, zahlreiche Aktivitäten zu Teilaspekten des Nachhaltigkeitscontrollings in ihren Nachhaltigkeitsberichten zu kommunizieren. Für den Erfolg des Nachhaltigkeitsmanagements ist eine ganzheitliche Verknüpfung mit der Unternehmensstrategie notwendig, um dessen Effektivität und Effizienz sicherzustellen.

■ Der Beitrag stellt zunächst die Konzeption eines strategisch fundierten Nachhaltigkeitscontrollings und daran anschließend die Ergebnisse einer empirischen Untersuchung vor. Ziel ist es, die Potenziale eines Nachhaltigkeitscontrollings aufzuzeigen und dessen Beitrag zu einem erfolgreichen Nachhaltigkeitsmanagement darzustellen.

■ Hervorgehoben werden die aktuellen Herausforderungen für Management und Entscheidungsträger. Daraus werden Lösungsansätze für die Unternehmenspraxis abgeleitet.

## ■ Die Autoren

**Prof. Dr. Stefan Schaltegger,** Leiter des Centre for Sustainability Management und Inhaber des Lehrstuhls für Nachhaltigkeitsmanagement an der Leuphana Universität Lüneburg.

**Dimitar Zvezdov,** Wissenschaftlicher Mitarbeiter am Centre for Sustainability Management der Leuphana Universität Lüneburg.

# 1 Controlling für unternehmerische Nachhaltigkeit

Sozial- und Umweltbelange können nicht mehr ignoriert werden. Dies zeigt eine Vielzahl von Unternehmensbeispielen, die durch nichtmarktliche Themen wirtschaftliche Probleme (z. B. *BP* nach dem Unfall der Ölplattform im Golf von Mexico 2011) oder wirtschaftliche Chancen (z. B. das erfolgreiche Wachstum von *dm Drogeriemarkt* im Vergleich zu *Schlecker*) erfahren. Während einige Manager Chancen darin erkennen, sich mit diesen Themen proaktiv zu befassen und die Wettbewerbsfähigkeit des Unternehmens zu steigern, werden andere vom Wandel unvorbereitet getroffen.

Steigende Bedeutung nichtmarktlicher Aspekte in der Unternehmensführung

## 1.1 Einbinden des Controllings

Viele Unternehmen reagieren auf diese steigende wirtschaftliche Bedeutung von Nachhaltigkeitsbelangen, indem sie verschiedene Nachhaltigkeitsmaßnahmen ergreifen, um die soziale und ökologische Leistung zu steigern. Bei diesen Aktivitäten wird jedoch oft ein Zielkonflikt in Bezug auf den finanziellen Erfolg des Unternehmens vermutet. Ob und welche nachhaltigkeitsrelevanten Maßnahmen tatsächlich eine negative und welche eine positive Wirkung auf die finanzielle Leistung haben, lässt sich aufgrund der komplexen Zusammenhänge nicht generell feststellen, sondern muss individuell ermittelt werden. Eine Messung und Steuerung, die vom Controlling mit geeigneten Methoden unterstützt werden können, sind daher notwendig.

Nachhaltigkeitsaktivitäten können von Controlling-Unterstützung profitieren

Dies ist aber selten der Fall: In der Praxis kann derzeit lediglich eine schwache Involvierung des Controllings in das Nachhaltigkeitsmanagement beobachtet werden.[1] Oft geht es darum, das Kosten-Nutzen-Verhältnis von Umwelt- und Sozialaktivitäten darzustellen. Damit ein Nachhaltigkeitscontrolling die Unternehmensleitung erfolgreich unterstützen kann, sollte es jedoch dazu beitragen, die Nachhaltigkeitsaktivitäten auf die Unternehmensstrategie auszurichten.

Controlling wird kaum involviert

## 1.2 Entwicklung von Strategie und Konzept

Regulierungen, Marktnachfrage, Prozesseffizienz, Mitarbeitermotivation und -bindung, Medien und NGOs sowie die allgemeine Öffentlichkeit müssen systematisch berücksichtigt werden, um eine effektive, aber insbesondere effiziente Erfüllung der jeweiligen Anforderungen sicherzustellen. Ohne klare Strategieverortung wird die Befriedigung von gesellschaftlichen Stakeholder-Anforderungen zu einem Sammelsurium

Komplexe Themen erfordern einen strategiebasierten Ansatz

---

[1] Vgl. Schaltegger et al. (2010); Eitelwein/Goretzki (2010); Günther/Nowack (2008).

an wenig zusammenhängenden Einzelmaßnahmen, deren wirtschaftliche Wirkung unklar bleibt. Ein *strategisch verortetes* Nachhaltigkeitscontrolling trägt dazu bei, die Vielschichtigkeit der Nachhaltigkeitsaspekte und ihre wirtschaftliche Relevanz für das Unternehmen darzulegen.

Das Controlling erfüllt eine Vielzahl an Funktionen, u.a.

- eine Systematik zu schaffen,
- die Vielzahl von Einzelaktivitäten zu koordinieren,
- Übersicht zu generieren,
- Synergien zwischen Aktivitäten und Maßnahmen zu schaffen und zu nutzen sowie
- die Erfolgsrelevanz zu erkennen.

Durch die Allgegenwärtigkeit nachhaltigkeitsrelevanter Themen ist deren Verankerung in der Unternehmens- und Wettbewerbsstrategie ausgesprochen wichtig. Damit die Nachhaltigkeitsmaßnahmen auch erfolgsorientiert ausgestaltet werden, ist ein systematisches Nachhaltigkeitscontrolling erforderlich.

**Notwendigkeit eines Nachhaltigkeitscontrollings**

Aus diesen Überlegungen ergibt sich die Notwendigkeit eines Konzepts, das alle bereits erkannten und potenziellen Facetten unternehmerischer Nachhaltigkeit berücksichtigt. In jüngerer Zeit sind einige Publikationen erschienen, die beschreiben, wie einzelne Unternehmen bei der Herausforderung in der Praxis vorgegangen sind,[2] andere Studien versuchen, ein übertragbares Konzept für Nachhaltigkeitscontrolling zu entwickeln. Mit Letzterem befasst sich ebenfalls dieser Beitrag.

Das nachfolgende Kapitel stellt ein Nachhaltigkeitscontrolling-Konzept vor, das auf der Logik der (Sustainability) Balanced Scorecard[3] aufbaut, jedoch auch ohne eine Balanced Scorecard im Unternehmen umgesetzt werden kann. Darauf folgend wird das Konzept auf seine Praxistauglichkeit geprüft, wobei der Schwerpunkt auf der Umsetzbarkeit des vorgeschlagenen Konzepts liegt. In einem zweiten Schritt werden, basierend auf einer empirischen Studie, einige Praxisbeispiele vorgestellt und analysiert. Abschließend werden die wesentlichen Aspekte eines Nachhaltigkeitscontrollings und dessen Relevanz für den unternehmerischen Erfolg noch einmal zusammengefasst und ein Ausblick auf die Weiterentwicklung des Nachhaltigkeitscontrollings gegeben.

---

[2] Vgl. Leidig (1995); Jasch/Schnitzer (2002).
[3] Vgl. Schaltegger (2004).

## 2 Konzept eines strategisch fundierten Nachhaltigkeitscontrollings

Die Sustainability Balanced Scorecard (SBSC) erweitert die Balanced Scorecard (BSC) um nichtmarktliche Aspekte wie Reputation, Legitimation und Rechtssicherheit, die merklichen Einfluss auf den Unternehmenserfolg haben können.

*SBSC als Grundlage für Nachhaltigkeitscontrolling*

Zusätzlich zu den vier konventionellen Perspektiven der BSC (Finanzen, Kunden, interne Prozesse und Know-how/organisationales Lernen) berücksichtigt die SBSC die außermarktlichen Einflüsse auf den unternehmerischen Erfolg. Dies ermöglicht, umfassender darzustellen, wie die Einflussfaktoren, auch von Umwelt- und Sozialaktivitäten, auf den wirtschaftlichen Erfolg wirken. Auch die wechselseitigen Wirkungen können beurteilt werden.[4]

*Umfassende Berücksichtigung und Kopplung erfolgsrelevanter Nachhaltigkeitsaspekte*

Diese Einflussfaktoren werden mit der SBSC in fünf Perspektiven unterteilt (s. Abb. 1), die dann Steuerungsbereiche des Nachhaltigkeitscontrollings darstellen:

- die Finanzperspektive befasst sich mit Faktoren wie Kosten, Erträgen und Risiken aus Aktivitäten;
- die Marktperspektive mit Aspekten wie Umsatz, Preis und Kundentreue,
- die Prozessperspektive mit Leistungserstellungseffizienz und Innovationen,
- die Lernperspektive mit Aspekten wie Know-how, organisationalem Lernen und Arbeitszufriedenheit,
- der Fokus der fünften, außermarktlichen Perspektive liegt auf Reputation, Legitimität und intangiblen Werten von Erfolgsrelevanz.

Mit dieser Strukturierung verschiedener Controlling-Perspektiven[5] dient das Nachhaltigkeitscontrolling dazu, die Unternehmensstrategie systematisch umzusetzen. Als Strukturierungsrahmen für ein Nachhaltigkeitscontrolling ermöglicht die SBSC auch eine systematische Vorgehensweise für das strategische (Nachhaltigkeits-)Management. Nun stellt sich die Frage, wie SBSC-Größen interpretiert und gesteuert werden können. Um dieser Frage nachzugehen, wird das Konzept des strategiebasierten Nachhaltigkeitscontrollings kurz vorgestellt.

*Fünf Perspektiven der SBSC bilden Strukturierungsrahmen für Nachhaltigkeitscontrolling*

---

[4] Schaltegger/Wagner (2006b), S. 681f.
[5] Vgl. Weber/Schäffer (2000).

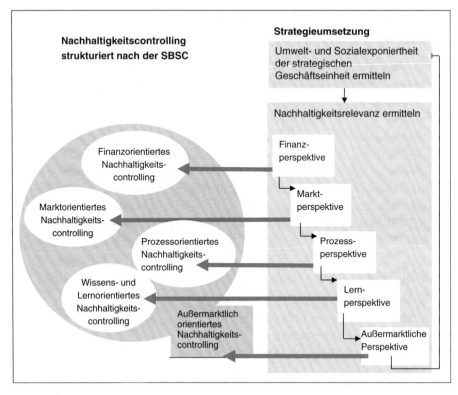

**Abb. 1:** Strategisch basiertes Nachhaltigkeitscontrolling[6]

## 2.1 Finanzorientiertes Nachhaltigkeitscontrolling

Nachhaltigkeits-
leistungen
berichten

Die sinkenden Informationskosten und die Globalisierung der Märkte haben die Bedeutung der externen Rechnungslegung und Berichterstattung in den letzten Jahrzehnten erhöht.[7] Dabei haben institutionelle Kapitalgeber, Analysten, Investoren, Banken und Ratingagenturen begonnen, Nachhaltigkeitsaspekte in ihre Beurteilung der Attraktivität von Unternehmen einzubeziehen.[8] Da Nachhaltigkeitsthemen eine wichtige Rolle für den wirtschaftlichen Erfolg spielen, wird zunehmend auf eine umfassende Darstellung der Nachhaltigkeitsleistung der Unternehmen geachtet. So nehmen z. B. über 3.000 Unternehmen am Carbon Disclosure Project teil und über 1.800 Unternehmen publizieren Nachhaltigkeitsberichte, die auf Grundlage der GRI-Leitlinien von der Global Reporting Initiative (GRI) geprüft und bewertet wurden.

---

[6] Schaltegger (2010), S. 513.
[7] Vgl. Clement/Schreiber (2010); Michler/Smeets (2011).
[8] Vgl. CDP (2011); GRI (2011).

Infolgedessen können die Finanzkennzahlen auch zur internen Steuerung der Nachhaltigkeitsleistung herangezogen werden. Ein auf die Finanzperspektive der SBSC ausgerichtetes Nachhaltigkeitscontrolling orientiert sich an Konzepten des Finanzmanagements des Unternehmens und verknüpft Umwelt- und Sozialaspekte mit dem Rechnungswesen und Konzepten der Unternehmensfinanzierung.

*Aufgabe des finanzorientierten Nachhaltigkeitscontrollings*

## 2.2 Marktorientiertes Nachhaltigkeitscontrolling

Eine effektive erfolgsorientierte Steuerung der Nachhaltigkeitsaktivitäten kann nicht sichergestellt werden, ohne dass die Marktbeziehungen ausreichend berücksichtigt werden. Nachhaltigere Produktdesigns oder Produktionsverfahren sind bezüglich Marktpositionierung, Marktakzeptanz und Einfluss auf den Absatz zu bedenken und der Marketingmix ist entsprechend anzupassen.

*Marktbeziehungen berücksichtigen*

Das marktorientierte Nachhaltigkeitscontrolling zielt darauf ab, die Beziehungen zwischen Nachhaltigkeitsaktivitäten des Unternehmens und dem Marketingerfolg zu steuern. Dabei geht es darum,

- Nachhaltigkeitsthemen zu identifizieren, die für Kunden relevant sind,
- marktfähige nachhaltige Produkte und Dienstleistungen zu entwickeln und
- die Nachhaltigkeitsleistung der Kunden zu verbessern.

Dies erfordert eine gute Zusammenarbeit des Controllings mit

- Produktentwicklung,
- Einkauf,
- Unternehmenskommunikation und
- Distribution.

Diese kann auch Fragen des Supply Chain Management umfassen. Zur Verbesserung der marktrelevanten Gesamtleistung sollten die nachhaltigkeitsbezogenen Steuerungsgrößen deshalb auch Wirkungen über die Unternehmensgrenzen hinaus beachten. Eine solche Größe ist beispielsweise die Nachfrage nach nachhaltigen Produkten, die im letzten Jahrzehnt in Deutschland stark gestiegen ist.

*Supply Chain Management*

Das Supply Chain Management ist auch für die Automobilindustrie oder für die Textilindustrie von zentraler Bedeutung, da sie lange, internationale und komplexe Supply Chains mit vielen Nachhaltigkeitsrisiken aufweisen, denen aber auch Chancen einer nachhaltigeren Produktgestaltung gegenüberstehen.

## 2.3 Prozessorientiertes Nachhaltigkeitscontrolling

Prozesse auf Kunden-bedürfnisse ausrichten

Neben Produktionsprozessen gehören weitere Geschäftsprozesse wie Innovations-, Management-, Logistik- oder Kundendienstprozesse zur Prozessperspektive der SBSC. Um Marktanteile zu sichern und gewinnen zu können, müssen die Prozesse kontinuierlich auf die Bedürfnisse der Kunden ausgerichtet werden. Unterstützt durch sinkende Informationskosten, fordern Kunden zunehmend eine ökologische und sozialgerechte Produktion. Dies stellt Risiken, aber auch Chancen für Unternehmen dar, um diese Erwartungen und Anforderungen von Bio- und Fair-Trade-Labeln, aber auch von Medien und NGOs zu bedienen.

Zudem werden durch die Internalisierung vieler ökologischer und gesellschaftlicher Kosten (z. B. durch die Einführung des $CO_2$-Emissionshandels) die Prozesse komplexer und umfangreicher. So hat beispielsweise der Einkauf neben den Einkaufskosten auch sicherzustellen, dass Nachhaltigkeitsstandards mit Audits und Lieferantentrainings eingehalten werden oder die F&E-Abteilung muss zu erwartende Ressourcenengpässe bei der Produktentwicklung berücksichtigen.

Aufgabe des prozess-orientierten Nachhaltigkeits-controllings

Das prozessorientierte Nachhaltigkeitscontrolling steht vor der Aufgabe, technische und finanzielle Kennzahlen der Leistungserstellung wie Energie-, Material- oder Wassereffizienz oder die Berücksichtigung von Sozialanforderungen im Betrieb zu erheben. Diese sind mit finanziellen und nichtfinanziellen Kennzahlen aus F+E, Einkauf, Produktion und Logistik zu verknüpfen und die dahinterstehenden Wirkungsketten so zu steuern, dass der Markterfolg und der finanzielle Erfolg des Unternehmens gesichert werden.

## 2.4 Wissens- und lernorientiertes Nachhaltigkeitscontrolling

Nachhaltige Arbeitgeber-attraktivität sicherstellen

Auch für die Know-how-Basis des Unternehmens und für die Mitarbeitermotivation spielen Nachhaltigkeitsaspekte eine wichtige Rolle. Wissensmanagement beinhaltet auch die Aufgabe, Mitarbeitende zu befähigen und zu motivieren sowie Nachhaltigkeitsinnovationen zu generieren. Um die besten „Köpfe" anzuziehen, zu halten und zu motivieren, sind Unternehmen herausgefordert, die Arbeitgeberattraktivität auch unter Nachhaltigkeitsgesichtspunkten zu managen.

Aufgabe des lernorientierten Nachhaltigkeits-controllings

Dabei ist das Nachhaltigkeitscontrolling herausgefordert, Informationsangebote zu unternehmensrelevantem Nachhaltigkeitswissen zu gestalten sowie eine lern- und innovationsfreudige Unternehmenskultur zu entwickeln. Entsprechend bezweckt ein wissens- und lernorientiertes Nachhaltigkeitscontrolling, Nachhaltigkeitsinnovationen und die Mitarbeitermotivation zu fördern und das Unternehmen als „Arbeitgeber der Wahl" zu positionieren.

## 2.5    Außermarktlich orientiertes Nachhaltigkeitscontrolling

Jeder Unternehmens- und Markterfolg ist u.a. davon abhängig, wie gut das Leistungsangebot und die Leistungserstellung den Marktrahmenbedingungen und den gesellschaftlichen Erwartungen gerecht werden. Dies gilt insbesondere für Nachhaltigkeitsthemen, die einen wesentlichen Einfluss auf Änderungen von Marktrahmenbedingungen ausüben. Auch wenn die außermarktliche Perspektive nicht unter den ursprünglichen Perspektiven der BSC zu finden ist, findet diese eine zunehmend breite Anerkennung und wird deshalb bei der SBSC ergänzend berücksichtigt.

*Außermarktliche Faktoren nicht weniger bedeutet als marktliche*

Gesellschaftliche und politische Aspekte weisen teilweise einen fundamentaleren Charakter auf als marktliche. Hier setzt das außermarktlich orientierte Nachhaltigkeitscontrolling an, indem es Maßnahmen steuert zur

* Legitimitätssicherung,
* Reputationssteigerung und
* gesellschaftlichen Verankerung des Unternehmens.

# 3    Ergebnisse einer empirischen Untersuchung

## 3.1    Untersuchungsziele, -ansatz und -methoden

Um einen Einblick in die Unternehmenspraxis des Nachhaltigkeitscontrollings zu erhalten, wurden zwischen 2009 und 2011 ausgewählte große deutsche und britische Unternehmen analysiert. Dazu wurden insgesamt 60 Interviews mit unterschiedlichen unternehmensinternen Akteuren in den Unternehmen geführt.

*Eckdaten*

Bei der Auswahl der Unternehmen wurden ein starkes Nachhaltigkeitsengagement und ein ausreichend komplexes Controlling-System vorausgesetzt. Das Nachhaltigkeitsengagement wurde dabei anhand der Reputation (z.B. in Form von Projekten, Initiativen oder Nachhaltigkeitsauszeichnungen) und der Nachhaltigkeitskommunikation (Veröffentlichung eines qualifizierten Nachhaltigkeitsberichts, bewertet von GRI oder IÖW/Future) untersucht. Um das zweite Kriterium zu erfüllen, wurden insbesondere große, börsennotierte Unternehmen ausgewählt (darunter 5 DAX-Unternehmen). Die Branchenverteilung reichte von der Finanz- bis zur Baubranche, von Medienunternehmen bis zur Energie- und Textilbranche. Dies sorgte dafür, dass Brancheneffekte nahezu ausgeschlossen werden konnten.

Zielsetzungen Die empirische Untersuchung ermöglichte einen detaillierten Einblick in die Praxis des Nachhaltigkeitsinformationsmanagements und -controllings. Der explorative Charakter der Untersuchung diente dazu, Ansätze, Ideen, Chancen und Probleme zu erkunden, die beim Identifizieren, Sammeln, Analysieren und Kommunizieren von Nachhaltigkeitsinformationen in der Unternehmenspraxis auftreten.

Vorgehensweise Als die Person, die bei der Erstellung des Nachhaltigkeitsberichts und der Sammlung, Aufbereitung und Kommunikation von Nachhaltigkeitsinformationen typischerweise involviert ist, war der Nachhaltigkeitsmanager der erste Ansprechpartner und Interviewpartner in jedem Unternehmen. Für die umfangreiche Analyse der Informationsflüsse wurden weitere Mitarbeiter identifiziert, die Nachhaltigkeitsinformationen generieren oder nutzen, und ebenfalls interviewt. Anschließend wurden die erhobenen Daten gemäß den fünf Perspektiven des Nachhaltigkeitscontrollings ausgewertet.

## 3.2  Untersuchungsrahmen

Im Vorfeld der empirischen Erhebung wurde anhand der bestehenden Literatur untersucht, welche bisherigen Erkenntnisse vorliegen, um ein Nachhaltigkeitscontrolling in den zuvor vorgestellten Dimensionen anwenden zu können. Diese werden hier kurz dargestellt, um sie in einem weiteren Schritt mit den Ergebnissen unserer Praxisuntersuchung zu vergleichen.

Hemmnisse beim Einsatz des Nachhaltigkeits-controllings Die Literatur bietet bereits eine Übersicht von Barrieren, die der Umsetzung von Nachhaltigkeitszielen im Wege stehen.[9] Auch wenn die Autoren dort einen starken Bezug auf KMU nehmen, deuten zahlreiche Publikationen darauf hin, dass diese hier zusammengefassten Faktoren auch für größere Unternehmen gelten:

- Fälschliche implizite Annahme, dass Umweltaktivitäten mit übergeordneten Unternehmenszielen kollidieren,
- Kenntnis- und Erfahrungsmangel im Umgang mit Sozial- und Umweltproblemen und mangelnde Kenntnis der eigenen Auswirkungen auf Umwelt und Gesellschaft,
- rückständige Organisationskultur, was Sozial- und Umweltbelange betrifft,
- mangelnde Problemeinsicht bezüglich Trends und mangelndes Erkennen, welchen Nutzen Nachhaltigkeitsaktivitäten bieten,

---

[9]  Seidel et al. (2008), S. 124.

- eingeschränkte finanzielle und personelle Ressourcen für Nachhaltigkeitsmaßnahmen und -projekte,
- die verfügbaren Konzepte und Instrumente sind primär auf große Unternehmen ausgerichtet.

Auf Basis dieser Aufzählung wird erwartet, dass manche Ausprägungen des Nachhaltigkeitscontrollings bislang stärker vertreten sind als andere. So kann erklärt werden, warum das finanzorientierte Nachhaltigkeitscontrolling in der Praxis[10] überproportional berücksichtigt wird. Denn viele der Kennzahlen dienen als Rechtfertigung dafür, dass die Verfolgung ökologischer und sozialer Ziele nicht sinnvoll ist oder umgekehrt, dass sie mit keinen finanziellen Einbußen verbunden ist. Die Rolle freiwilliger und verpflichtender Standards der Berichterstattung ist ein weiterer Grund dafür, dass finanzorientierte Kennzahlen in den Vordergrund rücken. Demgegenüber müsste sich z.B. eine Organisationskultur, die soziale und ökologische Fragen wenig beachtet, in einer mangelnden Berücksichtigung der lern- und Know-how-orientierten Nachhaltigkeitscontrolling-Perspektive äußern.

*Ungleiche Gewichtung der verschiedenen Perspektiven*

Des Weiteren ist eine starke Berücksichtigung des prozessorientierten Nachhaltigkeitscontrollings zu erwarten. Durch steigende Rohstoff- und Energiepreise besteht zunehmend die Notwendigkeit, die Material- und Energieströme hinter den (Produktions-)Prozessen im Detail zu verstehen, um die Effizienzziele zu verfolgen. Aus diesen Daten kann die Auswirkung der Prozesse auf die Umwelt direkt abgeleitet werden. Auch die Gesetzgebung scheint eine Rolle zu spielen – einerseits sind Unternehmen verpflichtet, bestimmte physikalische Kennzahlen offenzulegen. Andererseits tun sie dies teilweise auch auf freiwilliger Basis, die durch zusätzliche staatliche Anreize motiviert wird, beispielsweise indem die Ölsteuer in Deutschland zurückerstattet wird.[11] Der direkte Zusammenhang zwischen Materialeinsatz und Kosten regt auch die Berücksichtigung von nichtmonetären Einheiten an.

*Starke Prozessorientierung*

Eine empirische Untersuchung des Nachhaltigkeitscontrollings aus dem Jahre 2011[12] zeigt ebenfalls, dass die finanzorientierte und die prozessorientierte Perspektive die größte Bekanntheit und Berücksichtigung in der Praxis erfahren. Demgegenüber werden insbesondere bei der marktorientierten Perspektive und der Lernperspektive nur wenige Kennzahlen erfasst, die die Zusammenhänge zwischen der jeweiligen Nachhaltigkeitsleistung und den übergeordneten Zielen des Unternehmens zeigen.

*Markt- und Innovationspotenziale kaum ausgeschöpft*

Dies führt dazu, dass unternehmerische Leistungen insbesondere bezüglich Markt- und Innovationsfragen kaum aktiv gesteuert werden können

---

[10] Schaltegger/Zvezdov (2011), S. 433f.
[11] Vgl. Görlach/Zvezdov (2010).
[12] Schaltegger/Zvezdov (2011), S. 433f.

und die Steuerungspotenziale eines strategiebasierten Nachhaltigkeitscontrollings bezüglich Markt- und Innovationserfolg nicht vollkommen ausgeschöpft werden.

## 3.3 Praxisstand des Nachhaltigkeitscontrollings

### 3.3.1 Umfangreiche Anwendung finanzorientierter Kennzahlen

Rund die Hälfte aller untersuchten Unternehmen haben Ansätze eines finanzorientierten Nachhaltigkeitscontrollings eingeführt. Der Fokus liegt dabei vor allem auf der Ermittlung der nachhaltigkeitsrelevanten Leistung des Unternehmens und weniger auf der Steuerung. Oft wird dies damit begründet, dass dem Vorstand und den Eigentümern gezeigt werden muss, dass Nachhaltigkeitsprojekte und -maßnahmen nicht in Konkurrenz zum finanziellen Erfolg stehen.

**Fokus auf Ergebniswirkungen anstatt auf aktiver Steuerung**

Dass die aktive Steuerung von Zusammenhängen wenig ausgeprägt ist, kann eine Folge der Unkenntnis der eigenen Auswirkungen auf Umwelt, Gesellschaft und Ökonomie sein. Oft führt dies dazu, dass sich Unternehmen auf externen Druck und generische Maßgrößen ausrichten, die nur bedingt dazu dienen, die Nachhaltigkeitsleistung des Unternehmens zu steuern und den Beitrag zum Unternehmenserfolg sicherzustellen.

Die Forschung hat bisher keine für die Praxis breit einsetzbaren Methoden entwickelt, die Einflussgrößen berücksichtigen und die die zentralen Erfolgskennzahlen eines Unternehmens beeinträchtigen. Vielmehr scheinen Ansätze an Bedeutung zu gewinnen, die die Identifikation und das Management nachvollziehbarer Kausalbeziehungen unterstützen. Insbesondere die Wirkungen von sozialen Maßnahmen und Projekten können von Ansätzen profitieren, die auf überzeugend abgeleiteten Kausalbeziehungen aufbauen, da sie häufig über diffusere oder weichere Beziehungsverhältnisse wirken. Zukünftig wird es vermehrt darum gehen müssen, das Rechnungswesen so weiterzuentwickeln, dass es auch zu qualitativen Nachhaltigkeitsfragen finanziell relevante Informationen bereitstellen kann.[13]

### 3.3.2 Fehlende Steuerung trotz steigender Anerkennung marktrelevanter Nachhaltigkeitsaspekte

**Marktorientiertes Nachhaltigkeitscontrolling verspricht Erfolg**

Unternehmen, die sich auf die veränderten Marktverhältnisse neu ausrichten und die Chancen und Risiken der Nachhaltigkeitsdiskussion berücksichtigen, können erfolgreicher werden. Dies zeigen sowohl

---

[13] Vgl. Schaltegger/Burritt, (2010).

zahlreiche Einzelfallbeispiele[14] als auch Studien.[15] Dass sich das Controlling bisher wenig mit der Relevanz solcher Fragen befasst, ist ernüchternd. Auch wenn erste Ansätze eines marktorientierten Nachhaltigkeitscontrollings beim Sammeln und Nutzen von Ergebnisgrößen auftauchen, kann derzeit keine gezielte kennzahlengestützte Steuerung von Nachhaltigkeitsaktivitäten zur Stärkung des Marketingerfolgs identifiziert werden. Eine zentrale Praxisherausforderung für die nähere Zukunft ist es, ein marktorientiertes Nachhaltigkeitscontrolling zu entwickeln und zu etablieren.

Zwar wurden einige Leistungstreiber als mögliche Steuerungsgrößen erkannt, wie etwa die Verhinderung, dass eine Marke durch Nachhaltigkeitsskandale beschädigt wird. Diese wurden bisher nicht für Controlling-Zwecke eingesetzt. Andere Steuerungsgrößen sind beispielsweise, die Preisbereitschaft auszuschöpfen oder die Käuferzielgruppe bezüglich des Markenprestiges wahrzunehmen. Der durch Nachhaltigkeitsmaßnahmen angestrebte Marketingerfolg schlägt sich häufig erst mittel- und langfristig im Unternehmenserfolg nieder; doch bei adäquater Messung und Steuerung könnte auch bereits nach kürzerer Zeit eine deutliche Stärkung des Markterfolgs erreicht werden. Erfolgsbeispiele sind die Weiterentwicklung von (Nischen-)Produkten zu Mainstreamprodukten, wodurch eine entscheidende Repositionierung des Unternehmens auf dem Markt gelingen kann.

*Nachhaltigkeitscontrolling zur Steigerung der marktrelevanten Nachhaltigkeitsleistung*

Vor allem angesichts der Kenntnis- und Erfahrungsmängel mit Sozial- und Umweltproblemen dürfte das marktorientierte Nachhaltigkeitscontrolling in der Unternehmenspraxis vor wesentlichen Entwicklungsschritten stehen.

### 3.3.3 Entwicklung von Prozessen: viele Anreize, viele Wege

Zahlreiche Publikationen, die sich mit dem Thema Ressourceneffizienz befassen, haben zu einer starken Ausprägung des prozessorientierten Nachhaltigkeitscontrollings beigetragen. Analysen der derzeitigen Praxis zeigen eine umfangreiche Unterfütterung sowohl mit Ergebnisgrößen (wie z. B. Produktionskosten) als auch mit Leistungstreibern (wie z. B. Materialeffizienz). Bereits frühe Ansätze des Öko-Controllings waren stark operativ auf die Steuerung der Produktionsprozesse ausgerichtet.[16] Dadurch haben viele Mitarbeiter im operativen Geschäft (darunter auch Rechnungswesenexperten) ein Gefühl dafür erhalten, wie Produktionsprozesse auf die Umwelt wirken.

*Produktionsprozesse und Umwelt*

---

[14] Vgl. Balderjahn et al. (2003).
[15] Vgl. Eitelwein/Goretzki (2010); Schaltegger et al. (2010).
[16] Vgl. Günther (1994); Schaltegger/Sturm (1992).

Durch strenger werdende Umweltauflagen bekommen viele Unternehmen zusätzliche Anreize, rechtzeitig über unterschiedliche Produktionsaspekte nachzudenken. Auch die Konzepte, die bereits breite Anwendung finden, zielen hauptsächlich darauf ab, Prozessoptimierungen zu unterstützen. Verbreitete Beispiele dafür sind Ökobilanzen, die Berechnung von Carbon Footprints usw.

**Greifbare Abhängigkeiten bei Prozessabläufen**

Beispiele sind die Erhebung und Steuerung von physikalischen Informationen (wie Verbräuche oder daraus entstehende Emissionen) sowie deren Einfluss auf Kosten und Kostenstruktur. Dies trägt in den untersuchten Unternehmen dazu bei, dass das prozessorientierte Nachhaltigkeitscontrolling gut ausgeprägt und teilweise schon seit Jahren etabliert ist. Die Prozessabläufe werden oft auch nach Nachhaltigkeitsgesichtspunkten analysiert und entsprechend gestaltet:

- Kernprozesse werden identifiziert,
- auf ihre Nachhaltigkeitsrelevanz untersucht,
- Kunden-, Sozial- und Umweltanforderungen für die Kernprozesse abgeleitet und
- messbare Kenngrößen in der internen Berichterstattung verwendet.

Die wesentlichen Herausforderungen bestehen derzeit darin, Nachhaltigkeitsaspekte in Lieferketten zu berücksichtigen.

### 3.3.4 Wissensmanagement: schwer greifbar

**Kaum Ansatzpunkte für lernorientiertes Nachhaltigkeitscontrolling erkennbar**

In der explorativen Untersuchung der Unternehmenspraxis wurden kaum Ansatzpunkte für ein lernorientiertes Nachhaltigkeitscontrolling gefunden. Dies entspricht Beobachtungen, die auch bereits in Bezug auf die konventionelle BSC festgestellt wurden.[17] Selbst wenn viele Unternehmen die Bedeutung von Mitarbeitern, internem Know-how sowie organisationalem Lernen erkennen und dies bei Entscheidungen berücksichtigen möchten, gibt es nur bedingt quantifizierbare Aussagen über den Nutzen entsprechender Aktivitäten.

Für eine systematische Steuerung wäre es dringend erforderlich, Zusammenhänge und Wirkungen qualitativ und quantitativ festzuhalten. Als mögliche Indikatoren eignen sich z.B. das Generieren und Umsetzen von Wissen oder die Anzahl umgesetzter nachhaltigkeitsrelevanter Vorschläge pro Mitarbeiter. Eine wesentliche Herausforderung besteht derzeit darin, nicht nur Ergebnisgrößen zu identifizieren, sondern auch die Zusammenhänge zwischen Maßnahmen und Wirkungen auf den Unternehmenserfolg abzubilden und zu steuern. Ein Beispiel sind Corporate-Volunteering-Projekte, bei denen zwar die Mitarbeiterbeteiligung und die Zufriedenheit gemessen werden, jedoch nicht die

---

[17] Weber/Schäffer (2000), S. 277 f.

Wirkung dieser Projekte auf Innovation, Loyalität oder Arbeitgeberattraktivität.

Dass das Management im systematischen Umgang mit Nachhaltigkeitsfragen häufig überfordert ist, äußert sich in zahlreichen – positiven wie auch negativen – Beispielen, die die bedeutende Rolle der Lernperspektive im Nachhaltigkeitskontext analysieren.[18] Dabei scheinen eingeschränkte finanzielle und personelle Ressourcen kaum eine Rolle zu spielen – denn der Aufwand, um solche Informationen zu erheben und zu analysieren, wird i.d.R. als gering eingeschätzt.

Der geringe Einsatz eines lernorientierten Nachhaltigkeitscontrollings kann auch mit der Wahrnehmung erklärt werden, dass solche Aktivitäten grundsätzlich nicht mit den finanziellen Zielen des Unternehmens kollidieren. Damit könnte begründet werden, dass der Schwerpunkt des lernorientierten Nachhaltigkeitscontrollings auf nichtmonetären Informationen liegen kann. Dennoch sollten die Darstellung und die Steuerung der Zusammenhänge zwischen gezielten Aktivitäten und dem Unternehmenserfolg nicht vollkommen ausgeblendet werden.

### 3.3.5 Einsatz außermarktlicher Kennzahlen im Mittelfeld

Die Bedeutung außermarktlicher Aspekte steigt, z.B. bezüglich gesellschaftlicher Legitimation oder bei Kaufentscheidungen potenzieller Kunden.[19] Dies schlägt sich auch in der außermarktlichen Ausprägung des Nachhaltigkeitscontrollings nieder, selbst wenn in der Ausgestaltung dieser Controlling-Perspektive noch viel Potenzial zu erkennen ist. So werden außermarktliche Faktoren zwar in der Hälfte der untersuchten Unternehmen gemessen, diese Messung liegt jedoch deutlich hinter der Praxisumsetzung des finanz- und prozessorientierten Nachhaltigkeitscontrollings.

*Außermarktliche Faktoren gewinnen an Bedeutung*

Deutlich wird, dass viele Unternehmen die steigende Erfolgsrelevanz außermarktlicher Aspekte erkennen. Als zentrale Ergebnisgrößen werden genannt:

- die Wirkung von Nachhaltigkeitsprojekten und -maßnahmen auf die Unternehmensreputation,
- die Medienresonanz und
- die Nachhaltigkeitspreise.

Dies stimmt auch mit der allgemeinen Beobachtung[20] überein, dass immer mehr (große) Unternehmen einen Nachhaltigkeitsbericht veröffentlichen. Die außermarktliche Relevanz von unternehmerischen

*Fortschritt durch externe Anreize und gesetzliche Regelungen*

---

[18] Vgl. Albinger/Freeman (2000); Backhaus et al. (2002); Greening/Turban (2000).
[19] Matute-Vallejo et al. (2011), S. 317.
[20] Vgl. IÖW/future (2011).

Nachhaltigkeitsbemühungen macht sich auch an zunehmenden Standards und Regelungen fest, die Unternehmen Leitlinien vorgeben oder anleiten, worüber berichtet oder was dokumentiert werden soll. Diese Kennzahlen dienen Unternehmen als Orientierung und werden mit der zunehmenden Auseinandersetzung mit Nachhaltigkeitsthemen durch detailliertere und konkretere Ergebnisgrößen ergänzt. Vor allem

- zunehmend starke Selbstbindung bezüglich (freiwilliger) Umwelt- und Sozialstandards,
- strenger werdende Umwelt- und Sozialauflagen,
- investigative Medien sowie
- eine informierte Öffentlichkeit

motivieren Unternehmen dazu, nach Ansätzen zur effizienteren Berücksichtigung dieser Themen zu suchen.

# 4 Fazit: Unterschiedliche Schwerpunkte im Nachhaltigkeitscontrolling

Hemmnisse in der Unternehmenspraxis

Zu den am stärksten hemmenden Faktoren für eine weiter reichende Umsetzung des Nachhaltigkeitscontrollings in der Unternehmenspraxis scheinen unbekannte Auswirkungen unternehmerischer Aktivitäten auf Umwelt und Gesellschaft zu zählen sowie das mangelnde Erkennen des Nutzens von Nachhaltigkeitsaktivitäten und -trends. So wird oft erst gar nicht versucht, Kennzahlen zu definieren, Daten zu erheben und Indikatoren zu steuern, die die Wechselbeziehungen zwischen den unterschiedlichen Perspektiven ermöglichen.

Motivatoren

Gerade diese Hemmnisse motivieren jedoch immer mehr Unternehmen, ihr Nachhaltigkeitscontrolling weiterzuentwickeln und zu verbessern. Gleichzeitig haben viele Regierungs- und Nichtregierungsorganisationen leicht umsetzbare und für die „breite Masse" geeignete Indikatoren entwickelt. Um sie in der Praxis anwenden zu können, sollten diese jedoch häufig konkretisiert werden. Dennoch dienen Leitfäden und extern ermittelte Indikatoren der Nachhaltigkeitsleistung von Unternehmen oft auch intern als Einstieg, um unternehmerische Nachhaltigkeit zu messen und zu steuern.[21]

Tradition des prozess-orientierten Nachhaltigkeits-controllings

Die Praxistauglichkeit des prozessorientierten Nachhaltigkeitscontrollings, insbesondere des Öko-Controllings, hat sich seit einigen Jahren erwiesen. Dagegen ist die breitere Anwendung eines finanzorientierten Nachhaltigkeitscontrollings noch relativ neu. Indessen erstaunt der beobachtete Fokus auf Effizienzsteigerung (prozessorientiertes Nach-

---

[21] Schaltegger/Burritt (2000), S. 161 f.

haltigkeitscontrolling) und finanzielle Leistung nicht. Beispiele wie das Aufdecken von Energieeinsparungspotenzialen oder die Erfassung des Materialverbrauchs in physikalischen Maßeinheiten gehören zur unternehmerischen Praxis.

Zahlreiche Potenziale ergeben sich daraus, dass die markt-, lern- und außermarktlichen Ausrichtungen des Nachhaltigkeitscontrollings bislang weniger stark ausgeprägt sind. Es wird zunehmend notwendig, nicht nur produktionseffizient zu sein und Nachhaltigkeit in diesem Rahmen zu berücksichtigen, sondern auch Aspekte wie Innovationen, Mitarbeiterattraktivität, Legitimationssicherung und Reputation in die Entscheidungsfindung einzubeziehen. Denn solche Aspekte können einen entscheidenden Wettbewerbsvorteil darstellen. Ein ganzheitliches, durch das Controlling unterstütztes Nachhaltigkeitsmanagement ist deshalb von besonderer Bedeutung.

# 5 Ansätze zur Umsetzung in der Praxis

## 5.1 Einsatz von Kennzahlen und Leistungstreibern

Zunächst ist es empfehlenswert, Ergebniskennzahlen einzusetzen. Dabei gilt es, Zusammenhänge zwischen Nachhaltigkeitsaspekten und unternehmerischer Gesamtleistung festzustellen und messbar darzustellen.

Ergebniskennzahlen einsetzen

Darauf aufbauend können Leistungstreiber identifiziert und eingesetzt werden. Dabei handelt sich um einen iterativen Prozess – es ist wichtig sicherzustellen, dass die im zweiten Schritt identifizierten Leistungstreiber tatsächlich die Leistungsveränderung bedingen. Dafür müssen ggf. weitere Ergebniskennzahlen verwendet werden, die die Auswirkung externer bzw. nicht ausgewiesener Faktoren deutlich machen. Tab. 1 zeigt Beispiele möglicher Steuerungsgrößen für die fünf Perspektiven des strategiebasierten Nachhaltigkeitscontrollings.

Leistungstreiber identifizieren und einsetzen

| Perspektive des Nachhaltigkeitscontrollings | Mögliche Ergebnisgrößen | Mögliche Leistungstreiber |
|---|---|---|
| finanzorientiert | Shareholder Value, RONA | geringe Altlasten, tiefe Emissionskosten |
| marktorientiert | Markenwert, Umsatz | Marktakzeptanz, Marge nachhaltiger Produkte |
| prozessorientiert | Innovationen, Prozesseffizienz | Nachhaltigkeitsrisiken in Lieferketten, Materialflusskosten |

| Perspektive des Nachhaltigkeitscontrollings | Mögliche Ergebnisgrößen | Mögliche Leistungstreiber |
|---|---|---|
| wissens- und lernorierntiert | Innovationspotenzial | Datenbankangebote und Nutzung von Nachhaltigkeitsinformationen |
| außermarktlich | Reputation, Rechtssicherheit | Medienresonanz, Auszeichnungen |

**Tab. 1:** Mögliche Steuerungsgrößen in den fünf Perspektiven des Nachhaltigkeitscontrollings

Interne Informationslieferanten stärker nutzen

Anschließend sind bereits erhobene und neu benötigte Informationen den Perspektiven des Nachhaltigkeitscontrollings zuzuordnen. Damit können zahlreiche interne Informationslieferanten zusammengebracht, die Relevanz der Informationen gezeigt, Potenziale aufgedeckt und Problemlösungen effektiv angegangen werden.

Informationen situationsspezifisch einsetzen

Anschließend sind die Einzelinformationen so zusammenzuführen, zu filtern und zu bewerten, dass sie als Grundlage für eine effektive Entscheidungsfindung dienen können. Dabei kann eine Analyse der Informationsbedürfnisse nach Entscheidungssituation hilfreich sein,[22] die zwischen kurz- und langfristigen sowie zukunfts- und vergangenheitsorientierten Informationen bzw. Indikatoren unterscheidet und die Informationen den fünf Perspektiven des Nachhaltigkeitscontrollings zuordnet.

Klaren Bezug zum operativen Geschäft herstellen

Nachhaltigkeit ist ein sehr weiter Begriff. Deshalb weist Ramge[23] darauf hin, dass er oft mit Langfristigkeit gleichgesetzt wird. Diese empfundene Langfristigkeit und die damit verbundene Unsicherheit haben häufig eine abschreckende Wirkung. Eine Lösung, mit diesem Problem umzugehen, ist die Strukturierung in die fünf Themenbereiche des Nachhaltigkeitscontrollings und eine erstmalige Befassung mit Aspekten, die kurzfristige Umsetzungserfolge und messbare Ergebnisse liefern. Eine solche pragmatische Ausrichtung sollte jedoch nicht mit einer Vernachlässigung strategischer Zielsetzungen gleichgesetzt, sondern nur als Einstieg in einen strategischen Organisationsentwicklungsprozess aufgefasst werden.

---

[22] Burritt et al. (2002), S. 94.
[23] Ramge (2010), S. 80.

## 5.2  Stärkere strategische Ausrichtung notwendig

Die steigende wirtschaftliche Bedeutung von Nachhaltigkeitsbelangen und die notwendige Koordination der Vielzahl unternehmerischer Nachhaltigkeitsaktivitäten erfordern eine Unterstützung durch das Controlling. Das strategiebasierte Nachhaltigkeitscontrolling verbindet die operative mit der strategischen Ebene und kann damit eine strukturierte Steuerung von Nachhaltigkeitsmaßnahmen und -projekten unterstützen.

Diese Strategieorientierung und die Integration von Nachhaltigkeitsmaßnahmen stellen eine zentrale Herausforderung an die Weiterentwicklung des Nachhaltigkeitscontrollings in Theorie und Praxis dar. Als Ziel sollte die kontinuierliche Verbesserung der unternehmerischen Nachhaltigkeitsleistung durch Beschaffung und Nutzung von Informationen unterstützt werden, die dazu dienen, die strategischen Ziele zu erreichen. Des Weiteren sollte eine solide Informationsbasis aufgebaut werden, die auch der strategischen Neuausrichtung und Weiterentwicklung von Geschäftsmodellen dienen kann.

Controlling kann einen signifikanten Beitrag zur wirksameren und erfolgsorientierten Transformation konventioneller, an Wettbewerbsfähigkeit verlierender Prozesse, Produkte, Geschäftsbereiche und Unternehmen leisten. Derzeit wird dieses Potenzial in der Unternehmenspraxis meist nur für die Optimierung von Produktionsprozessen erkannt. Dabei werden Informationen vorwiegend von Produktions- und Nachhaltigkeitsabteilungen beschafft und genutzt, während die Controlling- und Rechnungswesenabteilungen weitgehend außen vor bleiben und ihrer Aufgabe, wesentliche Informationsgrundlagen zur Erfolgssicherung des Unternehmens im Nachhaltigkeitsbereich bereitzustellen, meist nicht nachkommen.

> Controlling muss aktivere Rolle übernehmen

Die Konzeption des strategiebasierten Nachhaltigkeitscontrollings ist keine Arena der großen Unternehmen, sondern kann auch in mittelständischen Unternehmen sinnvoll eingesetzt werden. Der Detaillierungsgrad von Indikatoren und Informationen kann einfach variiert werden, ohne die Stärke des Steuerungsansatzes und seine Systematisierung von erfolgsrelevanten Nachhaltigkeitsbereichen aufzugeben.

> Nachhaltigkeitscontrolling auch für KMU sinnvoll

Während Einschränkungen wie Ressourcenknappheit oder Mangel an Know-how bezüglich der Umweltauswirkungen manchmal als Hindernis für die systematischere Ausgestaltung eines Nachhaltigkeitscontrollings angesehen werden, kann es gerade dafür eingesetzt werden, den Ressourceneinsatz besser zu steuern und z.B. durch eine erhöhte Arbeitgeberattraktivität eine höhere Zufriedenheit und Produktivität des Personals zu erzielen. Die mittlerweile sehr verbreitete prozessorientierte Ausprägung des Nachhaltigkeitscontrollings zeigt, dass solche Aktivitäten auch den kleinsten Unternehmen nicht fremd sind. Deshalb sollten Controlling-Experten vermehrt beim Bewältigen unternehmerischer Nachhaltigkeitsherausforderungen involviert werden und auch zu diesem Themenbereich zum langfristigen Erfolg des Unternehmens beitragen.

**Steigendes Interesse am Thema Nachhaltigkeitscontrolling sichtbar** Nachhaltigkeitscontrolling entwickelt sich derzeit sowohl in der Literatur als auch in der Praxis sehr schnell. Die Veröffentlichung dieses Buchprojekts und die steigende Zahl von Beiträgen in Fachzeitschriften drücken nicht nur die wachsende Bedeutung des Themas aus, sondern auch die wachsende Anerkennung und Relevanz für Controlling-Experten. Dazu kommen immer mehr Ausbildungsmöglichkeiten, die eine Auseinandersetzung mit der Thematik anbieten. All dies wird sicherlich dazu beitragen, dass das Thema unternehmerische Nachhaltigkeit auch im Controlling zukünftig verstärkt und umfassender umgesetzt wird.

# 6 Literaturhinweise

Albinger/Freeman, Corporate social performance and attractiveness as an employer to different job seeking populations, Journal of Business Ethics, 28. Jg., H. 3/2000, S. 243–253.

Backhaus/Stone/Heiner, Exploring the relationship between corporate social performance and employer attractiveness, Business & Society, 41. Jg., 2002, S. 292–318.

Balderjahn/Wöhler/Altobelli/Zanger, Nachhaltiges Marketing-Management: Möglichkeiten einer umwelt- und sozialverträglichen Unternehmenspolitik, 2003.

BCG (The Boston Consulting Group), The business of sustainability, 2009.

Burritt/Hahn/Schaltegger, Towards a comprehensive framework for environmental management accounting. Links between business actors and environmental management accounting tools, Australian Accounting Review, 12. Jg., H. 2/2002, S. 39–50.

CDP (Carbon Disclosure Project), CDP Global 500 Report 2011. Accelerating low carbon growth, 2011.

Clement/Schreiber, Anbahnungs- und Informationsphase – Wege und Instrumente der Kundenansprache, in Clement/Schreiber (Hrsg.), Internet-Ökonomie, 2010, S. 277–318.

Eitelwein/Goretzki, Carbon Controlling und Accounting erfolgreich implementieren – Status quo und Ausblick, Controlling & Management, 54. Jg., H. 1/2010, S. 23–31.

Ernst & Young, Action amid uncertainty: The business response to climate change, 2010.

GDV (Gesamtverband der Deutschen Versicherungswirtschaft e.V.), Herausforderung Klimawandel. Antworten und Forderungen der deutschen Versicherer, 2011.

Görlach/Zvezdov, Ressourceneffizienz in der Praxis: Zur Anreizsituation aus Sicht von Unternehmen und Intermediären, Umweltwirtschaftsforum (UWF), 18. Jg., H. 3-4/2010, S. 189–195.

Greening/Turban,Corporate social performance as a competitive advantage in attracting a quality workforce, Business & Society, 39. Jg., 2000, S. 254–280.

GRI, Year in Review. 2009/10, 2011.

Günther, Ökologieorientiertes Controlling. Konzeption eines Systems zur ökologieorientierten Steuerung und empirische Validierung, 1994.

Günther/Nowack, $CO_2$-Management von Unternehmen, UmweltWirtschaftsForum (UWF), 16. Jg., 2008, S. 49–51.

IÖW/future, Das IÖW/future-Ranking der Nachhaltigkeitsberichte: Praxis der Nachhaltigkeitsberichterstattung in deutschen Großunternehmen – Befragungsergebnisse 2011, 2011.

Jasch/Schnitzer, Umweltrechnungswesen – Wir zeigen, wie sich Umweltschutz rechnet. Beispielsammlung zur Umweltkostenrechnung und Investitionsrechnung, 2002.

Leidig, Ökologisches Benchmarking am Beispiel der Abfallwirtschaft in Druckbetrieben, in: Controlling, 7. Jg., H. 6/1995, S. 378–380.

Matute-Vallejo/Bravo/Pina, The influence of corporate social responsibility and price fairness on customer behaviour: evidence from the financial sector, Corporate Social Responsibility and Environmental Management, 18. Jg., 2011, S. 317–331.

McKinsey & Co, Inc., Costs and potentials of greenhouse gas abatement in Germany, 2009.

Michler/Smeets, Die aktuelle Finanzkrise: Bestandsaufnahme und Lehren für die Zukunft, 2011.

Ramge, Die Wohlfühl-Utopie, brand eins, 12. Jg., H. 5/2010, S. 80–84.

Schaltegger, Nachhaltigkeit als Treiber des Unternehmenserfolgs. Folgerungen für die Entwicklung eines Nachhaltigkeitscontrollings, Controlling. Zeitschrift für erfolgsorientierte Unternehmenssteuerung, 22. Jg., H. 4/5/2010, S. 238–243.

Schaltegger, Sustainability Balanced Scorecard, Controlling. Zeitschrift für erfolgsorientierte Unternehmenssteuerung, 16. Jg., H. 8/9/2004, S. 511–516.

Schaltegger/Burritt, Contemporary environmental accounting: Issues, concept and practice, 2000.

Schaltegger/Burritt, Sustainability accounting for companies. Catchphrase or decision support for business leaders?, Journal of World Business, 45. Jg., H. 4/2010, S. 375–384.

Schaltegger/Sturm, Ökologieorientierte Entscheidungen in Unternehmen. Ökologisches Rechnungswesen statt Ökobilanzierung: Notwendigkeit, Kriterien, Konzepte, 1992.

Schaltegger/Wagner, Managing sustainability performance measurement and reporting in an integrated manner. Sustainability accounting as the link between the sustainability balanced scorecard and sustainability reporting, in Schaltegger/Bennett/Burritt, R. (Hrsg.), Sustainability accounting and reporting, 2006, S. 681–697.

Schaltegger/Wagner [2006a], Managing the business case for sustainability. The integration of social, environmental and economic performance, 2006a.

Schaltegger/Windolph/Harms, Corporate Sustainability Barometer 2010. Wie nachhaltig agieren Unternehmen in Deutschland?, 2010.

Schaltegger/Zvezdov, Konzeption und Praxis des Nachhaltigkeitscontrollings: Ansatzpunkte in großen deutschen Unternehmen, Controlling: Zeitschrift für erfolgsorientierte Unternehmenssteuerung, 23. Jg., H. 8/9/2011, S. 430–435.

Seidel/Seidel/Tedford/Cross/Logan/Wait, A systems modeling approach to support environmentally sustainable business development in manufacturing SMEs, World Academy of Science, Engineering and Technology, 48. Jg., 2008, S. 121–129.

Weber/Schäffer, Balanced Scorecard & Controlling: Implementierung – Nutzen für Manager und Controller. Erfahrungen in deutschen Unternehmen, 2000.

# Ansätze und Instrumente des Nachhaltigkeitscontrollings – ein praxisorientierter Überblick

- Beim Nachhaltigkeitscontrolling steht ebenso wie beim traditionellen Controlling die Informationsversorgung des Managements im Vordergrund. Dabei kann sich das Nachhaltigkeitscontrolling nur zum Teil auf Ansätze und Instrumente aus der herkömmlichen Controlling-Toolbox stützen.

- Zunächst werden praxiserprobte Ansätze und Instrumente isoliert für die Nachhaltigkeitsdimensionen Ökologie und Soziales vorgestellt. Dabei kann das Öko-Controlling auf eine über 20-jährige Praxiserfahrung in vielen Unternehmen verweisen, während es für das Sozio-Controlling kaum Anwendungsbeispiele gibt.

- Ein nachhaltiges Management kann am besten mit integrierten Ansätzen unterstützt werden, die alle drei Nachhaltigkeitsdimensionen (Ökonomie, Ökologie und Soziales) berücksichtigen. Als geeignet erscheinen dazu das Indikatorenset der „Global Reporting Initiative (GRI)" und eine Sustainability Balanced Scorecard.

- Der Beitrag soll Impulse und Ansatzpunkte dafür liefern, Nachhaltigkeitsaspekte in das Controlling zu integrieren. Auch in diesem Zusammenhang gilt die Aussage des bekannten Managementdenkers Peter Drucker: „You can't manage what you don't measure."

■ **Der Autor**

**Prof. Dr. Armin Müller,** Professor für allgemeine Betriebswirtschaftslehre, Rechnungswesen und Controlling an der Hochschule für angewandte Wissenschaft (HAW) Ingolstadt.

# 1 Grundlegende Anforderungen

## 1.1 Konzeption von Ansätzen und Instrumenten

Das Controlling wird in der Praxis zunehmend damit konfrontiert, das Management bei der Einführung und Etablierung einer nachhaltigen Unternehmensführung zu unterstützen. Eine aktuelle Befragung von Führungskräften und Controllern kommt zu dem Ergebnis, dass der Themenbereich Nachhaltigkeit zu den 10 wichtigsten Zukunftsthemen gehört.[1] In Zusammenarbeit mit dem Management gilt es, adäquate Ansätze und Instrumente zu konzipieren, mit denen Transparenz bezüglich der relevanten Nachhaltigkeitsthemen gewährleistet werden kann. Es obliegt daher dem Controlling, Vorschläge zu erarbeiten, wie sich diese Aufgabe am besten umsetzen lässt. Diese Vorschläge müssen

*Nachhaltigkeit gilt als wichtiges Zukunftsthema*

* den Anforderungen an ein Nachhaltigkeitsmanagement genügen und
* den Werkzeugkasten des Controllers adäquat ergänzen.

Weitgehende Übereinstimmung besteht in der Literatur darin, dass Nachhaltigkeit auf den drei Säulen Ökonomie, Ökologie und Soziales basiert. Das Controlling muss demzufolge alle drei Aspekte mit aussagekräftigen Informationen abdecken. Ökonomische Aspekte bereiten hierbei die wenigsten Probleme. Bei umweltorientierten Unternehmen existiert bereits ein adäquates Informationssystem, basierend auf einer Stoff- und Energiebilanzierung. Die größte Lücke gilt es in Bezug auf soziale Themen zu schließen.

*3 Säulen: Ökonomie, Ökologie und Soziales*

## 1.2 Berücksichtigen der Stakeholder

Weitere Anforderungen an ein Nachhaltigkeitscontrolling bestehen darin, die langfristigen Konsequenzen des Handelns in den Vordergrund zu rücken. Im Sinne einer verstärkten Strategieorientierung geht es vorrangig darum, dauerhafte Wettbewerbsvorteile aufzubauen.[2] Ein Unternehmen kann kurzfristig betrachtet ökonomisch gesund sein, aber womöglich nur, indem es soziale und ökologische Kosten externalisiert, d. h. der Gesellschaft aufbürdet. Dadurch werden eventuell wichtige Anspruchsgruppen wie z. B. Kunden oder Aktionäre beeinträchtigt. Folgerichtig wird eine umfassende Stakeholder-Orientierung als notwendig erachtet. Stakeholder können in diesem Zusammenhang als direkte Elemente der Nachhaltigkeit verstanden werden. Die Stakeholder-Aus-

*Langfristige Konsequenzen des Handelns berücksichtigen*

---

[1]  Vgl. Weber (2011), S. 24 f.
[2]  Vgl. Müller (2011a), S. 25 ff.

richtung hat neben der wirtschaftlichen Verantwortung gerade auch die ökologische und soziale Verantwortung im Fokus.[3]

## 1.3 Adäquate Informationsversorgung des Managements

Messprobleme beim Steuern der nachhaltigen Unternehmensführung

Im Vordergrund steht die adäquate Informationsversorgung des Managements auf der Grundlage einer geeigneten betriebswirtschaftlichen Mess- und Regeltechnik. Diese Informationen werden im Zusammenhang mit der strategischen wie mit der operativen Planung und Kontrolle ebenso benötigt wie für den Dialog mit den Stakeholdern in Form einer Nachhaltigkeitsberichterstattung. Bei der Steuerung einer nachhaltigen Unternehmensführung treten jedoch zwangsläufig Messprobleme auf:

- Entsprechende Informationen liegen häufig nur in verbaler Form vor und gelten damit als subjektiv und schwer überprüfbar.[4]
- Die relevanten Einflussfaktoren sind zum Teil „Soft Facts", wie beispielsweise das Betriebsklima, und damit einer Quantifizierung kaum zugänglich.
- Eine monetäre Bewertung von Einwirkungen auf die natürliche Umwelt und die Gesellschaft scheitert nach herrschender Meinung an unlösbaren Berechnungsproblemen.

In den folgenden Kapiteln wird auf eine umfassende und detaillierte Darstellung der Controllingansätze und -instrumente für die Dimension Ökonomie verzichtet. Dies würde den Rahmen dieses Beitrags sprengen und wird als allgemein bekannt vorausgesetzt. Viele der in der Praxis angewandten Controllingwerkzeuge wie Kosten- und Leistungsrechnung, Kennzahlen- und Indikatorensysteme oder das Balanced-Scorecard-Konzept können – in angepasster Form – in der ökologischen sowie zum Teil in der sozialen Dimension ebenfalls eingesetzt werden.

## 2 Werkzeuge für ein Öko-Controlling

Traditionelles Instrumentarium muss erweitert werden

Zunächst liegt es nahe, das betriebliche Rechnungswesen als Informationsinstrument für ein Nachhaltigkeitscontrolling zu nutzen. Die notwendige umweltorientierte Differenzierung, beispielsweise in der Kosten- und Leistungsrechnung, zeigt allerdings lediglich die kosten- und erlösmäßigen Auswirkungen ergriffener (und eventuell geplanter) Umweltschutzmaßnahmen. Entlastungs- und Belastungswirkungen auf die natürliche Umwelt kann diese Art der Rechnungslegung jedoch nicht

---

[3]  Vgl. Burschel (2004), S. 202 f.
[4]  Vgl. Bassen (2010), S. 256 ff.

erfassen. Dazu muss das traditionelle Instrumentarium durch weitergehende Ansätze und Instrumente erweitert werden.[5]

## 2.1 Erweiterung der Kosten- und Leistungsrechnung zu einer Umweltkostenrechnung[6]

Ein Ausbau der Kosten- und Leistungsrechnung (KLR) wird insbesondere dann als notwendig erachtet, wenn im Unternehmen eine aktive
(offensive) Umweltpolitik betrieben wird. In den Vordergrund rücken in
diesem Fall die externen Kosten (und auch Nutzen) sowie mögliche
Maßnahmen, diese zu vermeiden oder auszubauen. Für die Betriebswirtschaftslehre hat dies zur Konsequenz, dass die herkömmlichen
Kostenbegriffe erweitert werden müssen, die nur den betrieblichen
Produktionsmittelverbrauch widerspiegeln – nicht dagegen den betriebs-
bedingten Wertverzehr, der bei der Erstellung der Betriebsleistung
außerhalb des Unternehmens anfällt.

*Externe und soziale Kosten berücksichtigen*

Aus gesamtwirtschaftlicher Sicht stellt jede Umweltbeanspruchung einen
„Verzehr an Gütern und Diensten" und damit Kosten dar. Nach
einzelwirtschaftlicher (betriebswirtschaftlicher) Auffassung ist derjenige
Güter- und Dienstleistungsverzehr als leistungsbedingt und damit den
Kosten zugehörig einzustufen, der auf den Prozess der Leistungserstellung zwangsläufig einwirkt, sodass diese ohne ihn nicht zustande
kommt. Demzufolge müssten nach betriebswirtschaftlicher Kostenlehre
auch diese sozialen Kosten (negative externe Effekte) einbezogen werden.

Solange die externen Effekte mittels Abgaben, Gebühren oder Steuern
internalisiert, d.h. zu ausgabewirksamen Kosten für das Unternehmen
werden, bereitet dies keine Schwierigkeiten. Werden externe Effekte
ohne eine derartige Internalisierung in eine umweltorientierte KLR
einbezogen, ergeben sich allerdings ungelöste Abgrenzungs-, Erfassungs-
und Bewertungsprobleme.

## 2.2 Flusskostenrechnung als prozessorientierte Umweltkostenrechung

Eine mehr pragmatische Vorgehensweise versprechen Umweltkosten-
rechnungssysteme wie die Flusskostenrechnung. Dabei wird eine Ausrichtung an den mengenmäßigen Stoff- und Energieflüssen im Unternehmen – weg von einer rein monetären Bewertung – vorausgesetzt. Der
Schwerpunkt liegt auf einer prozessorientierten Betrachtungsweise, mit

*Prozessorientierte Betrachtungs-weise*

---

[5] Vgl. Müller (2010), S. 96–110.
[6] Vgl. Müller (2011b), S. 424–429.

der versucht wird, Umweltkosten gezielt zu beeinflussen. Damit wird die kurzfristige Orientierung der herkömmlichen KLR verlassen, die im Wesentlichen bereits angefallene Kosten erfasst und verteilt.

Prozessorientiertes Umweltkostenmanagement setzt somit bei der Erfassung der betrieblichen Stoff- und Energieströme an. Wie bei der Ökobilanzierung werden anhand eines Input-Output-Schemas die betrieblichen Stoff- und Energieflüsse (Wertschöpfung im Betrieb) vor allem für Produktionsstandorte bzw. einzelne Betriebsprozesse erfasst.

**Flusskosten** Die Flusskostenrechnung berücksichtigt, dass Stoffkosten bei vielen Unternehmen einen großen, wenn nicht gar den größten Teil der Kosten ausmachen. Gesamtwirtschaftlich betrachtet, betragen die Kosten des Materialdurchsatzes (Materialkosten + Folgekosten) im verarbeitenden Gewerbe im Durchschnitt mehr als das Zweifache der Personalkosten. Flusskosten resultieren aus der horizontalen Addition sämtlicher Kosten, die auf dem Weg der innerbetrieblichen Leistungserstellung vom Input zum Output anfallen. Flusskosten sind somit all diejenigen Kosten, die mit den betrieblichen Stoff- und Energieflüssen zusammenhängen. Die Zielsetzung besteht darin, die mit den Stoffströmen verbundenen Kosten verursachungsgerecht zuzuordnen und die kostenverursachenden Einflussfaktoren (Kostentreiber) zu bestimmen. Bei der Flusskostenrechnung wird berücksichtigt, dass nahezu jeder betriebliche Funktionsbereich bei seinen Entscheidungen auf die Materialflüsse einwirkt. In den Flusskosten sind enthalten

- Ausgaben für die Inputfaktoren Material und Energie, interne Flusskosten genannt;
- Ausgaben, die für Transport, Lagerung und Bearbeitung von Stoffen entstehen, sowie
- Outputeinnahmen bzw. -ausgaben, die für den Verkauf der Produkte bzw. die Entsorgung von Abwässern und Abfällen anfallen.

### 2.2.1 Bilanzieren der Stoff- und Energieflüsse

Zunächst geht es darum, eine Stoff- und Energiebilanzierung für den Standort, eine Abteilung, einen Prozess oder ein Produkt vorzunehmen. Dabei sind drei Schritte wesentlich:

1. Festlegung der Systemgrenzen, z.B. Standortabgrenzung;
2. Feststellung und Kategorisierung der ein- und ausgehenden Stoff- und Energieflüsse (Bilanzstruktur);
3. Bestimmung der Flussmengen (Datenerhebung in physikalischen Größen).

## 2.2.2 Erstellen eines Flussmodells

Die Erstellung eines Flussmodells basiert zunächst auf einer Standortbilanz, die die Stoff- und Energieflüsse auf der Input- und Outputseite erfasst. Der Betrieb (Standort) wird noch als Blackbox behandelt. Stoffflussmodelle öffnen nun diese Blackbox und zeigen die Beziehungen zwischen Input- und Outputströmen auf. Wegen der hohen Komplexität betrieblicher Prozesse werden sich Stoffflussmodelle i.d.R. auf ausgewählte Flussläufe bzw. -segmente beschränken, die eine hohe Umweltbelastung verursachen. Die Grundstruktur derartiger Flussmodelle ergibt sich dann aus einer Erhebung und Analyse der Prozesse, die die Stoff- und Energieflüsse direkt beeinflussen.

*1. Schritt: Standortbilanz*

In einem zweiten Schritt werden die Stoffflüsse mit ihren Kosten bewertet, indem jedem Fluss der reine Materialwert inklusive der Materialnebenkosten zugerechnet wird. Auch für innerbetriebliche Flüsse werden die Kosten zugeordnet, ebenso wie für Flüsse, die das Unternehmen in Form von Abfall verlassen. Des Weiteren werden den Stoffflüssen die Bearbeitungskosten zugewiesen, die in den Mengenstellen bzw. als Prozesskosten entstehen. Die Kosten in den Mengenstellen werden durch die Aufrechterhaltung und den Betrieb der jeweiligen Mengenstelle verursacht – in erster Linie sind dies Personalkosten und Abschreibungen. Diese Bearbeitungskosten werden anhand von bestimmten Schlüsseln auf die von einer Mengenstelle ausgehenden Flüsse verteilt.

*2. Schritt: Monetäre Bewertung der Stoffflüsse*

Zu guter Letzt werden den Flüssen, die das Unternehmen verlassen, die Entsorgungskosten zugewiesen; neben den direkten Entsorgungskosten (z.B. Gebühren) gehören dazu auch eventuelle Nebenkosten (z.B. Transportkosten).

Eine Flusskostenmatrix, die die Flusskosten anhand der Outputs differenziert, gibt einen strukturierten Überblick über die jeweiligen Kosten der Flüsse (s. Abb. 1).

| Kosten-block | RHB-Kosten | Bearbeitungskosten (= anteilige Mengenstellenkosten) | | Entsor-gungskos. | Flusskos-ten gesamt | |
|---|---|---|---|---|---|---|
| Fluss-etappe | Input | Vor-Produktion | Produktion | Nach-Produktion | Output | Summe | Anteil an Herstell-kosten |
| Produkt | 100 TEUR | 9 TEUR | 40 TEUR | 1 TEUR | | 150 TEUR | 75 % |
| Verpack. | 10 EUR | 1 TEUR | 2 TEUR | 1 TEUR | 2 TEUR | 16 TEUR | 8 % |
| Reststoffe | 19 TEUR | 2 TEUR | 5 TEUR | 2 TEUR | 2 TEUR | 30 TEUR | 15 % |
| Energie | 3 TEUR | 1 TEUR | | | | 4 TEUR | 2 % |
| Summe | 132 TEUR | 13 TEUR | 147 TEUR | 4 TEUR | 4 TEUR | 200 TEUR | 100 % |

Abb. 1: Flusskostenmatrix

### 2.2.3   Vor- und Nachteile der Flusskostenrechnung

Die Vorteile einer Flusskostenrechnung sind im Wesentlichen:

- Die Flusskostenrechnung zeigt, dass ein verbesserter Umweltschutz durch veränderte und verringerte Stoff- und Energieströme zu insgesamt geringeren Kosten führen kann.
- Die Kostentransparenz wird erhöht. Es werden Kostentreiber und Kostensenkungspotenziale aufgedeckt, die im Einflussbereich des Unternehmens liegen.
- Umweltauflagen werden nicht als treibender Faktor von Umwelt-schutz dargestellt.
- Die Flusskostenrechnung kann auch die Kosten für unterlassenen Umweltschutz abbilden.
- Es findet eine flussorientierte Gesamtoptimierung und keine isolierte Teilbereichsoptimierung statt.
- Eine Aufspaltung der Kosten in umweltschutzbedingt und nicht umweltschutzbedingt ist nicht erforderlich. Daher ergeben sich keine Abgrenzungsprobleme, was insbesondere für die Bewertung integrier-ter Umweltschutzverfahren von Bedeutung ist.

Nachteile einer Flusskostenrechnung sind:

- Der Aufwand für eine Flusskostenrechnung ist relativ hoch, da eine hohe Transparenz der Stoff- und Energieströme sichergestellt werden muss.

- Material- und Entsorgungskosten können gut einzelnen Strömen zugerechnet werden. Schwieriger ist es, die internen Fließkosten zu erheben und zuzurechnen. Während bei den physischen Fließkosten (Lagerung, Bearbeitung, Transport) eine Zuordnung auf Basis der Material- und Energieströme noch relativ verursachergerecht möglich ist, ist dies bei der Zuordnung der informatorischen Fließkosten (Kosten aus Materialbeschaffung und Disposition) weitaus problematischer.

## 2.3  Stoff- und Energiebilanzierung[7]

Praktisch alle modernen Konzepte und Methoden umweltorientierter Rechnungslegung wurden auf der Basis der erfassten Stoff- und Energieströme entwickelt. Als theoretische Bezugsgrundlage für eine naturale Bilanzierung von Stoffen und Energie dienen die physikalischen Sätze der Masse- und Energieerhaltung. Danach bleiben in einem geschlossenen System die Summen aller Massen und Energien konstant. Wird der Produktionsprozess als ein solches geschlossenes System betrachtet, bedeutet dies, dass der Input, stofflich-energetisch gesehen, dem Output quantitativ entspricht; es findet lediglich eine qualitative Veränderung statt.

Theoretischer Bezug: physikalische Gesetze

---

[7]  Vgl. Müller (2010), S. 157–174.

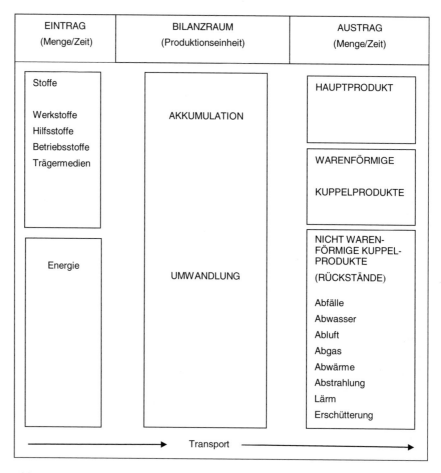

| EINTRAG (Menge/Zeit) | BILANZRAUM (Produktionseinheit) | AUSTRAG (Menge/Zeit) |
|---|---|---|
| Stoffe<br><br>Werkstoffe<br>Hilfsstoffe<br>Betriebsstoffe<br>Trägermedien<br><br>Energie | AKKUMULATION<br><br><br><br><br><br>UMWANDLUNG | HAUPTPRODUKT<br><br>WARENFÖRMIGE<br><br>KUPPELPRODUKTE<br><br>NICHT WAREN-<br>FÖRMIGE KUPPEL-<br>PRODUKTE<br>(RÜCKSTÄNDE)<br><br>Abfälle<br>Abwasser<br>Abluft<br>Abgas<br>Abwärme<br>Abstrahlung<br>Lärm<br>Erschütterung |

Transport

**Abb. 2:** Schema einer Stoff- und Energiebilanz

## 2.3.1 Ökologische Schwachstellenanalyse

Mittel zur ökologischen Prozesstransparenz

Mit der Stoff- und Energiebilanzierung (s. Abb. 2) kann einerseits der industrielle Transformationsprozess transparent und kontrollierbar (über eine entsprechende Planung) gemacht werden. Andererseits wird eine Basis geschaffen, um die ökologischen Auswirkungen des betrachteten Prozesses umfassend einschätzen zu können. Im Mittelpunkt der Betrachtung stehen demnach Prozesse, wobei die Stoff- und Energiebilanzierung wichtige Informationen für eine ökologische Schwachstellenanalyse liefert. Letztendlich sollen daraus Umweltschutzmaßnahmen abgeleitet werden, die zu einer Verbesserung der Umweltsituation führen.

Mit der Gegenüberstellung (Bilanzierung) von Input und Output werden diejenigen Stoff- und Energiemengen aufgedeckt, die ansonsten unbewusst an die natürliche Umwelt abgegeben werden. Dies ist in zweifacher Hinsicht für das Unternehmen bedeutsam: Erstens werden diese Stoffe und die Energie im Hinblick auf einen sparsamen, verantwortlichen Umgang mit den natürlichen Ressourcen vergeudet und zweitens verursachen sie möglicherweise ökologische Schäden.

In Bezug auf die Energiebilanz beschränken sich die Verfechter der Stoff- und Energiebilanzierung auf eine Bilanzierung der thermischen Energie, d. h. auf die Berechnung des mit den Stofftransport- und -umwandlungsprozessen einhergehenden Wärmeaustausches, womit schwerwiegende ökologische Veränderungen einhergehen können.

Bei der Stoff- und Energiebilanzierung lassen sich folgende Bilanzarten unterscheiden: *Bilanzarten*

- Prozessbezogene Bilanzen umfassen den Produktionsprozess als technisches Verfahren der Stoff- und Energieumwandlung. Es können aber auch besonders umweltrelevante Prozesse außerhalb der Produktion, z. B. Transportprozesse, betrachtet werden.
- Stoff- und stoffgruppenbezogene Bilanzen beinhalten die Wege einer einzelnen Stoffart (z. B. Cadmium) oder einer Stoffgruppe (z. B. Schwermetalle) innerhalb eines abgegrenzten Bilanzraumes (Betrieb, Region, Land etc.), die analysiert werden:
- Produkt- bzw. produktgruppenbezogene Bilanzen umfassen eine Bilanzkette, die auf diverse aneinander gereihte Umwandlungsprozesse gerichtet ist und die den gesamten Lebensweg umschließt.
- In einer Standortbilanz können strukturelle Eingriffe des Betriebsstandorts auf die Umwelt abgebildet werden, z. B. Nutzung der Bodenfläche.

## 2.3.2 Das Konzept des Instituts für ökologische Wirtschaftsforschung

Einen praxiserprobten Ansatz zur Stoff- und Energiebilanzierung stellt das Konzept des Instituts für ökologische Wirtschaftsforschung (IÖW), Berlin, dar. Das Fernziel dieses Konzepts besteht darin, ein umfassendes betriebliches Öko-Controlling zu ermöglichen. Damit soll, in Anlehnung an die Finanzbuchhaltung, kontinuierlich, umfassend und nach verbindlichen Verfahrensvorschriften eine ökologische Bilanzierung auf verschiedenen Ebenen erfolgen. Für die Öko-Bilanzierung lassen sich zwei Kategorien von ökologisch relevanten Informationen unterscheiden: *Praxiserprobter Ansatz*

- Informationen zur Darstellung der Stoff- und Energieströme im Unternehmen über den ökologischen Lebenszyklus der Produkte sowie
- Informationen zu den Umwelteinwirkungen, die durch die Austauschbeziehungen der Betriebe bzw. Produkte mit der Umwelt entstehen.

**Input-Output-Bilanz erstellen**

Ausgangspunkt für die Entwicklung einer Öko-Bilanz für das Unternehmen ist die Erstellung einer „Input-Output-Bilanz Betrieb", aus der schrittweise der Umfang und die Art betrieblicher Umwelteinwirkungen abgeleitet werden. Die stofflichen Inputs werden nach der betrieblichen Materialwirtschaftssystematik weiter aufgegliedert in

- Materialklassen 1. Ordnung (Rohstoffe, Hilfsstoffe, Betriebsstoffe, Kaufteile, Handelsware),
- Materialklassen 2. Ordnung (Detaillierung der Rohstoffe etc.) sowie
- Stofflisten, die Materialien unterscheiden nach Materialbestandteilen, Spuren von Stoffen in Materialien und ökologischen Merkmalen,
- Wasser- und Energieeinsatz: Daraus ergeben sich Ansatzmöglichkeiten für ein entsprechendes ressourcensparendes Management.

**Produkte und Emissionen gliedern**

Ebenso lassen sich für die Outputseite Produkte und Emissionen sinnvoll untergliedern. Insbesondere folgende Elemente führen zu einer detaillierten Betrachtung:

- Produktzusammensetzungszertifikate: Damit kann die Zusammensetzung der Produkte untersucht werden.
- Stoffliche Emissionen und abgegebene Energien: Hierauf ist eine genauere Analyse des weiteren ökologischen Lebenszyklus dieser Stoffe und Energie aufzubauen.
- Flussmodelle beziehen sich auf eine Erhebung und Analyse der Prozesse, die die Stoff- und Energieflüsse direkt beeinflussen.

**Produkt- und Prozessbilanzen erstellen**

Die Blackbox, die dem Betrieb bei der Erstellung der Input-Output-Bilanz (Betriebsbilanz i.e.S.) immer noch bleibt, wird im nächsten Schritt weiter aufgehellt, indem Produkt- und Prozessbilanzen erstellt werden. Produkt- und Prozessbilanzen dienen dazu, die Umweltverträglichkeit bestimmter Produkte und Produktionsverfahren des Unternehmens zu überprüfen und ggf. durch Substitution mit vergleichbaren Produkten oder Verfahren zu ökologisch besseren Lösungen zu kommen.

| ABC / Kriterien | A | B | C |
|---|---|---|---|
| **Umweltrechtliche/ -politische Kriterien:** ABC 1 Anforderungen aus dem Umweltrecht, Grenzwerte, Verordnungen etc. | Gesetzliche Grenzwerte eines Stoffes werden überschritten, Vorschriften der Lagerung werden missachtet. | Vom Gesetzgeber sind Grenzwertverschärfungen, Anwendungsverbote u. Ä. vorgesehen. Momentan gültige Grenzwerte werden kurzfristig überschritten („announcement effects"). | Stoffe werden vorschriftsmäßig eingesetzt. Keine Auflagen bzw. Auflagenverschärfungen zu erwarten. |
| **Gesellschaftliche Anforderungen:** ABC 2 (Kritik von Bürgerinitiativen, Akzeptanz u. Ä.) | Stoff steht unter nachhaltiger Kritik (obwohl gesetzliche Vorschriften befolgt), lokale „hot spots", Medienkritik, Bürgerinitiativen. | Neutrale Institute warnen vor Verharmlosung und fordern schärfere Bestimmungen („Frühwarnfunktion"). | Stoff steht außerhalb jeglicher gesellschaftlicher Kritik. |
| **Einzelwirtschaftliche Kriterien:** ABC 3 Produktivitätsverluste (Abwärme, Abfälle etc.) | Stoff wird mit großen Material-/Energieverlusten eingesetzt | mittlere Materialverluste | kaum Materialverluste |
| ABC 4 internalisierte Umweltkosten | Kontroll-/Handlingsaufwand hoch, hohe Abschreibungen | mittlerer Kontrollaufwand | kein/kaum Kontrollaufwand |
| **Ökologische Kriterien:** ABC 5 Erschöpfung nicht regenerativer Ressourcen bzw. regenerativer (von Ausbeutung bedroht) | kurzfristig erschöpft RW < 30 Jahre | Ressourcen mittelfristig erschöpft RW 30−100 Jahre | Primärrohstoffe langfristig verfügbar RW > 100 Jahre |
| ABC 6 Beeinträchtigung von Umweltmedien, Arten (Stofflinienbetrachtung) | Stoff, der auf der gesamten Produktlinie zu Umweltbelastungen führt | Umweltbelastung in Teilbereichen der Stofflogistik | kaum Umweltbeeinträchtigungen bekannt |
| XYZ / Kriterien | X | Y | Z |
| **XYZ Einsatzrelevanz** (Volumeneffekt der Inputstoffe) | hoher Verbrauch/Jahr | mittlerer Verbrauch/ Jahr | untergeordnete Bedeutung im Verbrauch |

**Abb. 3:** ABC-XYZ-Klassifizierung der Umweltverträglichkeit von Stoffen

ABC-Analyse als praktikable Bewertungsmethode

Die bloße physische Darstellung der Stoff- und Energieströme sowie der Produkte und Emissionen sagt noch nichts über die Umweltverträglichkeit der dahinterstehenden Prozesse und Produkte aus. Als praktikable Bewertungsmethode wird eine Art ABC-Analyse vorgeschlagen. Um die Umweltverträglichkeit zu beurteilen, werden verschiedene Kriterien verwendet, die zusammen mit der ABC-Klassifizierung ein Bewertungsraster abgeben. Die einzelnen ABC-Einstufungen entsprechen dabei eher der Methodik von nutzwertanalytischen Instrumenten und sind somit nur bedingt im Sinne der klassischen ABC-Analyse zu interpretieren. Ausgehend von der Betriebs- und Prozessanalyse werden die im Unternehmen eingesetzten Stoffe und Energie sowie die Emissionen (bzw. andere Umwelteinwirkungen) anhand der angegebenen Kriterien einzeln bewertet (s. Abb. 3).

## 2.4 Kennzahlen und Indikatoren[8]

### 2.4.1 Kennzahlen

Hohe Bedeutung von Kennzahlen und Kennzahlensystemen

Kennzahlen und Kennzahlensysteme sowie Indikatoren gelten in allen Funktionsbereichen wie auch für Querschnittsfunktionen als wichtige Steuerungsinstrumente in der betrieblichen Praxis. Kennzahlen verkörpern quantitative Größen, die die Realität komprimiert wiedergeben. Kennzahlensysteme fassen Einzelkennzahlen zu einem System gegenseitig abhängiger und sich ergänzender Größen zusammen. Indikatoren sind indirekte Anzeiger von Entwicklungen. Sie liegen häufig in quantifizierter Form vor, können aber auch als qualitative Einflussfaktoren, wie z.B. Konsumentenstimmungen, auftreten. In Verbindung mit einem betrieblichen Umweltmanagement können Kennzahlen auf der Grundlage der eingesetzten Instrumente und Methoden abgeleitet werden.

Allgemein werden betriebswirtschaftliche Kennzahlen in dreifacher Hinsicht angewendet:

- Als Maßzahlen dienen sie dazu, betriebliche Ist-Vorgänge darzustellen.
- Richtzahlen geben einen Anhaltspunkt für Quervergleiche, z.B. mit dem Branchendurchschnitt.
- Standardzahlen besitzen Vorgabecharakter, d.h., sie stellen Normwerte dar.

Ökologische Kennzahlen

Aussagekräftige ökologische Kennzahlen für das Unternehmen ergeben sich vor allem dann, wenn auf der Basis von Stoff- und Energiebilanzen stofflich-energetische Maßgrößen und Kennzahlen ermittelt werden können. Dementsprechend kann ein relativ einfach aufgebautes Kennzahlensystem zu den folgenden Bereichen entwickelt werden:

---

[8]  Vgl. Müller (2010), S. 133–140.

- Material,
- Energie,
- Abfall,
- Emissionen in Luft und Wasser.

Für den Materialbereich empfiehlt es sich beispielsweise, folgende Kennzahlen zu bilden,

$$\text{Stoffeffizienz} = \frac{\text{Stoffinput}}{\text{Produkt-/Prozessoutput}}$$

wobei für die verschiedenen Roh-, Hilfs- und Betriebsstoffe gesonderte Effizienzkennzahlen ermittelt werden können.

$$\text{Recyclingquote} = \frac{\text{Anteil des recycelten Materials}}{\text{Gesamtmaterialverbrauch pro Jahr}}$$

Die relativen Kennzahlen eignen sich in erster Linie für Zeit- und Quervergleiche. Der eintretende Erfolg in der Reduzierung von Umweltbelastungen wird damit jedoch nicht hinreichend dokumentiert, da Mengenerhöhungen des Outputs Entlastungswirkungen auf die Umwelt kompensieren können. Deshalb ist es erforderlich, neben die relativen Kennzahlen die Entwicklung der absoluten Werte zu stellen. Die Problematik bei der Anwendung solcher Kennzahlensysteme liegt darin, geeignete Richt- und Standardvorgaben zu finden. Für eine umweltorientierte Unternehmensstrategie könnten die Umweltschutzziele darin bestehen, vorhandene bzw. in der Öffentlichkeit diskutierte Grenzwerte um einen bestimmten (erheblichen) Prozentsatz zu unterschreiten, soweit die technischen Möglichkeiten dazu gegeben sind.

*Zeit- und Quervergleiche*

## 2.4.2 Indikatoren

Indikatoren gewinnen vor allem dadurch an Bedeutung, wenn es mit ihnen gelingt, eine umweltbezogene Früherkennung zu bewerkstelligen. Als Informationsquellen sind insbesondere geeignet:

*Umweltbezogene Früherkennung*

- Gesetzesvorhaben hinsichtlich Luft- und Wasseremissionen, Abfällen, Sondermüll, Gefahrstoffen;
- Stoffdatenbanken sowie Technologie-/Verfahrensdatenbanken für „kritische" Stoffe, Technologien und Verfahren;
- Gespräche mit Experten und Umweltgruppen.

EMAS III als
relevante
Umwelt-
management-
norm

Ende 2009 ist die neue Fassung der EMAS III (Eco Management and Audit Scheme) vom Europäischen Parlament und dem Rat der Europäischen Union verabschiedet worden. In verschiedenen Abschnitten werden eine Leistungsmessung und eine Berichterstattung auf der Grundlage allgemeiner und branchenspezifischer Leistungsindikatoren gefordert. Dabei sind Angaben zu den Kernindikatoren

- Energieeffizienz,
- Materialeffizienz,
- Wasser,
- Abfall,
- biologische Vielfalt und
- Emissionen

zu machen, und zwar sowohl in absoluten Einheiten als auch in der Relation Input zu Output.

# 3 Werkzeuge für ein Sozio-Controlling

Ziele und
Aufgaben

Das Sozio-Controlling kann auf weit weniger Ansätze und Instrumente verweisen, die sich bislang in der betrieblichen Praxis durchsetzen konnten. Nur die Verwendung von Sozialindikatoren erscheint für eine Integration in ein nachhaltigkeitsorientiertes Controlling geeignet, muss aber an den neuen Kontext eventuell angepasst werden. Um eine sozialorientierte Unternehmensführung zu unterstützen, muss sich ein entsprechendes Sozio-Controlling folgende Ziele setzen und daraus Aufgaben ableiten:

- Identifikation sozialer Themen, die das Unternehmen betreffen. Daraus können bei Nichtberücksichtigung potenzielle Probleme für das Unternehmen entstehen.
- Identifikation der Risiken und Chancen, die sich aus diesen sozialen Themen ergeben.
- Identifikation der Möglichkeiten bzw. Alternativen, mit diesen sozialen Themen umzugehen.
- Auflistung der Alternativen hinsichtlich ihrer Vor- und Nachteile,
- vorabgestimmte Lösung.[9]

Stakeholder
berücksichtigen

Hier ist wiederum die Bedeutung dieser Themen aus der Sicht der Stakeholder von besonderem Interesse, die mithilfe einer Matrix dargestellt werden könnte.[10] Die Einstufung der Wichtigkeit des sozialen Themas für den jeweiligen Stakeholder kann anhand einer ordinalen

---

[9] Vgl. Dubielzig (2009).
[10] Vgl. Müller (2011), S. 103–112.

Bewertung (A = sehr wichtig bis D = unwichtig) vorgenommen werden (s. Abb. 4).

| Stakeholder / Sozialthema | Mitarbeiter | Investoren | Lieferanten | Kunden | Behörden | ... |
|---|---|---|---|---|---|---|
| Diskriminierung | A | 0 | B | B | B | |
| Kinderarbeit | B | B | A | B | B | |
| Produkt-eigenschaften | B | C | B | A | A | |
| Transparenz | B | A | B | B | B | |
| Mitarbeiter-schulungen | A | B | C | C | B | |
| ... | | | | | | |

Legende:

A: Das soziale Thema ist sehr wichtig für den Stakeholder.
B: Das soziale Thema ist relativ wichtig für den Stakeholder.
C: Das soziale Thema ist eher unwichtig für den Stakeholder.
D: Das soziale Thema ist unwichtig für den Stakeholder.

**Abb. 4:** Bedeutung sozialer Themen aus der Sicht der Stakeholder

## 3.1 Identifizierung sozialer Themen

Soziale Themen können demzufolge mit den klassischen Instrumenten eines strategischen Controllings, wie z.B. einer SWOT-Analyse, systematisch identifiziert werden. Operative Controlling-Werkzeuge setzen zu spät an und sind mit ihrer Fixierung auf „Hard Facts" nicht in der Lage, die entscheidenden Einflussgrößen, wie beispielsweise eine Veränderung im Betriebsklima, rechtzeitig genug zu erkennen.

### 3.1.1 Indikatoren

Moderne Ansätze in Richtung Sozialbilanzierung, wie der Standard SA 8000, basieren in starkem Maße auf sozialen und umweltbezogenen Indikatoren. Für Sozialindikatoren gilt, dass sie die unternehmerische Leistung in Bezug auf den Umgang mit sozialen Themen abbilden sollen.

*Soziale und umweltbezogene Indikatoren*

Folgende Formen sozialer Indikatoren können unterschieden werden:

- Soziale Indikatoren können in quantitativer Form gebildet werden, wobei diese mengen- oder finanzbezogen als absolute bzw. relative Kennzahlen abgeleitet werden können.

- Die einfachste Form qualitativer Indikatoren verkörpern binäre Indikatoren, die nur zwei Beschreibungszustände zulassen, wie Ja oder Nein (Nominalskala). Binäre Indikatoren können nur angeben, ob gewisse Mindestanforderungen erfüllt sind oder nicht, z. B. ob es eine Erfolgsbeteiligung für Mitarbeiter im Unternehmen gibt oder nicht.

- Den Informationsgehalt erhöhen abgestufte Indikatoren (Ordinalskala). Beispielsweise könnte die Frage: „Ist Ihr Unternehmen ein attraktiver Arbeitgeber?" abgestuft beantwortet werden – „trifft vollkommen zu" bis „trifft überhaupt nicht zu". Die Erhöhung des Informationsgehalts wird hierbei allerdings erkauft durch ein Mehr an subjektiven Einschätzungen.

- Qualitative Indikatoren können auch über Beschreibungen bestimmter Sachverhalte gewonnen werden. Diese Form lässt sich praktisch auf alle Aspekte anwenden und besitzt den größten Informationsgehalt. Beispielsweise könnte die Zielsetzung, die Servicequalität zu verbessern, anhand einer Leistungsvereinbarung (Service Level Agreement) näher beschrieben werden und als Anleitung für praktisches Handeln dienen.

- Quantitative Indikatoren sind ebenfalls nicht frei von subjektiven Einschätzungen: Dies gilt insbesondere für ihre Interpretation, aber auch für ihre Auswahl, Messung und Bewertung. I. d. R. sollten Sozialindikatoren eine Mischung aus qualitativen und quantitativen Indikatoren verkörpern. Das Balanced-Scorecard-System ermöglicht dabei am besten, Ursache-Wirkungs-Beziehungen zwischen den qualitativen und quantitativen Einflussgrößen abzubilden. In dieselbe Richtung geht das EFQM-Modell, das „enabler" (wie die Mitarbeiterorientierung) von „results" (wie z. B. finanzielle Ergebnisse) unterscheidet und die Wechselwirkungen zeigt. Für jede Organisation sind die Indikatoren an das jeweilige spezifische Umfeld und die daraus abgeleiteten sozialen Themen anzupassen.[11]

### 3.1.2    GRI-Leistungsindikatoren

Führender Reporting-Standard im Bereich Nachhaltigkeit

Die „Global Reporting Initiative" (GRI)[12] gilt als führend im Bereich der weltweiten Verbreitung und Standardisierung der Nachhaltigkeitsberichterstattung.[13] Die aktuelle GRI G3.1 wurde 2011 veröffentlicht und präzisiert die seit 2006 gültige G3-Fassung des Reporting-Standards. Mithilfe eines insgesamt 121 Indikatoren umfassenden Katalogs kann die Unternehmensleistung anhand der drei Nachhaltigkeitsdimensionen gemessen und dargestellt werden. Mittlerweile unterziehen sich etwa 1.200 große Unternehmen einer jährlichen GRI-Analyse.[14] Gemäß dem

---

[11]  Vgl. Dubielzig (2009).
[12]  Vgl. www.globalreporting.org.
[13]  Vgl. Quick/Knocinski (2006).
[14]  Vgl. Rothlauf (2010).

Leitfaden zur Nachhaltigkeitsberichterstattung geht es in erster Linie darum, Transparenz zu den Aspekten der Nachhaltigkeit zu gewährleisten, damit die richtigen Entscheidungen und Maßnahmen daraus abgeleitet werden können.

Die GRI-Leistungsindikatoren sind in insgesamt zehn Themenfelder untergliedert:

- Strategie und Analyse
- Unternehmensprofil
- Wirtschaftliche Leistung
- Governance, Verpflichtungen und Engagement
- Umwelt/Ökologie
- Produktverantwortung
- Arbeitspraktiken & Menschenwürdige Beschäftigung
- Menschenrechte
- Gesellschaft
- Berichtsparameter

Zur sozialen Dimension gehören demnach Produktverantwortung, Arbeitspraktiken & Menschenwürdige Beschäftigung, Menschenrechte und Gesellschaft. Innerhalb jedes Themenfeldes werden Kernindikatoren und zusätzliche Indikatoren aufgeführt – zur näheren Beschreibung sind dazu Indikatorprotokollsätze angelegt worden. Kernindikatoren gelten als generell anwendbar und sind für die meisten Organisationen wesentlich.

*Kernindikatoren und zusätzliche Indikatoren je Themenfeld*

Im Folgenden sollen auszugsweise für das soziale Themenfeld Arbeitspraktiken & Menschenwürdige Beschäftigung die Kernindikatoren aufgelistet werden:

Aspekt: Beschäftigung

- Gesamtbelegschaft nach Beschäftigungsart, Arbeitsvertrag und Region
- Mitarbeiterfluktuation nach …

Aspekt: Arbeitnehmer-Arbeitgeber-Verhältnis

- Prozentsatz der Mitarbeiter mit Kollektivvereinbarungen
- Mitteilungsfrist(en) in Bezug auf wesentliche betriebliche Veränderungen …

Aspekt: Arbeitsschutz

- Verletzungen, Berufskrankheiten, Ausfalltage und Abwesenheit sowie Summe der arbeitsbedingten Todesfälle nach Region
- Unterricht, Schulungen, Beratungsangebote, Vorsorge- und Risikokontrollprogramme …

Aspekt: Aus- und Weiterbildung

- durchschnittliche jährliche Stundenzahl pro Mitarbeiter und Kategorie, in der der Mitarbeiter aus- und weitergebildet wurde

Aspekt: Vielfalt und Chancengleichheit

- Zusammensetzung der leitenden Organe und Aufteilung der Mitarbeiter nach Kategorie hinsichtlich Geschlecht …
- Verhältnis des Grundgehalts für Männer zum Grundgehalt für Frauen nach Mitarbeiterkategorie

Die Kernindikatoren sind sowohl qualitativer als auch quantitativer Natur, wobei bei den qualitativen Indikatoren häufig die beschreibende Form gewählt wurde.

# 4 Synthese zu einem Nachhaltigkeitscontrolling[15]

Die bisher vorgestellten Ansätze und Instrumente kranken daran, dass sie nur isoliert Transparenz in die jeweils betrachtete Dimension Ökologie oder Soziales bringen. Die Wechselwirkungen mit den anderen Dimensionen werden dabei nicht berücksichtigt. Damit kann keine ganzheitliche Sichtweise in Bezug auf eine nachhaltige Unternehmensführung unterstützt werden. Neben dem GRI-Indikatorenset erscheint noch am ehesten der Balanced-Scorecard-Ansatz geeignet, die Nachhaltigkeitsdimensionen, gerade auch mit ihren Wechselwirkungen, zu integrieren.

## 4.1 Sustainability Balanced Scorecard

Mögliches Steuerungsinstrument

Die Zielsetzung einer Sustainability Balanced Scorecard besteht darin, die drei Säulen des Nachhaltigkeitskonzepts – Ökonomie, Ökologie und Soziales – in eine erfolgreiche Umsetzung der gewählten Strategie(n) zu integrieren. Dadurch soll die Performance in allen drei Dimensionen verbessert und der unternehmerische Beitrag zur Nachhaltigkeit gesteigert werden.[16] Für eine nachhaltige Unternehmensführung gibt es mehrere Möglichkeiten, eine „maßgeschneiderte" Balanced Scorecard für die jeweilige Organisation zu konzipieren:

- Umweltschutzziele und sozialorientierte Ziele können in bereits bestehende Perspektiven, z.B. in die Kundenperspektive und die Mitarbeiterperspektive, aufgenommen werden.

---

[15] Vgl. Müller (2011a), S. 120–123.
[16] Vgl. Schaltegger (2009).

- Es kann ebenso empfehlenswert sein, jeweils eine gesonderte Öko-Perspektive und Sozio-Perspektive zu entwickeln und die Wechselwirkungen zu den anderen Perspektiven herauszuarbeiten.

Eine Umweltperspektive für ein ökologiebewusstes und sozialorientiertes Nahrungsmittelunternehmen könnte demnach folgendermaßen aussehen (s. Abb. 5):

Beispiel: Nahrungsmittel-unternehmen

| Strategische Ziele | Messgrößen | Operative Ziele | Maßnahmen |
|---|---|---|---|
| • Umsatzanteil mit Bioprodukten bis 2015 verdoppeln<br>• Ökoimage verbessern… | • Umsatzanteil<br>• Kundenbefragung | • 2012 um 17 % steigern<br>• Index um 5 % steigern | • FuE-Budget steigern<br>• Kooperation mit Zulieferern ausbauen<br>• 2 × p.a. Befragung durchführen<br>• Werbemaßnahmen intensivieren |

**Abb. 5:** Umweltperspektive einer Sustainability Balanced Scorecard (auszugsweise)

Um eine durchgehende umweltorientierte Strategieumsetzung zu gewährleisten, sind in der Folge

- die Mitarbeiter entsprechend zu schulen,
- Lieferanten nach ökologischen Kriterien auszuwählen und
- die Prozesse effizient i.S.e. Reduzierung der Stoff- und Energieströme zu optimieren.

Dasselbe Nahrungsmittelunternehmen könnte als sechste Perspektive neben den vier „klassischen" Perspektiven der Balanced Scorecard sowie der Umweltperspektive eine Gesellschafts- bzw. Sozioperspektive entwickeln (s. Abb. 6):

| Strategische Ziele | Messgrößen | Operative Ziele | Maßnahmen |
|---|---|---|---|
| • Mitarbeitermotivation verbessern<br>• Erfolgsbeteiligung einführen<br>• … | • Mitarbeiterbefragung<br>• Einkommenszuwachs in % | • einmal p. a. 2012 um 3 % steigern | • Mitarbeiterfragebogen konzipieren<br>• Job-Enrichment ausbauen<br>• Mitarbeiterbeteiligung mit Betriebsrat konzipieren<br>• Betriebsversammlung dazu organisieren und durchführen |

**Abb. 6:** Sozioperspektive einer Sustainability Balanced Scorecard (auszugsweise)

## 4.2 Ursache-Wirkungs-Kette

Ziel: Überdurchschnittliche Ergebnisse

Von entscheidender Bedeutung für eine nachhaltige Unternehmensführung ist es, die Wechselwirkungen zwischen den Perspektiven und ihren Zielsetzungen transparent zu machen. Der Aufbau einer solchen Ursache-Wirkungs-Kette ist immer derselbe: Die Basis bilden die Erfolgspotenziale der Organisation. In diesem Beispiel sind es qualifizierte und motivierte Mitarbeiter. Erfolgspotenziale können beispielsweise aber auch aus lukrativen Kooperationen mit Topzulieferern oder innovativen Forschungsinstituten generiert werden.

Durch qualifizierte und hoch motivierte Mitarbeiter gelingt es, eine durchgehende Prozessbeherrschung zu gewährleisten, was sich in einer herausragenden Prozessqualität und geringen Durchlaufzeiten äußert. Dies wirkt sich wiederum positiv auf die Lieferzuverlässigkeit und -flexibilität sowie die Qualität der Produkte und Dienstleistungen aus, was sich wiederum in Kundenzufriedenheit und Kundentreue niederschlägt. Letztendlich werden dadurch im Resultat überdurchschnittliche finanzwirtschaftliche Ergebnisse erzeugt, die sich in entsprechenden finanzwirtschaftlichen Spitzenkennzahlen wie dem ROCE (**Return on Capital Employed**) ausdrücken.

Diese „Theory of Business" lässt sich ebenso auf eine nachhaltige Unternehmensführung übertragen. Letztlich müssen die Nachhaltigkeitsziele von den eigenen Mitarbeitern und Lieferanten umgesetzt werden. Deswegen ist es erforderlich, diese Zielsetzungen kaskadenförmig bis auf die Team- und Mitarbeiterebene herunterzubrechen und die Lieferanten ebenfalls darauf zu verpflichten. Nur dann kann erwartet werden, dass die Prozesse ressourcenschonend und mitarbeiterfreundlich durchgeführt werden. Außerdem wird damit sichergestellt, dass die gewählte Vision und die Strategie in der Organisation verstanden und auch umgesetzt werden.

Selbstverständlich müssen Kunden durch viel Überzeugungsarbeit dazu gebracht werden, diese nachhaltigeren Produkte und Dienstleistungen verstärkt zu ordern. Dann erst schließt sich der Kreis und es können genügend Überschüsse erzielt werden, um den Ansprüchen der Stakeholder Genüge zu leisten.

# 5 Die Umsetzungsproblematik

Anstoß kommt vom ManagementFür die Implementierung eines Nachhaltigkeitscontrollings in Organisationen gibt es mehrere Umsetzungshürden, die vom Controlling überwunden werden müssen. Strebt das Management an, eine nachhaltige Unternehmensführung einzuführen, ist die zwangsläufige Folge, ein entsprechendes Nachhaltigkeitscontrollings mit adäquaten Zielen, Aufgaben und Instrumenten einzurichten, um das Management zu unterstützen. Sprechen die Größe der Organisation und fehlende Ressourcen dagegen, einen gesonderten Aufgabenbereich oder zusätzliche Stellen zu schaffen, müssen Management und Controlling bis auf die Ebene der einzelnen Mitarbeiter zusätzliche nachhaltigkeitsfördernde Informationsaufgaben übernehmen.

Erheblich schwieriger wird die Ausgangssituation, wenn das Controlling aufgrund einer strategischen Analyse zu der Überzeugung kommt, dass eine nachhaltige Ausrichtung des Unternehmens für die langfristige Existenzsicherung unbedingt erforderlich wird. In diesem Fall ist eine kluge Überzeugungsarbeit von Seiten des Controllings gefragt – der Controller muss seine Rolle als Business Partner und Change Agent aktiv ausüben. Dabei muss er berücksichtigen, dass sich Veränderungen bei den Methoden und in der Organisation eher umsetzen lassen als beim Verhalten von Personen. Entscheidend für die Wirksamkeit des Ver-

Alle Ebenen einbeziehen

Anstoß kommt vom Controlling

änderungsprozesses sind aber das Verhalten und die Einstellung der beteiligten Personen, erst dann sind positive Ergebnisse zu erwarten.[17] Dazu trägt in erheblichem Maß die glaubhafte Vorbildrolle des Managements/der Unternehmensführung sowie des Controllings bei.

# 6 Literaturhinweise

Burschel/Losen/Wiendl, Betriebswirtschaftslehre der Nachhaltigen Unternehmung, 2004.

Dubielzig, Sozio-Controlling im Unternehmen – Das Management erfolgsrelevanter sozial-gesellschaftlicher Themen in der Praxis, 2009.

Eiselmayer, Controller Service professionell organisiert, in Tagungsunterlagen CIB Berlin, Mit Controlling auf dem richtigen Weg, 18. Sep. 2010.

Müller [2011a], Nachhaltigkeits-Controlling, 2011.

Müller [2011b], Umweltorientierte Kostenrechnungssysteme, Zeitschrift für Controlling, Heft 8/9/2011, S. 424–429.

Müller, Umweltorientiertes betriebliches Rechnungswesen, 3. Aufl. 2010.

Quick/Knocinski, Nachhaltigkeitsberichterstattung – Empirische Befunde zur Berichterstattung von HDAX-Unternehmen, Zeitschrift für Betriebswirtschaftslehre (ZfB), Heft 6/2006, S. 615–650.

Rothlauf, Integer und fair: Ethik und Unternehmensperformance, online verfügbar unter: www.economag.de/2010/7-8/343.

Schaltegger/Dyllick (Hrsg.), Nachhaltig managen mit der Balanced Scorecard – Konzept und Fallstudien, 2009.

Weber, Controlling-Agenda 2016 – Die Tabelle der Zukunftsthemen, Controller-Magazin, Heft Nov./Dez. 2011, S. 24–25.

---

[17] Vgl. Eiselmayer (2010).

# Sustainability Performance Measurement – Strategische Unternehmenssteuerung im Kontext von Nachhaltigkeit

■ Auch das Controlling steht in der Verantwortung, seinen Beitrag zur nachhaltigen Ausrichtung aller Unternehmensaktivitäten zu leisten. Dies umfasst insbesondere messende, bewertende und steuernde Aspekte. Dazu werden Steuerungskonzepte benötigt, die eine kontinuierliche Evaluierung des unternehmerischen Handelns in Bezug auf Nachhaltigkeit ermöglichen.

■ Der Beitrag gibt einen konzeptionellen Einblick in die Methodik des Sustainability Performance Measurement. Die Umsetzung wird am Beispiel einer Sustainability Balanced Scorecard vorgestellt. Dabei werden unterschiedliche Methoden der Integration von Nachhaltigkeitsaspekten in die Balanced Scorecard erläutert sowie Möglichkeiten der inhaltlichen Ausgestaltung aufgezeigt.

■ Anhand des Praxisbeispiels der BMW Group wird abschließend verdeutlicht, wie ein Performance Measurement im strategischen Nachhaltigkeitsmanagement konkret ausgestaltet sein kann.

## ■ Die Autoren

**Mike Schulze,** Wissenschaftlicher Mitarbeiter und Doktorand im For-schungsschwerpunkt Controlling & Innovation am Strascheg Institute for Innovation and Entrepreneurship (SIIE) der EBS Business School in Oestrich-Winkel.

**Helge F. R. Nuhn,** Wissenschaftlicher Mitarbeiter und Doktorand im Forschungsschwerpunkt Innovationsmanagement am Strascheg Institute for Innovation and Entrepreneurship (SIIE) der EBS Business School in Oestrich-Winkel.

**Prof. Dr. Ronald Gleich,** Head of Department Innovation Management and Entrepreneurship sowie Executive Director Strascheg Institute for Innovation and Entrepreneurship (SIIE) der EBS Business School in Oestrich-Winkel.

# 1 Nachhaltigkeit – relevantes Thema für das Controlling

## 1.1 Aktive Rolle bei der Integration

Nachhaltigkeit als Thema hat in den letzten zwanzig Jahren sowohl im politischen, gesellschaftlichen als auch wirtschaftlichen Kontext kontinuierlich an Bedeutung gewonnen. Unternehmen sehen sich in zunehmendem Maße mit konkreten Erwartungshaltungen externer Stakeholder in Bezug auf ihr ökologisches und soziales Handeln konfrontiert. Zudem haben sich die rechtlichen und regulatorischen Anforderungen an Unternehmen deutlich verschärft. Der daraus resultierende Handlungsdruck hin zu einer nachhaltigen Unternehmensführung wird zukünftig voraussichtlich weiter zunehmen. Unternehmen müssen daher ihre Strategien sowie die operative Unternehmensführung auf diese Anforderungen ausrichten und umsetzen.

*Aktuelle Herausforderung einer nachhaltigen Unternehmensführung*

Aus der zunehmenden strategischen Bedeutung einer nachhaltigen Unternehmensausrichtung leitet sich eine aktive Rolle des Controllings ab. Diese Rolle umfasst neben der Sensibilisierung der Unternehmensführung für die Bedeutung nachhaltiger Themen insbesondere messende, bewertende und steuernde Aspekte. Hierzu bedarf es effektiver Steuerungskonzepte, die eine kontinuierliche Evaluierung des unternehmerischen Handelns in Bezug auf Nachhaltigkeit ermöglichen. Die bislang eingesetzten Steuerungsmethoden sind traditionell nicht mit einem Bezug zur Nachhaltigkeit ausgestattet. Ökologische und soziale Aspekte sind systematisch in das bestehende Controlling-System zu integrieren und die Controlling-Prozesse strategisch auf Nachhaltigkeit auszurichten. Bestehende Konzepte und Instrumente des klassischen Controllings sind anzupassen und weiterzuentwickeln.[1]

*Aktive Rolle des Controllings notwendig*

## 1.2 Umsetzung im Controlling bislang gering

Aktuelle Studien kommen zu dem Ergebnis, dass Unternehmen bereits intensiv an der Umsetzung unternehmerischer Nachhaltigkeit arbeiten.[2] Rund drei Viertel der befragten Unternehmen in Deutschland verknüpfen bereits erfolgreich Nachhaltigkeit mit ihrem Kerngeschäft. Während Unternehmensbereiche wie Corporate Social Responsibility/Nachhaltigkeit, Umweltmanagement, Arbeitssicherheit oder Unternehmenskommunikation bereits stark in die Umsetzung eines Nachhaltigkeitsmanagements involviert sind, sind Controlling, Rechnungswesen und

---

[1]   Vgl. Isensee/Michel (2011), S. 440f. sowie Schaltegger/Zvezdov (2011), S. 434f.
[2]   Vgl. McKinsey & Company (2011) sowie Schaltegger et al. (2010).

Finanzen bislang allerdings kaum beteiligt.[3] Eine Studie des Internationalen Controller Vereins (ICV) zum Thema „Green Controlling" kommt ebenfalls zu dem Schluss, dass derzeitig lediglich von einem geringen bis mittleren Ausmaß der Integration ökologischer Aspekte in die bestehenden Controlling-Prozesse und -instrumente ausgegangen werden kann.[4]

Praxisbeispiele wie das der Firma Hansgrohe AG[5] zeigen, dass sich das Controlling derzeitig, wenn überhaupt, vorrangig auf ökologische Aspekte konzentriert. Die Unternehmen erkennen, dass mit einer ökologischen Ausrichtung der Prozesse, Produkte und Leistungen einerseits Kosten reduziert und anderseits neue Umsatz- und Innovationspotenziale erschlossen werden können. Insgesamt bleibt festzuhalten, dass die nachhaltige Ausrichtung von Unternehmen eine hohe aktuelle und zukünftige Relevanz für das Controlling besitzt und das Controlling bezüglich einer Integration dieses Themas im Vergleich zu anderen Unternehmensfunktionen noch einen Nachholbedarf hat.

Der Beitrag zielt darauf ab, einen konzeptionellen Einblick in die Methodik des Sustainability Performance Measurement im Rahmen einer strategischen Unternehmenssteuerung zu geben. Nach einer allgemeinen Einführung zum Thema Performance Measurement wird auf die Besonderheiten eines Sustainability Performance Measurement eingegangen. Anschließend wird am Beispiel einer Sustainability Balanced Scorecard die konkrete Umsetzung anhand eines etablierten Performance Measurement-Konzeptes vorgestellt. Am Praxisbeispiel der BMW Group soll abschließend verdeutlicht werden, wie ein Performance Measurement im strategischen Nachhaltigkeitsmanagement konkret ausgestaltet sein kann.

# 2 Grundlagen des Performance Measurement

## 2.1 Messung der Unternehmensleistung mit Hilfe von Kennzahlen und Indikatoren

Unterschied zwischen Kennzahlen und Indikatoren

Kennzahlen im weiteren Sinne sind quantitative Informationen, die zum Zwecke der Unternehmensanalyse und -steuerung aufbereitet worden sind. Dabei werden Kennzahlen im engeren Sinne sowie Indikatoren unterschieden:

- Kennzahlen im engeren Sinne: Maßgrößen, die im Rahmen einer Verdichtung in Form von absoluten oder relativen Zahlen relevante,

---

[3] Vgl. Schaltegger et al. (2010), S. 11f.
[4] Vgl. ICV (2011), S. 21f.
[5] Vgl. Gänßlen (2012), S. 206ff.

quantifizierbare Unternehmensinformationen in komprimierter Form abbilden.

- Indikatoren: Ersatzgrößen, deren Ausprägung oder Veränderung den Schluss auf eine andere nicht beobacht- bzw. messbare Größe zulassen. Diese werden im Gegensatz zu Kennzahlen nicht über Verdichtung gewonnen. Mit Hilfe von Indikatoren wird versucht, komplizierte Sachverhalte auf einfache Art und Weise abzubilden.[6]

Als Key Performance Indicators (KPI) werden Messgrößen bzw. Kennzahlen einer Organisation, einer Organisationseinheit oder eines Prozesses bezeichnet, die Faktoren abbilden, welche für den gegenwärtigen oder zukünftigen Erfolg eines Unternehmens von entscheidender Bedeutung sind. Es lassen sich dabei Performance Drivers und Outcome Measures unterscheiden.[7] Performance Drivers sind die Ergebnistreiber bzw. Frühindikatoren und werden direkt aus der jeweiligen Leistungsebene (Organisationseinheit bzw. Prozess) gewonnen. Die Outcome Measures sind die Ergebnisgrößen bzw. Spätindikatoren. So ist beispielsweise die Ausschussquote Performance Driver des Produktionsprozesses, während die Stückkosten ein Outcome Measure sind.

**Key Performance Indicators**

Üblicherweise wird aufgrund der begrenzten Aussagefähigkeit nicht nur eine einzelne Kennzahl[8], sondern ein sich ergänzendes, wechselseitige Zusammenhänge berücksichtigendes Kennzahlensystem genutzt.[9]

**Kennzahlensysteme**

Der Begriff der traditionellen Unternehmensleistung bzw. -performance wird auf die ökonomischen Ziel- und Ergebnisgrößen der betrieblichen Tätigkeit bezogen. Dabei wird zwischen der strategischen und operativen Ebene unterschieden. Im strategischen Sinne wird unter der Unternehmensleistung die Schaffung bzw. Steigerung des Erfolgspotenzials eines Unternehmens verstanden, während im operativen Sinne die Ziel- bzw. Ergebnisgröße ökonomischer Erfolg (auch als eigentliche oder tatsächliche Leistung bezeichnet) die Unternehmensleistung kennzeichnet.

**Verständnis von Unternehmensleistung**

Die zunehmende kritische Bewertung traditioneller, vorwiegend finanzieller Kennzahlen bzw. Kennzahlensysteme zur betrieblichen Leistungsmessung führte in den USA zum Konzept des Performance Measurement als einem Teilgebiet des Management Accounting bzw. Controlling. Unter „Performance Measurement" wird der Aufbau und Einsatz meist mehrerer Kennzahlen verschiedener Dimensionen (z.B.

**Definition und Zielsetzungen eines Performance Measurement**

---

[6] Vgl. Gladen (2011), S. 11ff.
[7] Vgl. Kaplan/Norton (1996), S. 149f.
[8] Mit dem Begriff Kennzahlen wird im weiteren Verlauf der Definition von Kennzahlen im weiteren Sinne gefolgt, der sowohl Kennzahlen im engeren Sinne als auch Indikatoren einschließt.
[9] Vgl. Horváth (2009), S. 504ff.

Kosten, Zeit, Qualität) verstanden, die zur Messung und Bewertung von Effektivität und Effizienz der Leistung und Leistungspotenziale unterschiedlicher Objekte im Unternehmen, so genannter Leistungsebenen (z.B. Organisationseinheiten unterschiedlichster Größe, Mitarbeiter, Prozesse), herangezogen werden. Auf der Grundlage einer Zusammenstellung von verschiedenen quantifizierbaren, monetären und nichtmonetären Kennzahlen verfolgt das Performance Measurement die Zielsetzung, die Effektivität und Effizienz der betrieblichen Leistung sowie der Leistungspotenziale zu beurteilen. Neben dieser Evaluierung und der dadurch erreichten Leistungstransparenz wird in der Literatur als weitere Zielsetzung die Verbesserung der Unternehmensleistung angeführt.[10]

## 2.2 Performance-Measurement-Systeme

Die Entwicklung und Integration eines effektiven Performance-Measurement-Systems gehört zu den wichtigsten Aufgaben im Controlling. Ein ganzheitliches Performance-Measurement-System umfasst dabei vier Subsysteme (s. Abb. 1):

- **Strategische Planung & Steuerung**: Definition von Ziel- und Aktionsräumen zur Sicherung sowie Erschließung von Erfolgspotenzialen.
- **Operative Planung & Steuerung**: Konkretisierung der Planung der hierarchisch übergeordneten generellen Zielplanung sowie der strategischen Planung mit Hilfe von operativen Zielsetzungen, Kennzahlen und Steuerungsaktivitäten.
- **Leistungsanreize/-vorgaben/-messung**: Entwicklung eines Konzepts für das leistungsfördernde Verhalten von Managern und Mitarbeitern zur Erreichung der Leistungsziele.
- **Kennzahlenaufbau & -pflege**: Definition von Anforderungen an die relevanten Kennzahlen, Aufbau eines adäquaten Kennzahlensets sowie Implementierung eines kontinuierlichen Prozesses zur potenziell notwendigen „Nachrüstung" des Kennzahlensets.

---

[10] Vgl. Gleich (2011), S. 17ff.

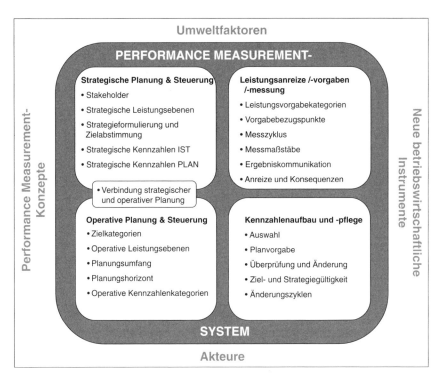

**Abb. 1:** Aufbau eines modernen Performance-Measurement-Systems[11]

Das Performance-Measurement-System ist mit seinen Subsystemen in das Unternehmensumfeld eingebettet, das neben diversen Performance-Measurement-Konzepten und betriebswirtschaftlichen Instrumenten vor allem die jeweils für das Unternehmen vorherrschenden Umweltfaktoren sowie die Anforderungen der relevanten Akteure im Fokus hat. Das heißt, dass es für die Entwicklung und Implementierung keine standardisierte, allgemeingültige Lösung gibt, sondern jedes Unternehmen den für sich geeigneten Performance-Measurement-Ansatz individuell definieren sollte.

In den letzten Jahren wurden, vorwiegend im angloamerikanischen Sprachraum, Ansätze und Ideen zum Aufbau sowie der Anwendung eines Performance Measurement aufgezeigt, so dass mittlerweile mehr als ein Dutzend ausschließlich zu Performance-Measurement-Zwecken entwickelte Konzepte existieren.[12]

Entwicklung von Performance-Measurement-Konzepten

---

[11] Gleich (2011), S. 260.
[12] Für einen ausführlichen Überblick über verschiedene Konzepte des Performance Measurement vgl. Gleich (2011), S. 68ff. sowie Gleich/Quitt (2012), S. 51ff.

## 2.3 Performance Measurement im Kontext von Nachhaltigkeit

Definition und Zielsetzungen eines Sustainability Performance Measurement

Unter „Sustainability Performance Measurement" wird der Aufbau und der Einsatz von Kennzahlen und Indikatoren in den Nachhaltigkeitsdimensionen Ökonomie, Ökologie und Soziales verstanden, die zur Messung und Bewertung von Effektivität und Effizienz der Leistung (operativ) und der Leistungspotenziale (strategisch) unterschiedlicher Leistungsebenen herangezogen werden. Dies umfasst die Prozess- und Ablaufschritte der Entwicklung von Leistungszielen, Auswahl und Anwendung von entsprechenden Leistungskennzahlen, Durchführung von Soll-Ist-Vergleichen und ggf. eine Revision der Leistungsziele.

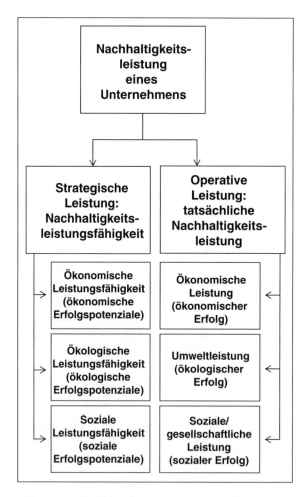

**Abb. 2:** Nachhaltigkeitsleistung aus strategischer und operativer Sicht[13]

---

[13] Boms 2008, S. 134.

Für die Leistungsmessung im Bereich der unternehmerischen Nachhaltigkeit ist es notwendig, den Begriff der Nachhaltigkeitsleistung eines Unternehmens zu definieren. Analog zum Verständnis der Unternehmensleistung wird dabei zwischen der strategischen Sichtweise (Nachhaltigkeitsleistungsfähigkeit) und der operativen Sichtweise (Nachhaltigkeitsleistung) unterschieden.[14] Abbildung 2 zeigt die Aufgliederung der Nachhaltigkeitsleistung eines Unternehmens aus strategischer und operativer Sicht unter Berücksichtigung der drei Nachhaltigkeitsdimensionen Ökonomie, Ökologie und Soziales.

Verständnis von Nachhaltigkeits- leistung

### 2.3.1 Strategische Nachhaltigkeitsleistung

Die Nachhaltigkeitsleistung im strategischen Sinn gliedert sich in die ökonomische, ökologische und soziale Leistungsfähigkeit eines Unternehmens. Darunter versteht man den Erhalt bzw. Aufbau entsprechender Leistungspotenziale in jeder der drei Nachhaltigkeitsdimensionen. Diese werden aus der Realisierung bzw. Eliminierung umwelt- und sozialbezogener Stärken und Schwächen (Unternehmensanalyse) sowie der Wahrnehmung bzw. Begegnung umwelt- und sozialbezogener Chancen und Risiken (Umfeldanalyse) hergeleitet. Die Formulierung strategischer ökologischer und sozialer Ziele sowie die Ermittlung der entsprechenden Zielerreichungsgrade spiegeln dabei die ökologische bzw. soziale Effektivität eines Unternehmens wider.[15]

### 2.3.2 Operative Nachhaltigkeitsleistung

Die Nachhaltigkeitsleistung auf operativer Ebene stellt die tatsächliche Nachhaltigkeitsleistung eines Unternehmens dar. Diese gliedert sich analog zur strategischen Ebene in eine ökonomische, ökologische und soziale/gesellschaftliche Leistung. Die Umweltleistung umfasst dabei die Umwelteinwirkungen eines Unternehmens, während die soziale bzw. gesellschaftliche Leistung die sozialen und gesellschaftlichen Auswirkungen bzw. Einflüsse eines Unternehmens erfasst. Als ökologischer Erfolg von Unternehmen ist die tatsächliche relative Schonung natürlicher Ressourcen bzw. die Minimierung von Umweltbelastungen und -auswirkungen zu verstehen. Der soziale Erfolg stellt die tatsächliche oder absolute Vermeidung bzw. Verminderung sozial negativer bzw. die Steigerung sozial positiver Unternehmensaktivitäten gegenüber internen und externen Stakeholdern dar. Die monetäre Bewertung dieser Umwelt- und Sozialeinflüsse dient darauf aufbauend als Grundlage für die Ermittlung des ökonomisch-ökologischen bzw. ökonomisch-sozialen Erfolges (Öko-Effizienz bzw. Sozial-Effizienz).[16]

---

[14]  Vgl. Boms (2008), S. 134f.
[15]  Vgl. Boms (2008), S. 135ff.
[16]  Vgl. Boms (2008), S. 141ff.

# 3 Sustainability Performance Measurement mit der Balanced Scorecard

## 3.1 Balanced Scorecard als führendes Performance-Measurement-Konzept

Unter der Vielzahl an unterschiedlichen Performance-Measurement-Konzepten hat sich vor allem ein Konzept etabliert: die Balanced Scorecard (BSC).[17] Eine der mittlerweile zahlreichen Adaptionen ist die Weiterentwicklung der klassischen BSC für den Einsatz im Kontext eines Nachhaltigkeitsmanagements.

Sustainability
Balanced
Scorecard

Eine so genannte Sustainability Balanced Scorecard (SBSC) baut methodisch auf dem von *Kaplan* und *Norton* entwickelten Grundgerüst der Balanced Scorecard auf und integriert alle drei Dimensionen der Nachhaltigkeit – Ökonomie, Ökologie und Soziales – im Rahmen der Umsetzung von Unternehmens- und Geschäftsfeldstrategien. Das entscheidende Merkmal einer SBSC ist, dass sie neben herkömmlichen ökonomischen auch ökologische und soziale Aspekte systematisch bei der Identifikation, Steuerung und Kontrolle der strategischen Erfolgsfaktoren berücksichtigt. Sie deckt somit das Potenzial für das Erreichen ökonomischer, ökologischer und sozialer Unternehmensziele auf und eröffnet die Möglichkeit, die Unternehmensleistung in allen drei Nachhaltigkeitsdimensionen kontinuierlich zu messen und zu verbessern.[18]

## 3.2 Eignung der BSC für Nachhaltigkeitsaspekte

Das Konzept der Balanced Scorecard erscheint aus folgenden Gründen gut geeignet für den Einsatz im Rahmen eines strategischen Nachhaltigkeitsmanagements:

- Die BSC ist „balanced", d.h. sie berücksichtigt sowohl quantifizierbare monetäre als auch nicht-monetäre sowie qualitative, weiche Erfolgsfaktoren. Dies ist insbesondere von Bedeutung für Umwelt- und Sozialaspekte, die oft nicht-marktlich auf Unternehmen einwirken.

- Die BSC ist kein starres Konzept, sondern kann flexibel an unternehmensspezifische Bedürfnisse angepasst werden (Wahl und Ausprägung der Perspektiven, Ziele und Kennzahlen).

- Als Kennzahlensystem ist die BSC im Gegensatz zu traditionellen Kennzahlensystemen nicht rein vergangenheits-, sondern gleichzeitig zukunftsorientiert. Dies drückt sich auch in der Verwendung von Key

---

[17] Vgl. u.a. Kaplan/Norton (1992) bzw. Kaplan/Norton (1996).
[18] Vgl. Schaltegger/Dyllick (2002), S. 37.

Performance Indicators (KPI) aus, welche die wesentlichen Treiber für den zukünftigen Unternehmenserfolg darstellen.

- Die BSC ermöglicht Umwelt- und Sozialaspekte über Ursache-Wirkungs-Ketten zu integrieren und damit auf die Realisierung der (Nachhaltigkeits-) Strategie auszurichten.[19]

Genau wie für eine klassische BSC stellt auch für eine SBSC die vorab definierte (Nachhaltigkeits-) Strategie eine notwendige Voraussetzung dar. Ohne Klarheit über die strategische Positionierung des Unternehmens, können auch keine KPIs oder Zielvorgaben definiert bzw. Ursache-Wirkungszusammenhänge untersucht werden.[20]

> Strategische Positionierung notwendig

## 3.3 Ansätze der Integration von Nachhaltigkeitsaspekten in die BSC

Die BSC ist grundsätzlich offen für eine Erweiterung und/oder Anpassung ihrer Struktur, um strategisch relevanten Aspekten gerecht zu werden. So ist es nicht überraschend, dass unterschiedliche Möglichkeiten der zusätzlichen Integration von Umwelt- und Sozialaspekten in die BSC existieren.

Nachfolgend werden folgende drei Varianten beschrieben:

- Erstellung einer funktional angepassten BSC,
- Erstellung einer systemisch angepassten BSC sowie
- Erstellung einer sozio-ökologisch „gedoppelten" BSC.[21]

### 3.3.1 Funktional angepasste BSC

Die funktional angepassten BSCs bilden Nachhaltigkeitsaspekte durch Hinzufügen einer oder mehrerer Perspektiven zur klassischen BSC ab. In der Regel wird dabei die Variante favorisiert, lediglich eine weitere Perspektive (Gesellschafts-, Nachhaltigkeits- bzw. Nicht-Markt- Perspektive) zu ergänzen.[22] Diese berücksichtigt dann alle zusätzlichen Aspekte und steuerungsrelevanten Kennzahlen innerhalb der BSC, die der sozialen und ökologischen Dimension der Nachhaltigkeit zugeordnet sind. Ein Vorteil dieser Variante ist, dass die Ergänzung einer bereits bestehenden BSC um eine zusätzliche Perspektive in der Praxis möglicherweise leichter fällt, als eine grundsätzliche Überarbeitung. Ein weiterer positiver Aspekt ist die Betonung der strategischen Relevanz von Umwelt- und Sozialaspekten durch eine eigene Perspektive. Die Gefahr dieser Vorgehensweise besteht in

---

[19] Vgl. Schaltegger/Dyllick (2002), S. 38 f. sowie Waniczek/Werderits (2006), S. 70 f.
[20] Vgl. Gminder/Bieker/Dyllick/Hockerts (2002), S. 126.
[21] Vgl. Schäfer/Langer (2005).
[22] Vgl. u. a. Hahn/Wagner (2001), S. 3 sowie Waniczek/Werderits (2006), S. 70 f.

einer isolierten Betrachtung der Umwelt- und Sozialaspekte, wodurch Ursache-Wirkungs-Beziehungen nicht adäquat berücksichtigt werden.[23]

### 3.3.2 Systemisch angepasste BSC

Systemisch angepasste BSCs hingegen integrieren Nachhaltigkeitsaspekte in jeder einzelnen der vier Perspektiven, die die klassische BSC nach *Kaplan* und *Norton* umfasst. Um dies zu erreichen, muss in jeder dieser Perspektiven, also der Finanz-, der Kunden-, der Prozess-sowie der Lern- und Entwicklungsperspektive, eine geeignete Erweiterung der bereits bestehenden Kennzahlen und Indikatoren gefunden werden, um die strategisch relevanten ökologischen und sozialen Aspekte der (Nachhaltigkeits-) Strategie abzudecken. Bei dieser Methode ist neben einer vollständigen Integration von Nachhaltigkeitsaspekten in alle vier Perspektiven auch eine partielle Integration in lediglich ausgewählte Perspektiven möglich. Allerdings ermöglicht die partielle Integration nicht, die Wirkungszusammenhänge zwischen ökonomischen, ökologischen und sozialen Aspekten ganzheitlich darzustellen.[24]

Die Eingliederung von Umwelt- und Sozialaspekten in die vier klassischen Perspektiven einer BSC bietet den Vorteil einer integrierten Herangehensweise und der Beibehaltung der bestehenden BSC-Grundstruktur. Dies kann Vorteile in Bezug auf das Verständnis und die Akzeptanz der SBSC im Unternehmen haben. Ein möglicher Nachteil liegt darin, dass diese Vorgehensweise die von *Kaplan* und *Norton* vorgeschlagene Begrenzung von maximal 16–25 relevanten Kennzahlen und Indikatoren ggf. deutlich überschreitet. Hierdurch verliert die BSC deutlich an Funktionalität und Handhabbarkeit.[25]

### 3.3.3 Sozio–ökologisch „gedoppelte" BSC

Eine letzte Möglichkeit ist die sozio-ökologisch „gedoppelte" BSC. Hier werden neben einer klassischen BSC in einer zusätzlichen SBSC, bestehend aus den klassischen vier Perspektiven, die strategisch relevanten Umwelt- und Sozialaspekte zusammengefasst.[26] Die Gefahr dieser Variante liegt wiederum in dem nicht genutzten integrativen und koordinativen Potenzial und einer isolierten Betrachtung von Nachhaltigkeitsaspekten.

Abbildung 3 gibt zusammenfassend einen Überblick über die dargestellten Möglichkeiten der Integration von Nachhaltigkeitsaspekten in die BSC.

---

[23] Vgl. Hahn/Wagner/Figge/Schaltegger (2002), S. 60f. sowie Waniczek/Werderits (2006), S. 75.

[24] Vgl. Waniczek/Werderits (2006), S. 73f.

[25] Vgl. Hahn/Wagner/Figge/Schaltegger (2002), S. 57 sowie Waniczek/Werderits (2006), S. 74.

[26] Vgl. Hahn/Wagner/Figge/Schaltegger (2002), S. 61f.

| Art der Integration | Dimensionen | | Änderungen |
|---|---|---|---|
| Funktionale Anpassung | Finanzperspektive | | Keine zwingende Einführung von Kennzahlen mit Bezug zur Nachhaltigkeit |
| | Kundenperspektive | | s.o. |
| | Prozessperspektive | | s.o. |
| | Lern- und Entwicklungsperspektive | | s.o. |
| | „Nicht-Markt-Umfeld" | Ökologische Perspektive | Sammlung strategisch relevanter ökologischer Kennzahlen und Indikatoren, Berücksichtigung von *Performance Drivers* und *Outcome Measures* |
| | | Soziale Perspektive | Sammlung strategisch relevanter sozialer Kennzahlen und Indikatoren, Berücksichtigung von *Performance Drivers* und *Outcome Measures* |
| Systemische Anpassung | Finanz-, Kunden-, Prozess-, und Lern- und Entwicklungsperspektive | | Anpassung aller oder ausgewählter Perspektiven durch zusätzliche Etablierung von Kennzahlen und Indikatoren mit Bezug zur sozialen und ökologischen Dimension der Nachhaltigkeit |
| Sozio-ökologisch „gedoppelte" BSC | 1. BSC: Finanz-, Kunden-, Prozess-, und Lern- und Entwicklungsperspektive | | Kennzahlen und Indikatoren mit Bezug zur ökonomischen Nachhaltigkeit (klassische BSC-Variante) |
| | 2. SBSC: die vier identischen Dimensionen | | Kennzahlen und Indikatoren mit Bezug zur sozialen und ökologischen Dimension der Nachhaltigkeit |

**Abb. 3:** Methodische Ansätze zur Integration von Nachhaltigkeitsaspekten in die BSC

## 3.4 Inhaltliche Ausgestaltung der SBSC

### 3.4.1 Kennzahlen und Indikatoren

Vom Konzept zur Ausprägung

Die „Global Reporting Initiative" (GRI) gilt als führend im Bereich der weltweiten Verbreitung und Standardisierung der Nachhaltigkeits-berichterstattung. Die aktuellen Guidelines GRI G3.1 wurden 2011 veröffentlicht und präzisieren die seit 2006 gültige G3-Fassung des Reportingstandards.[27] Die so genannten *„Sustainability Reporting Guidelines"* (in der deutschen Übersetzung „Leitfaden zur Nachhaltigkeits-berichterstattung") unterteilen sich in insgesamt zwei Teile. Der erste Teil liefert Prinzipien, welche für die Nachhaltigkeits-Berichterstattung anzuwenden sind. Der zweite Teil liefert konkrete Vorschläge für Messwerte, die so genannten „Performance Indicators". Mit Hilfe des insgesamt 121 Indikatoren umfassenden Katalogs kann die Unter-nehmensleistung anhand der drei Nachhaltigkeitsdimensionen umfang-reich gemessen, analysiert und dargestellt werden. Der Standard kann daher eine mögliche Quelle für die Auswahl eines strategierelevanten Kennzahlen- bzw. Indikatorensets bei der Ausgestaltung einer SBSC sein.

Eine weitere Quelle für Kennzahlen und Indikatoren insbesondere für die Umweltleistungsbewertung von Unternehmen stellt die DIN EN ISO 14031 dar, die sowohl Umweltzustandsindikatoren als auch Umwelt-leistungskennzahlen (Managementleistung und operative Umweltleis-tung) definiert. Zusätzlich haben weitere Organisationen wie das World Business Council for Sustainable Development (WBCSD), das Council on Economic Priorities (CEP) oder die United Nations Intergovernmental Working Group of Experts in International Standards of Accounting and Reporting (UN ISAR) Leitfäden erarbeitet, welche für die Beschreibung und Messung der ökologischen und sozialen Unternehmensleistung genutzt werden können.[28] Daneben gibt es auch sehr konkrete Vorschläge für branchenspezifische Kennzahlen und Indikatoren. Hier sind beispiel-haft das Kennzahlen-Set „KPIs for ESG 3.0" der EFFAS/DVFA[29] sowie auch der „SD-KPI Standard 2010–2014"[30] von SD-M zu nennen.

### 3.4.2 Nutzung eines Nachhaltigkeitsindex

Darüber hinaus besteht die Möglichkeit, komplexere Messmethoden zu entwickeln und zu nutzen. Hierbei ist allerdings neben der angestrebten Erhöhung der Messeffektivität auch der ggf. auftretende Verlust an Transparenz zu berücksichtigen, wodurch einer der wichtigsten kon-zeptimmanenten Vorteile der BSC negativ beeinflusst würde. In der

---

[27] Vgl. GRI (2011).
[28] Vgl. Schaltegger (2002), S. 60f.
[29] Vgl. EFFAS (2010).
[30] Vgl. Hesse (2010).

Literatur finden sich bereits Vorschläge, wie beispielsweise ein Schema zur Bildung eines zusammengesetzten Nachhaltigkeitsindex.[31]

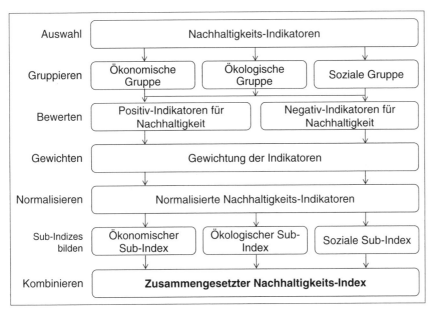

Abb. 4: Ein zusammengesetzter Nachhaltigkeits-Index für die SBSC[32]

# 4 Praxisbeispiel BMW Group

## 4.1 Die BMW Group im Überblick

Die BMW Group, mit Hauptsitz in München, ist ein erfolgreicher deutscher Hersteller von Automobilen und Motorrädern und mit weltweit mehr als 95.000 Mitarbeitern eines der größten Industrieunternehmen in Deutschland. Das Unternehmen deckt mit den Marken BMW, MINI und Rolls-Royce insbesondere das Premiumsegment ab. Im Geschäftsjahr 2011 erreichte die BMW Group einen weltweiten Absatz von rund 1,67 Mio. Automobilen und etwa 113.500 Motorrädern. Der Umsatz für das Geschäftsjahr 2011 belief sich auf 68,8 Mrd. EUR, der EBIT lag bei 8,0 Mrd. EUR. Die BMW Group ist im Rahmen des Vertriebes in über 140 Ländern auf allen fünf Kontinenten vertreten.[33]

---

[31] Vgl. Krajnc/Glavic (2004).
[32] In Anlehnung an Krajnc/Glavic (2004), S. 3.
[33] Vgl. BMW AG (2012), S. 2.

## 4.2 Nachhaltigkeitsstrategie der BMW Group

„Premium-
anspruch" im
Bereich der
Nachhaltigkeit

Die BMW Group hat in ihrer 2007 verabschiedeten und seitdem kontinuierlich weiterentwickelten Unternehmensstrategie „Number ONE" folgende Vision formuliert:

*„Im Jahr 2020 ist die BMW Group der weltweit führende Anbieter von Premiumautomobilen und Premiummobilitätsdienstleistungen."*[34]

Dieser Premiumgedanke ist Basis für die 2009 verabschiedete Nachhaltigkeitsstrategie der BMW Group. Auch hier zielt das Unternehmen darauf ab, bei der Entwicklung nachhaltiger individueller Mobilität in der Automobilindustrie führend zu sein. Dementsprechend werden Nachhaltigkeitskriterien systematisch in allen Unternehmensbereichen und -prozessen entlang der gesamten Wertschöpfungskette verankert. Die Nachhaltigkeitsstrategie der BMW Group definiert in den drei Nachhaltigkeitsdimensionen Ökologie, Ökonomie und Soziales insgesamt sechs Schwerpunktthemen.

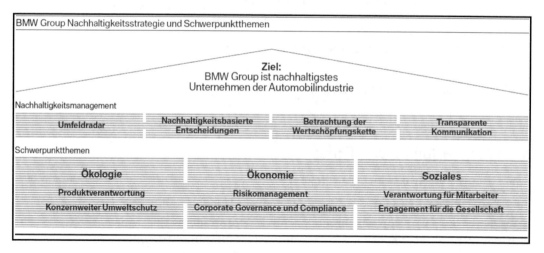

**Abb. 5:** Nachhaltigkeitsstrategie der BMW Group[35]

## 4.3 Entwicklung einer exemplarischen Sustainability Balanced Scorecard

Seit dem Jahresbeginn 2009 sind Nachhaltigkeitsaspekte in der BSC der BMW Group verankert. Damit hat das Unternehmen konsequent ein Performance Measurement im Bereich der Nachhaltigkeit umgesetzt und

---

[34] BMW AG (2011), S. 6.
[35] BMW AG (2011), S. 6.

richtet die gesamten Unternehmensaktivitäten an den dort formulierten Nachhaltigkeitszielen aus. Jedes neue Projekt, das dem Vorstand der BMW Group zur Entscheidung vorliegt, wird zuvor anhand von Nachhaltigkeitskriterien überprüft. Dabei sind in den Vorstandsvorlagen beispielsweise der Ressourcenverbrauch, die Emissionen und die sozialen sowie gesellschaftspolitischen Auswirkungen der verschiedenen Lösungsalternativen zu bewerten. Darüber hinaus wurden Nachhaltigkeitsaspekte von der Unternehmensebene in Ressortziele und individuelle Zielvereinbarungen für Mitarbeiter und Führungskräfte überführt und werden auf diese Weise auch bei der Vergütungsbemessung berücksichtigt.[36]

Nachfolgend wird auf Grundlage des „Sustainable Value Reports 2010 der BMW Group" beispielhaft eine Sustainability Balanced Scorecard gestaltet. Die „echte" (S)BSC der BMW Group ist nicht Teil des Nachhaltigkeitsberichtes des Unternehmens, allerdings werden dort ausführlich

- die strategischen Zielsetzungen,
- die genutzten Key Performance Indicators,
- ihre jeweiligen Ausprägungen in den Jahren 2009 und 2010 sowie
- die geplanten Maßnahmen mit Erfüllungsgrad in den sechs Schwerpunktthemen der Nachhaltigkeitsstrategie

beschrieben. Unter Nutzung dieser öffentlich zugänglichen Informationen wurde eine funktional angepasste SBSC für die BMW Group als Praxisbeispiel abgeleitet. Diese baut auf den klassischen vier Perspektiven der BSC auf und erweitert sie um die zusätzlichen Perspektiven Ökologie und Soziales (s. Abb. 6).

---

[36] Vgl. BMW AG (2011), S. 8.

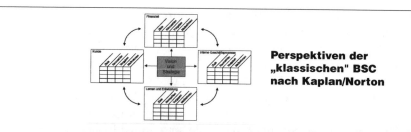

Perspektiven der „klassischen" BSC nach Kaplan/Norton

| Ökologische Perspektive | | | | |
|---|---|---|---|---|
| Zielbezeichnung | Kennzahl | Zielvorgabe | 2010 | 2009 |
| Senkung des Energieverbrauches | Energieverbrauch je produzierten Fahrzeug (in MWh) | *jährlich -5%* | *2,75* | *2,89* |
| Senkung des Wasserverbrauches | Wasserverbrauch je produzierten Fahrzeug (in m³) | *jährlich -5%* | *2,31* | *2,56* |
| Senkung des Prozessabwassers | Prozessabwasser je produzierten Fahrzeug (in m³) | *jährlich -5%* | *0,58* | *0,62* |
| Senkung der Abfallmenge | Abfall zur Beseitigung je produzierten Fahrzeug (in kg) | *jährlich -5%* | *10,09* | *10,63* |
| Senkung gefährlicher Emissionen | Emissionen flüchtiger organischer Lösungsmittel (VOC) je produzierten Fahrzeug (in kg) | *jährlich -5%* | *1,60* | *1,77* |
| Senkung der Emissionen Neuwagenflotte | CO2-Emissionen der BMW Group Automobile (EU-27, in g/km) | *-30% bis 2010 (Basis: 1995)* | *148* | *150* |

| Soziale Perspektive | | | | |
|---|---|---|---|---|
| Zielbezeichnung | Kennzahl | Zielvorgabe | 2010 | 2009 |
| Senkung der Unfallrate | Unfallhäufigkeitsrate (je 1 Mio. geleistete Arbeitsstunden) | *n.b.* | *3,6* | *3,1* |
| Schaffung/Erhaltung von Arbeitsplätzen | Anzahl der Mitarbeiter der BMW Group am jeweiligen Jahresende | *n.b.* | *95.453* | *96.230* |
| Erhöhung des Frauenanteils im Unternehmen | Frauenanteil an der Gesamtbelegschaft (in %) | *n.b.* | *15%* | *–* |
| Reduzierung/Vermeidung von Mitarbeiterfluktuation | Fluktuationsquote der BMW AG (in %) | *n.b.* | *2,74%* | *4,59%* |
| Erhöhung der Mitarbeiterqualifikation | Fort- und Weiterbildungstage pro Mitarbeiter und Jahr | *n.b.* | *2,4* | *1,6* |
| Steigerung gesellschaftlich positiver Unternehmensaktivität | Spendenausgaben der BMW Group weltweit (in Mio. €) | *n.b.* | *10,2* | *–* |
| Steigerung gesellschaftlich positiver Unternehmensaktivität | Höhe der Ausgaben für gesellschaftliches Engagement (in Mio. €) | *n.b.* | *26,6* | *–* |

**Abb. 6:** Beispielhafte Sustainability Balanced Scorecard der BMW Group[37]

## 5   Fazit

Vor dem Hintergrund der steigenden Bedeutung einer nachhaltigen Unternehmensführung ist das Controlling in der Verantwortung, seinen aktiven Beitrag zur nachhaltigen Ausrichtung aller Unternehmensaktivitäten zu leisten. Dies umfasst insbesondere messende, bewertende und steuernde Aspekte. Hier setzt das Sustainability Performance Measure-

---

[37] Eigene Darstellung in Anlehnung an BWW AG (2011).

ment an, um eine kontinuierliche Evaluierung des unternehmerischen Handelns in Bezug auf Nachhaltigkeit zu ermöglichen.

Unter der Vielzahl an unterschiedlichen Performances-Konzepten hat sich vor allem die Sustainability Balanced Scorecard etabliert. Die SBSC beinhaltet als entscheidendes Merkmal, dass neben herkömmlichen ökonomischen auch ökologische und soziale Aspekte systematisch bei der Identifikation, Steuerung und Kontrolle der strategischen Erfolgs-faktoren berücksichtigt werden. Sie ist darüber hinaus ein flexibles Konzept und bietet die Möglichkeit, bei der strategischen Verankerung von Nachhaltigkeitsaspekten in der Unternehmenssteuerung unternehmensindividuelle Gegebenheiten zu berücksichtigen. Das Praxisbeispiel der BMW Group verdeutlicht die praktische Umsetzbarkeit einer SBSC.

*Sustainability Balanced Scorecard hat sich als Konzept etabliert*

## 6 Literaturhinweise

BMW AG (Hrsg.), Sustainable Value Report 2010 der BMW Group, 2011.

BMW AG, Pressemitteilung vom 8.3.2012, http://www.bmwgroup.com/d/nav/index.html?http://www.bmwgroup.com/d/0_0_www_bmwgroup_com/investor_relations/corporate_news/news/2012/dividendenmeldung_maerz_2012.html.

Boms, Unternehmensverantwortung und Nachhaltigkeit – Umsetzung durch das Sustainability Performance Measurement, 2008.

Gänßlen, Green Controlling @ Hansgrohe – Praxis des Nachhaltigkeits-controlling bei Hansgrohe, in: Gleich et al. (Hrsg.), Controlling – Relevance lost?, Perspektiven für ein zukunftsfähiges Controlling, 2012, S. 203–218.

Gladen, Performance Measurement – Controlling mit Kennzahlen, 5. Auflage, 2011.

Gleich, Performance Measurement: Konzepte, Fallstudien und Grund-schema für die Praxis, 2. Auflage, 2011.

Gleich/Quitt, Balanced Scorecard im Kontext des modernen Perfor-mance Measurement, in: Gleich (Hrsg.): Balanced Scorecard – Best-Practice-Lösungen für die strategische Unternehmenssteuerung, 2012, S. 45–64.

Global Reporting Initiative (GRI, Hrsg.), Sustainability Reporting Guidelines, Version 3.1, 2011.

Gminder/Bieker/Dyllick/Hockerts, Nachhaltigkeitsstrategien umsetzen mit einer Sustainability Balanced Scorecard, in: Schaltegger/Dyllick

(Hrsg.), Nachhaltig managen mit der Balanced Scorecard – Konzept und Fallstudien, 2002, S. 95–147.

Hahn/Wagner, Sustainability Balanced Scorecard – Von der Theorie zur Umsetzung, 2001.

Hahn/Wagner/Figge/Schaltegger, Wertorientiertes Nachhaltigkeitsmanagement mit einer Sustainability Balanced Scorecard, in: Schaltegger/Dyllick (Hrsg.), Nachhaltig managen mit der Balanced Scorecard – Konzept und Fallstudien, 2002, S. 43–94.

Hesse, SD-KPI Standard 2010–2014 – Sustainable Development Key Performance Indicators (SD-KPIs): Mindestberichtsanforderung für bedeutende Nachhaltigkeitsinformationen in Lageberichten von 68 Branchen, 2010.

Horváth, Controlling, 11. Auflage, 2009.

Internationaler Controller Verein (Hrsg.), Green Controlling – eine (neue) Herausforderung für den Controller?, Gauting/Stuttgart, 2011.

Isensee/Michel, Green Controlling – Die Rolle des Controllers und aktuelle Entwicklungen in der Praxis, in: Controlling – Zeitschrift für erfolgsorientierte Unternehmenssteuerung, 23. Jg., H. 8/9, 2011, S. 436–442.

Kaplan/Norton, The Balanced Scorecard – measures that drive performance, in: Harvard Business Review, 70. Jg., H. 1, 1992, S. 71–79.

Kaplan/Norton, The Balanced Scorecard – Translating Strategy into Action, 1996.

Krajnc/Glavic, How to compare companies on relevant dimensions of sustainability, in: Ecological Economies, 55. Jg., H. 4, 2004, S. 551–563.

McKinsey & Company (Hrsg.), The business of sustainability, Studie, 2011.

Schaltegger/Herzig/Kleiber/Müller, Nachhaltigkeitsmanagement in Unternehmen – Konzepte und Instrumente zur nachhaltigen Unternehmensentwicklung, 2002.

Schaltegger/Dyllick (Hrsg.), Nachhaltig managen mit der Balanced Scorecard – Konzept und Fallstudien, 2002.

Schaltegger/Windolph/Harms, Corporate Sustainability Barometer – Wie nachhaltig agieren Unternehmen in Deutschland?, Studie, 2010.

Schaltegger/Zvezdov, Konzeption und Praxis der Nachhaltigkeitscontrollings – Ansatzpunkte in großen deutschen Unternehmen, in:

Controlling – Zeitschrift für erfolgsorientierte Unternehmenssteuerung, 23. Jg., H. 8/9, 2011, S. 430–435.

Schäfer/Langer, Sustainability Balanced Scorecard – Managementsystem im Kontext des Nachhaltigkeits-Ansatzes, Controlling – Zeitschrift für erfolgsorientierte Unternehmenssteuerung, 17. Jg., H. 1, 2005, S. 5–13.

The European Federation of Financial Analysts (EFFAS, Hrsg.), KPIs for ESG – A Guideline for the Integration of ESG into Financial Analysis and Corporate Valuation, Version 3.0, 2010.

Waniczek/Werderits, Sustainability Balanced Scorecard, Nachhaltigkeit in der Praxis erfolgreich managen – mit umfangreichem Fallbeispiel, 2006.

# Nachhaltigkeitsorientiertes Life Cycle Costing

■ Nachhaltigkeitsorientierte Ziele werden für die Unternehmensführung immer wichtiger. Damit das Management über entscheidungsrelevante Informationen zur Steuerung verfügen kann, adaptiert das Controlling seine Planungs-, Kontroll- und Reportingsysteme.

■ Die ökologischen bzw. sozialen Auswirkungen eines Produkts, einer Anlage oder eines Prozesses können durch Ansätze der *Umwelt- und Sozialkostenrechnung* sowie durch *Bewertungssysteme* quantifiziert und monetär ausgedrückt werden. Das Konzept des Lebenszyklus erlaubt eine „Cradle to Cradle"-Berücksichtigung der Nachhaltigkeitskosten, also von der „Wiege bis zur Wiege".

■ Der Beitrag zeigt, wie das Lebenszykluskonzept für einen nachhaltigen Kostenrechnungsansatz (*Sustainable Life Cycle Costing*) genutzt werden kann. Die drei Dimensionen zur ganzheitlichen Steuerung der Triple Bottom Line werden mit den jeweils möglichen Instrumenten beschrieben.

### ■ Die Autoren

**Prof. Dr. Martin Tschandl**, Leiter der Studiengänge und des Transferzentrums Industrial Management an der FH JOANNEUM in Kapfenberg.

**Magdalena Gabriel**, Wissenschaftliche Mitarbeiterin am Transferzentrum Industrial Management der FH JOANNEUM in Kapfenberg.

**Prof. Dr. Alfred Posch**, stellvertretender Leiter des Instituts für Systemwissenschaften, Innovations- und Nachhaltigkeitsforschung an der Universität Graz.

# 1 Warum ist nachhaltigkeitsorientiertes Life Cycle Costing relevant?

Als Motor des Wirtschaftswachstums verstärkt die Globalisierung[1] gleichzeitig bei beschränkten natürlichen Ressourcen eine Überlastung unserer sozialen Systeme und der Regenerationsfähigkeit der Natur.[2] Dieser „Circle of Collapse" schließt sich bei asymmetrisch verteilter Information zwischen den Anspruchsgruppen,[3] da sozial und ökologisch relevante Informationen nicht (ausreichend) in die Entscheidungsfindung einfließen können.

Werden negative Folgen dieser Entwicklung verstärkt wahrgenommen, gewinnt die Diskussion einer *nachhaltigen* Unternehmensführung an Bedeutung. Eine Entwicklung gilt als nachhaltig, wenn „*[it] meets the needs of the present without compromising the ability of future generations to meet their own need*".[4]

*Circle of Collapse*

## 1.1 Zieldimensionen einer nachhaltigen Unternehmensführung

Als normativer Grundsatz gibt diese Definition keine ausreichenden Hinweise für die Unternehmensführung und muss durch Zieldimensionen konkretisiert werden:[5]

- Erhaltung des Kapitals (nicht von der Substanz leben),
- Beachtung der *Triple Bottom Line* (Unternehmenserfolg ist nachhaltig, wenn er ökonomische, ökologische und soziale Kriterien erfüllt[6]),
- Streben nach Effektivität (Zielerreichung aller Bereiche der Triple Bottom Line) und Effizienz (v. a. bezüglich Materialien/Stoffen/Energie),
- Langfristigkeit (langfristige Investitionen in zukünftige Gewinne vs. kurzfristige, oft von Finanzmärkten forcierte Optimierung),
- Chancen/Gerechtigkeit über Generationen hinweg (v. a. in Bezug auf Rohstoffe),
- methodische Integration von sozialen und ökologischen Managementsystemen in die Unternehmensführung,

---

[1] Vgl. Kumar/Graf (1998), S. 127.
[2] Vgl. Tschandl/Zingsheim (2005), S. 17.
[3] Vgl. dazu die empirischen Befunde des Arbeitskreises Nachhaltige Unternehmensführung (2012), S. 49.
[4] Brundtland (1987), S. 41.
[5] Vgl. Tschandl/Zingsheim (2007), S. 308 f., und die dort angeführte Literatur.
[6] Elkington (1998), S. 69 ff.

- Beachten kultureller und ethischer Relativität (aufgrund unterschiedlicher sozialer, moralischer und ökonomischer Entwicklungen in Regionen, Ländern, Märkten).

## 1.2 Entwicklung neuer Instrumente des Kostenmanagements

*Nachhaltigkeitskosten im Produktlebenszyklus kennen*

Zur Steuerung der Nachhaltigkeit entlang eines „sustainable path" ist es für Unternehmen im Rahmen ihrer Produkt- und Sortimentspolitik sinnvoll, die Nachhaltigkeitskosten des Lebenszyklus zu kennen, um jene Prozesse, Stoffe und Produkte und somit jenen Produktmix zu präferieren, die ihre definierten Nachhaltigkeitsziele erreichbar machen.

Dieser Beitrag zeigt, wie das Lebenszykluskonzept für den Ansatz eines nachhaltigkeitsorientierten Life Cycle Costing genutzt werden kann. Die Beschreibung der drei Nachhaltigkeitsdimensionen in einem solchen Life Cycle Costing soll Hinweise für eine praktische Umsetzung im Rahmen eines Nachhaltigkeitscontrollings liefern.

## 2 Ansätze zur Ermittlung von Nachhaltigkeitskosten – ein Überblick

*Auswirkungen von Produkten, Anlagen und Prozessen quantifizieren*

Wenn Unternehmen aus strategischen (oder ethischen) Gründen neben ökonomischen auch ökologische und soziale Ziele verfolgen, stellt sich die Frage, wie sich Nachhaltigkeit auf die *Triple Bottom Line* des Unternehmens auswirkt. Welcher Mehrwert kann also für das Unternehmen durch ganzheitliche Berücksichtigung von ökonomischen, ökologischen und sozialen Aspekten erreicht werden? Zur Beantwortung dieser Fragen ist es erforderlich, ökologische bzw. soziale Auswirkungen eines Produkts, einer Anlage oder eines Prozesses zu quantifizieren.

*Zwei Modelle zur Nachhaltigkeitsbewertung*

Für eine solche Nachhaltigkeitsbewertung gibt es in der Literatur unterschiedliche Modelle: einerseits Ansätze der *Umwelt- und Sozialkostenrechnung*, die (mehr oder weniger) Transparenz über die Umwelt- bzw. Sozialkosten und potenzielle Kostensenkungsmöglichkeiten bieten; andererseits *Ansätze zur Bewertung von Ökologie und Sozialem*, durch die Nachhaltigkeitsauswirkungen bewertet, quantifiziert und somit monetär ausgedrückt werden können.

## 2.1 Ansätze der Umweltkostenrechnung

*Berücksichtigung externer Umweltkosten*

Jede betriebliche Tätigkeit, in der Ressourcen eingesetzt werden, ist zwangsläufig mit einer Belastung der Umwelt verbunden, beispielsweise in Form von Ressourcenverbrauch, Schadstoffausstoß oder Abfällen. In der Vergangenheit wurde ein Großteil dieser Kosten nicht berücksichtigt, da es sich hierbei oftmals um *externe Kosten* handelt. Aufgrund erhöhter Anforderungen relevanter Stakeholder an das Unternehmen ist jedoch zu beobachten, dass externe Kosten zunehmend internalisiert werden und es dadurch zu einem Anstieg der Umweltkosten im Unternehmen kommt.

In vielen Unternehmen wird zudem erkannt, dass die Reduktion von Umweltbelastungen nicht ausschließlich mit Kosten verbunden ist, sondern oftmals mit positiven finanziellen Auswirkungen einhergeht. So kann beispielsweise durch eine Reduktion des Materialeinsatzes eine Verringerung von Abfällen erzielt werden, was neben sinkenden Materialkosten auch zu geringeren Entsorgungsgebühren führt. Folglich soll die betriebliche Umweltkostenrechnung primär dazu dienen, diese umweltschutzbedingten Kosteneinsparungspotenziale zu identifizieren und zu nutzen, bzw. darüber hinaus sogar dazu beitragen, neue Geschäftsfelder aufzubauen, und damit auch zu Erlössteigerungen führen.

Kostensenkungspotenziale nutzen

In der traditionellen Kostenrechnung ist es durchaus schwierig, die Umweltkosten zu erheben und zu bewerten,[7] weshalb bereits zahlreiche Ansätze zur Umweltkostenrechnung vorliegen.[8] In Anlehnung an *Fichter, Loew und Seidel* sowie *Loew et al.* ergibt sich aus einer Literaturanalyse folgende Gliederung über Modelle der Umweltkostenrechnung. Ansätze, die sich vorrangig mit Verfahren zur Investitionsrechnung beschäftigen, sind aus der Betrachtung ausgeschlossen (s. Tab. 1).[9]

---

[7] Vgl. Bundesministerium für Verkehr, Innovation und Technologie (2005), S. 27 ff.
[8] Vgl. Günther (2008), S. 252; Bundesministerium für Verkehr, Innovation und Technologie (2005), S. 27 ff., sowie Burschel/Losen/Wiendl (2004), S. 471.
[9] Vgl. Fichter/Loew/Seidel (1997), S. 35, und Loew et al. (2003).

| Ansätze der Umweltkostenrechnung | Berücksichtigung interner Umweltkosten | Berücksichtigung externer Umweltkosten | Verursachungsgerechte Kostenzuweisung | Aufdeckung von Kostensenkungspotenzialen | Sonderrechnung parallel zur Kostenrechnung | Darstellung der Materialflüsse |
|---|---|---|---|---|---|---|
| Umweltschutzkosten auf Vollkostenbasis | ● | | ● | ● | | |
| Activity-Based Costing | ● | | ● | | | |
| Reststoffkostenrechnung | ●[10] | | | ● | | ● |
| Flusskostenrechnung | ●[11] | | ● | ● | ● | ● |
| Ökologieorientierte Kostenrechnung | ● | ● | ● | ● | | |
| Costs of Environmental Effects | ● | ● | | | ● | |
| Full Cost Accounting | ● | ● | | | ● | |
| VDI-Richtlinie 3800 | ● | | | | ● | |
| Umwelt-Budget-Rechnung | ● | | | | ● | |

Tab. 1: Zusammenfassung der Ziele der Umweltkostenrechnungsansätze

[10] Die Reststoffkostenrechnung betrachtet ausschließlich jene Umweltkosten, die durch die Verringerung von Reststoffen wegfallen würden; vgl. Fichter/Loew/Seidel (1997), S. 68 f.

[11] Die Flusskostenrechnung geht nicht von Umweltkosten aus, sondern von Flusskosten; vgl. Fichter/Loew/Seidel (1997), S. 77.

Basierend auf diesen Zielen können folgende Schlussfolgerungen gezogen werden, um die Eignung der Ansätze zur Umweltkostenrechnung zu beurteilen: Hauptaufgabe der Umweltkostenrechnung ist die Offenlegung von Interdependenzen zwischen ökonomischen und ökologischen Zielen im Unternehmen, um somit neben den tatsächlichen Umweltkosten auch Kostensenkungspotenziale zu ermitteln und dadurch die Ökoeffizienz des Unternehmens zu steigern.

Im Mittelpunkt dieser Bestrebungen stehen die systematische Ermittlung aller vom Unternehmen verursachten Umweltkosten und deren verursachungsgerechte Verrechnung auf die jeweiligen Kostenträger.[12] Ausgehend von diesen Aufgaben bzw. Zielen der Umweltkostenrechnung ist nach Analyse der Literatur zusammenfassend festzustellen, dass keiner der beschriebenen Ansätze die festgelegte Zielsetzung vollständig erreicht. Dies ist einerseits auf die fehlende verursachungsgerechte Zuweisung der Kosten auf ein bestimmtes Produkt zurückzuführen, durch die mögliche Kostensenkungspotenziale nicht ausgeschöpft werden. Andererseits werden externe Effekte größtenteils nicht berücksichtigt, daher sind die tatsächlichen Kosten nicht bekannt.

*Kein bestehender Ansatz erfüllt Zielsetzungen vollständig*

## 2.2 Ansätze der Sozialkostenrechnung

Neben den Umweltaspekten gewinnen soziale und gesellschaftliche Fragen zunehmend an Relevanz. Gleichzeitig zeigen Studien, dass spezifische Instrumente, die die finanzielle Auswirkung einer verstärkten Sozialorientierung berücksichtigen – im Sinne einer Sozialkostenrechnung –, kaum implementiert bzw. betrieben werden.[13]

Analog dazu ist auch der aktuelle Anwendungsstand in der Literatur zu sehen: Untersuchungen, die sich mit einer verstärkten sozialen Orientierung auseinandersetzen, sind wenig verbreitet. Hauptgrund hierfür ist die Fokussierung vieler Unternehmen auf qualitative Sozialaspekte, die meist nur schwer quantitativ ausgedrückt werden können. Das macht eine Erfassung mittels Sozialkostenrechnungen schwierig. Aufgrund dessen werden im Folgenden Methoden angeführt, wie soziale Aspekte alternativ dargestellt werden können (s. Tab. 2).

*Ansätze zur Ermittlung sozialer Kosten kaum verbreitet*

---

[12] Vgl. Fichter/Loew/Seidel (1997), S. 139.
[13] Während 30–50 % der befragten Unternehmen angeben, Methoden der Umweltkostenrechnung oder des Umweltrechnungswesens anzuwenden, werden nur in 10 % der Unternehmen Sozialkostenrechnungsmethoden angewendet; vgl. Herzig/Schaltegger (2009), S. 32.

| Ansätze der Sozialkostenrechnung | Qualitative Aussage über soziale Aspekte | Quantitative (monetäre) Aussage über soziale Aspekte | Berücksichtigung interner Wirkungen | Berücksichtigung externer Wirkungen | Auseinandersetzung in der Literatur | Anwendung in der Praxis |
|---|---|---|---|---|---|---|
| Sozialkostenrechnung | | ● | ● | ● | | |
| Sozialberichterstattung | | ●[14] | ● | ● | ● | ● |
| Global Reporting Initiative | ● | | ● | ● | | ● |
| ISO 26000 | ● | | ● | ● | | ● |

Tab. 2: Zusammenfassung der Ziele der Ansätze zur Ermittlung sozialer Kosten

---

[14] Nur teilweise erfüllt: Die Darstellung von finanziellen und nichtfinanziellen Aspekten wird als eine der Zielsetzungen der Sozialberichterstattung angeführt, die monetäre Darstellung erfolgt in der Praxis meist nur anhand vereinzelter Indikatoren; vgl. Lissel (2003), S. 6.

Es zeigt sich, dass es in Unternehmen zwar Bestrebungen gibt, die soziale Komponente von Nachhaltigkeit sowohl innerhalb als auch außerhalb des Unternehmens zu verfolgen. Die konkreten finanziellen Auswirkungen werden bislang allerdings wenig betrachtet, was auch an der fehlenden einheitlichen Vorgehensweise einer kostenrechnerischen Berücksichtigung liegt. Vielmehr wird zunehmend versucht, durch soziale Berichterstattung auf diesen Bereich einzugehen. Das schafft zwar einen Überblick über soziale Aktivitäten des Unternehmens, lässt jedoch keinen unmittelbaren Zusammenhang mit den eingesetzten Kosten bzw. erzielten Erlösen erkennbar werden.

*Kein bestehender Ansatz erfüllt Zielsetzung vollständig*

## 3 Das Lebenszyklusmodell

Aus den Analysen in Kapitel 2 zeigt sich, dass die vorhandenen Ansätze der Umwelt- und Sozialkostenrechnung nur eingeschränkte Wirkungsbereiche berücksichtigen. Im Rahmen eines Nachhaltigkeitscontrollings sind jedoch alle drei Säulen bezüglich jeder Wirkung der Produktart zu berücksichtigen. Dafür bietet sich das Konzept des Lebenszyklus als ein mögliches Bewertungssystem an.

Der Begriff *Zyklus* bezeichnet einen Kreislauf von periodisch wiederkehrenden Dingen oder Ereignissen. Übertragen auf Unternehmen kann die Lebenszyklusbetrachtung auf Produkte, Technologien, Projekte oder Systeme, aber auch auf Unternehmen oder ganze Branchen angewandt werden. Der Betrachtungszeitraum umfasst beispielsweise den Zeitraum, in dem ein Gut innerhalb des Unternehmens entwickelt, erzeugt oder beschafft, genutzt, stillgelegt und letztendlich entsorgt wird.

*Definition „Zyklus" in Unternehmen*

Entsprechend diesen sequenziell ablaufenden Stufen ist es zweckmäßig, den Zyklus in Phasen zu untergliedern, wobei deren Anzahl und Art vom zugrunde liegenden Objekt abhängig sind. Der phasenorientierte Aufbau bietet den Vorteil einer ganzheitlichen, dynamischen Sichtweise, bei der Probleme systematisch spezifiziert werden können.

*Phasenorientierter Aufbau des Zyklus*

### 3.1 Der Lebenszyklus einer Produktart

Das ursprünglich als Marketinginstrument ausgelegte Produktlebenszykluskonzept diente dazu, die aktuelle Position des Produkts innerhalb seines Lebenszyklus festzustellen. Ziel war es, auf zukünftig zu erwartende Umsatz- und Gewinnentwicklungen zu schließen und in weiterer Folge Strategien und Handlungen entsprechend der aktuellen Phase festzulegen, um dadurch unternehmerisch begründete Entscheidungen zu treffen.[15]

**Nicht nur die Marktphase betrachten**

Ursprünglich beschrieb das Produktlebenszyklusmodell ausschließlich die Marktphase einer Produktart, also die Zeitspanne von deren Markteinführung bis zum Marktaustritt. Da jedoch der Lebenszyklus einer Produktart bereits *vor* dem Markteintritt – meist mit der ersten Idee in der Forschung – beginnt und auch erst nach dem Verschwinden vom Markt im Zuge der Entsorgung endet, ist die Betrachtung der Marktphase alleine nicht ausreichend.

**Erweiterung zu dreiteiligem Produktlebenszyklus**

*Pfeiffer* und *Bischof* erkannten diese Problematik und entwickelten das Konzept eines *integrierten Produktlebenszyklus*, das neben der bekannten Marktphase auch eine Vorleistungs- und eine Nachleistungsphase aufweist.[16] Durch diese Dreiteilung können auch planerische und vorbereitende Tätigkeiten der Produktion sowie Entsorgungs- und Serviceaufgaben berücksichtigt werden. Diese können sich letztendlich erheblich auf den Unternehmenserfolg auswirken.[17]

**Vorleistung, Markt und Nachleistung**

Zudem wird durch diese Erweiterung des ursprünglichen Konzepts der Produktlebenszyklus auch erstmalig dem Begriff Zyklus gerecht, da im Zuge der Nachleistungsphase durch Recycling eine Rückführung des Produkts oder von Bestandteilen davon in früheren Phasen stattfindet und der Kreislauf von Stoff- und Energieflüssen somit zumindest teilweise geschlossen wird. Der integrierte Lebenszyklus einer Produktart wird demnach in die Phasen *Vorleistung*, *Markt* und *Nachleistung* und in weiterer Folge jeweils in Teilphasen untergliedert, in denen wiederum unterschiedliche Aktivitäten durchgeführt werden (s. Abb. 1).[18]

---

[15] Vgl. Schild (2005), S. 155 und 169 f., sowie Faßbender-Wynands (2001), S. 42 f.
[16] Vgl. Pfeiffer/Bischof (1981), S. 34 ff., Faßbender-Wynands 2001, S. 39 f., und Schild (2005), S. 155 f.
[17] Vgl. Schild (2005), S. 159.
[18] Vgl. Faßbender-Wynands (2001), S. 40.

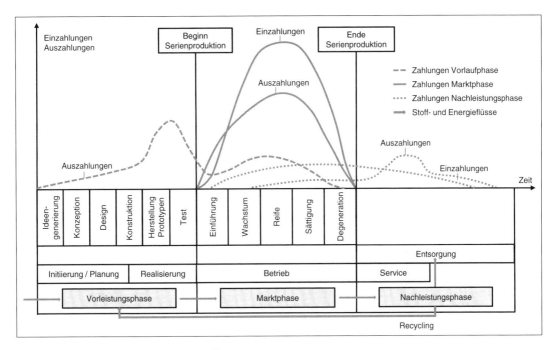

**Abb. 1:** Integrierter Produktlebenszyklus[19]

### 3.1.1 Vorleistungsphase

Die Vorleistungsphase nimmt innerhalb des integrierten Produktlebenszyklus eine wichtige Rolle ein, da die Entscheidungen in dieser Phase stets
einen großen Einfluss auf die nachfolgende Markt-, aber auch auf die
Entsorgungsphase haben. In der Vorleistungsphase werden aber nicht nur
die Kosten der nachgelagerten Phasen, sondern auch die Umwelteinwirkungen und die sozialen Einwirkungen für den gesamten Produktionsprozess prädestiniert.

Wirkung auf alle
folgenden Phasen

Mit zunehmender Konkretisierung des Produkts und der dazugehörigen
Produktionsschritte verringern sich die Beeinflussungsmöglichkeiten für
spätere Phasen. Je nach Art des Produkts kann die Vorleistungsphase auf
wenige Monate beschränkt sein (z.B. Saisonartikel), bei technisch
komplexen oder forschungsintensiven Produkten aber auch mehrere
Jahre dauern.

---

[19] In Anlehnung an Riezler (1996), S. 9, und Faßbender-Wynands (2001), S. 40.

### 3.1.2 Marktphase

Fünf Teilphasen

Während sich das Produkt in der Marktphase befindet, erfolgt die Produktion, die auf die zuvor beschriebene Vorlaufphase aufbaut. Parallel zur Fertigung des Produkts sind Maßnahmen für Instandhaltung und für Serviceleistungen zu berücksichtigen. Die Marktphase kann beispielsweise untergliedert werden in die fünf Teilphasen

- Einführung,
- Wachstum,
- Reife,
- Sättigung und
- Degeneration.

Der zeitliche Umfang der Marktphase hängt analog zur Vorleistungsphase wiederum von der betrachteten Produktart ab: von wenigen Monaten (z. B. bei Sommerkleidung) bis zu vielen Jahren (z. B. bei Schiffsdieselmotoren).

Tendenz hin zu einer Verkürzung der Marktphase

Tendenziell kommt es zu einer zunehmenden Verkürzung der Marktphase bei gleichzeitiger Verlängerung der Vorleistungsphase. Diese Entwicklung beruht auf der einen Seite darauf, dass Konsumenten ihre Wünsche schneller ändern und zu höherer Qualität und Individualität tendieren. Auf der anderen Seite wollen Unternehmen diesen geänderten Kundenwünschen gerecht werden, indem sie sich durch Produktdifferenzierungen Marktanteile sichern und eventuell auch ausbauen.

### 3.1.3 Nachleistungsphase

Service und Abfallbeseitigung

Die letzte Phase des integrierten Produktlebenszyklus, die Nachleistungsphase, umfasst neben Serviceaufgaben (Reparatur- und Wartungsleistungen, Kundendienst und Schulungen, Verkauf von Ersatzteilen) in erster Linie Maßnahmen, um Abfälle, die bei der Produktion entstehen, zu beseitigen oder auch durch Recycling wiederzuverwerten.

Da die Kosten in diesem Bereich steigen – vor allem durch gesetzliche Maßnahmen –, hat diese Phase zunehmend an Bedeutung für die Unternehmen gewonnen. Staatliche Verordnungen und Gesetze veranlassen Unternehmen dazu, bei der Gestaltung ihrer Produkte die anschließende Entsorgung bereits zu berücksichtigen und dementsprechend langlebige, wartungsfreundliche und recyclebare Produkte zu entwickeln.[20]

---

[20] Vgl. Faßbender-Wynands (2001), S. 76f., sowie Schild (2005), S. 162ff.

## 3.2 Der Lebenszyklus eines Einzelprodukts bzw. eines Produktsystems

Neben der Möglichkeit, die Kosten und Erlöse einer Produktart entlang des gesamten Lebenszyklus zu untersuchen, besteht die Möglichkeit, ein einzelnes Produkt bzw. Produktsystem entlang der Phasen seines Lebenszyklus material- und energieflussorientiert zu betrachten. Daraus sind die Möglichkeiten erkennbar, wie die ökologischen Eigenschaften eines Einzelprodukts, eines Prozesses oder eines Unternehmens innerhalb einer definierten Periode optimiert werden können. Neben der Entwicklung und Verbesserung der zuvor angeführten Objekte können auch strategische Planung, politische Entscheidungsprozesse oder Marketing als Anwendungsgebiet dieser Betrachtungsweise festgelegt werden.[21]

Die Systemgrenzen dieser Betrachtungsweise können in Abhängigkeit vom Unternehmen grundsätzlich frei definiert werden, wobei sich vor allem der ganzheitliche Betrachtungszeitraum „Cradle to Grave", also von der Wiege bis zur Bahre eines Produkts, im Sinne des Nachhaltigkeitsgedankens besonders eignet. Dieser Untersuchungsrahmen bietet die Möglichkeit, Umweltaspekte und mögliche Umweltwirkungen des Produkts entlang des Lebenszyklus zu berücksichtigen – von der Rohstoffgewinnung bis zur Entsorgung.

*Betrachtung von der Wiege bis zur Bahre eines Produktes*

Die Betrachtung ist dabei zudem nicht nur auf die eigene Produktion beschränkt, sondern bezieht übergreifend auch vor- und nachgelagerte Unternehmen mit ein.[22] Diese Betrachtungsweise wird auch im Zuge der Produktökobilanz angewandt, die nach ISO 14040 genormt ist, und bezieht sich auf *„Umweltaspekte und potenzielle Umweltwirkungen (z. B. Nutzung von Ressourcen und die Umweltauswirkung von Emissionen) im Verlauf des Lebensweges eines Produktes von der Rohstoffgewinnung über Produktion, Anwendung, Abfallbehandlung, Recycling bis zur endgültigen Beseitigung."*[23]

Um der Verminderung des ökologischen Ressourcenbestands entgegenzuwirken, kann der Betrachtungsrahmen um eine zusätzliche Stufe erweitert werden – die Wieder-, Weiterverwendung bzw. -verwertung rückgewonnener Rohstoffe.

*Erweiterte Sichtweise von der Wiege bis zur Wiege*

---

[21] Vgl. ISO 14040 (2009), S. 4 und S. 13.
[22] Vgl. Herrmann (2010), S. 151, und VDA (2003), S. 10.
[23] ISO 14040 (2009), S. 4.

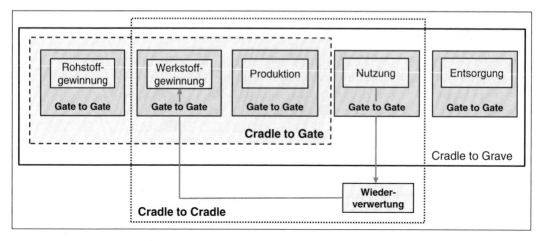

**Abb. 2:** Systemgrenzen der Ökobilanz[24]

Diese umfassende Sichtweise wird als „Cradle to Cradle" bezeichnet, also von der Wiege bis zur Wiege eines Produkts, und knüpft dadurch am Gedanken der „Circular Economy"[25] an, um die Funktionen der ökologischen Umwelt dauerhaft sicherzustellen. Die unterschiedlichen beschriebenen Formen der Bilanzierung sind schematisch in Abb. 2 zusammengefasst.

### 3.3 Lebenszyklus und Kostenrechnung

Produktwirt-
schaftlichkeit
steuern und
optimieren

Aus kostenrechnerischer Sicht wird es durch die Abgrenzung von Phasen des Lebenszyklus möglich, die (Produkt-)Kosten entsprechend zu erfassen und zu strukturieren. Dadurch lässt sich die Wirtschaftlichkeit eines Produkts entlang dieser Phasen steuern und optimieren.[26] Ein nachhaltiger *lebenszyklusorientierter Kostenrechnungsansatz* (Sustainable Life Cycle Costing) soll die ganzheitliche Steuerung der Triple Bottom Line und somit strategisches Nachhaltigkeitscontrolling unterstützen.

Nutzungsphase
im Fokus der
Betrachtung

In der Literatur werden Life-Cycle-Costing-Ansätze bereits seit Längerem diskutiert. Eine Analyse zeigt, dass die frühen Ansätze der lebenszyklusorientierten Kostenrechnung vor allem darauf fokussieren, die Vorteilhaftigkeit einer Investition bzw. eines Großprojekts zu ermitteln. Es wird praktisch nur die Nutzungsphase eines Objekts betrachtet,

---

[24]  In Anlehnung an VDA (2003), S. 10.

[25]  In Anlehnung an den natürlichen Stoffwechselkreislauf wird im Zuge dieses Ansatzes versucht, linear verlaufende ökonomische Prozesse im Sinne eines Kreislaufs zu schließen; vgl. Burschel/Losen/Wiendl (2004), S. 265.

[26]  Vgl. Zehbold (1996), S. 59.

während die Kosten der Vorleistungs- bzw. Nachleistungsphase keine Berücksichtigung finden.

Hingegen wird in neueren Ansätzen verstärkt der Lebenszyklus eines Produkts betrachtet und dabei der Betrachtungszeitraum um eine Vor- bzw. Nachleistungsphase erweitert.[27] Bei allen untersuchten Ansätzen wird jedoch die ökologische Dimension nur einmal und die soziale Dimension sogar nie berücksichtigt. Es fehlt somit ein Ansatz, der Nachhaltigkeitsorientierung mit Life Cycle Costing verbindet.

## 4 Dimensionen des nachhaltigkeitsorientierten Life Cycle Costing

Nachhaltigkeitscontrolling bedeutet, Nachhaltigkeit entlang der geplanten Ziellinie des Unternehmens zu steuern. Will nachhaltigkeitsorientiertes Life Cycle Costing dazu einen Beitrag liefern, müssen alle ökonomischen, ökologischen und sozialen Kosten entlang des Lebenszyklus eines Produkts berücksichtigt werden. Hierfür ist es zweckmäßig, die Kostenbetrachtung nach den unterschiedlichen Dimensionen der Nachhaltigkeit – Ökonomie, Ökologie und Soziales – zu unterteilen. Zusätzlich müssen bei jeder Dimension einerseits bereits internalisierte[28], andererseits auch externe Effekte[29] beachtet werden, die mit der betrieblichen Leistungserstellung in Beziehung stehen, jedoch außerhalb des Unternehmens Auswirkungen haben. Nicht alle diese Effekte können dabei monetär, beispielsweise im Zuge der Kostenrechnung, berücksichtigt werden. In diesem Fall müssen nichtmonetäre quantitative Größen herangezogen werden (s. Abb. 3).

Dimensionen des
Life Cycle Costing

---

[27] Einen Überblick über unterschiedliche Modelle geben Zehbold (1996) und Kemminer (1999). Ergänzend wurden Faßbender-Wynands (2001) und Schild (2005) in die Betrachtungen mit einbezogen.

[28] *Internalisierung* bedeutet, dass Kosten für externe Effekte beim Verursacher wirksam gemacht werden.

[29] Während sich die Lebensqualität der Menschen bei positiven externen Effekten erhöht, ohne dafür bezahlen zu müssen, verursachen negative externe Effekte Kosten, die nicht vom Verursacher, sondern von unbeteiligten Dritten getragen werden müssen. Diese Kostenübertragung kann dabei sowohl die derzeitige als auch zukünftige Generationen belasten. Vgl. Rogall (2008), S. 55 f.

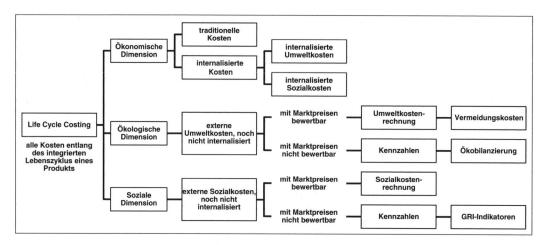

**Abb. 3:** Dimensionen des Life Cycle Costing

## 4.1 Ökonomische Dimension des Life Cycle Costing

Im Zuge der ökonomischen Dimension des Life Cycle Costing werden alle direkt zurechenbaren (internen) und internalisierten (einzelwirtschaftlich relevanten externen) Kosten und Erlöse über den Lebenszyklus entlang des integrierten Lebenszyklus eines Produkts betrachtet. So werden neben den traditionellen internen Kosten für Material, Personal, Transport oder Instandhaltung auch jene Kosten berücksichtigt, die zur Vermeidung bzw. Verminderung, zum Schutz, zur Substitution oder zur Beseitigung von Umweltbelastungen oder sozialen Belastungen entstehen und bereits zu Marktpreisen bewertet wurden.

### 4.1.1 Vorleistungsphase bestimmt die Kosten der folgenden Phasen

Klassische Vorleistungs- kosten

Während die tatsächlichen Kosten innerhalb der Vorleistungsphase des integrierten Lebenszyklus verhältnismäßig gering sind, bestimmt diese Phase jedoch zu 60 bis 95 % die Kosten der nachfolgenden Phasen.[30] Zu den klassischen *Vorleistungskosten*[31] zählen hierbei

- Kosten für Grundlagenforschung oder angewandte Forschung, Entwicklung von Produkten oder Prozessen,

- Kosten für die Produktionsvorbereitung oder auch

---

[30] Vgl. Kemminer (1999), S. 47 ff., und die darin genannten Autoren sowie S. 168.

[31] Im Allgemeinen können Vorleistungskosten als Kosten definiert werden, die *„im Vorfeld der Leistungserstellung und -verwertung anfallen und die Leistungspotenziale für spätere Perioden/Phasen festlegen.“* Faßbender-Wynands (2001), S. 99.

- Kosten, die bereits dem Bereich Marketing und Vertrieb zugeordnet werden können.

Da zusätzlich bereits internalisierte ökologische und soziale Wirkungen zu berücksichtigen sind, steigen die Gesamtkosten an, jedoch ermöglicht die Aufdeckung von Einsparungspotenzialen, die Kosten in zukünftigen Phasen zu reduzieren. Es können dabei beispielsweise folgende Kosten unterschieden werden:[32]

- Kosten für Maßnahmen zur *Vermeidung* von ökologischen und sozialen Belastungen:
  - Kosten für Forschung & Entwicklung, Konstruktion und Erprobung unter ökologischen und sozialen Aspekten,
  - Kosten der Substitution von umweltfreundlicheren Materialien und Anlagen unter ökologischen und sozialen Gesichtspunkten.
- Kosten für Maßnahmen zum Schutz vor *potenziellen* ökologischen und sozialen Belastungen:
  - Kosten für Mitarbeiterschulungen,
  - Kosten für Sicherheitsmaßnahmen.

*Vorleistungserlöse* entstehen durch die Berücksichtigung von Umweltaspekten und sozialen Aspekten über öffentliche Subventionen oder Steuervergünstigungen. Sie fallen innerhalb der Vorleistungsphase selten und in eher geringer Höhe an.

## 4.1.2 Kosten innerhalb der Marktphase größtenteils Anschaffungskosten

Der Großteil der Kosten innerhalb der Marktphase bezieht sich auf die Anschaffung von Betriebsmitteln wie Maschinen, die Herstellung der Güter und parallel zur Produktion durchgeführte Instandhaltungsmaßnahmen. Zudem sind auch Kosten zu berücksichtigen, die für die Vermarktung und den Vertrieb der Produkte aufzubringen sind. Bezüglich ökologischer und sozialer Aspekte können beispielhaft folgende Kosten unterschieden werden:[33]

- Kosten für Maßnahmen zur *Vermeidung* von ökologischen und sozialen Belastungen:
  - Kosten der Substitution für den Bezug und Einsatz umweltfreundlicherer Materialien und Stoffe,
  - Kosten zur ergonomischen Gestaltung von Arbeitsplätzen.

---

[32] Vgl. Faßbender-Wynands (2001), S. 101, sowie Riezler (1996), S. 194.
[33] Vgl. Kemminer (1999), S. 181, Heupel (2008), S. 91ff., Faßbender-Wynands (2001), S. 104.

- Kosten für Maßnahmen zur *Verminderung* von ökologischen und sozialen Belastungen:
  - Kosten für eine den Umweltschutz ermöglichende Ausstattung,
  - Kosten für Auswahlverfahren von Lehrlingen oder Mitarbeitern.
- Kosten für Maßnahmen zum Schutz vor potenziellen ökologischen und sozialen Belastungen:
  - Kosten für Mitarbeiterschulungen,
  - Kosten für Sicherheits- und Kontrollmaßnahmen,
  - Kosten für Gesundheitsförderungsmaßnahmen.

**Konsument würdigt ökologische und soziale Anstrengungen**

Die in der Marktphase erzielten Erlöse beziehen sich hauptsächlich auf den Verkauf von Produkten. Daneben ist es möglich, weitere Erlöse neben klassischen Umsatzerlösen zu erzielen, beispielsweise durch kostenpflichtige Service- oder Reparaturleistungen. Werden vom Unternehmen ökologische oder soziale Anforderungen berücksichtigt und wird das von den Konsumenten als relevant bzw. wichtig wahrgenommen, kann sich die Anerkennung der Konsumenten hierfür in zusätzlichen Umsätzen widerspiegeln (z.B. Biolebensmittel oder nicht sandgestrahlte Jeans).

### 4.1.3 Erzielen von Erlösen in Nachleistungsphase nur schwer möglich

Innerhalb der abschließenden Nachleistungsphase ist es meist nur noch sehr eingeschränkt möglich, Erlöse zu erzielen, um die vorhandenen Kosten zu decken. Hier zeigt sich erneut, wie wichtig die in der Vorleistungsphase getroffenen Entscheidungen sind.

**Abfall- und Servicekosten**

Von besonderer Wichtigkeit sind entstehende Nachleistungskosten für die Beseitigung und Verwertung von Abfällen sowie für nachgelagerte Serviceleistungen. Auch sind soziale Kosten innerhalb der Nachleistungsphase identifizierbar. Demnach können folgende Kosten exemplarisch erkannt werden:[34]

- Kosten für Maßnahmen zur Vermeidung von ökologischen und sozialen Belastungen:
  - Kosten für die Ermöglichung und Maßnahmen zur Wiederverwertung,
  - Kosten für Maßnahmen zur umweltverträglichen Beseitigung.
- Kosten für Maßnahmen zum Schutz vor potenziellen ökologischen und sozialen Belastungen:
  - Kosten für Mitarbeiterschulungen,
  - Kosten für Sicherheits- und Kontrollmaßnahmen,
  - Kosten für Gesundheitsförderungsmaßnahmen.

---

[34] Vgl. Faßbender-Wynands (2001), S. 105 f., sowie Riezler (1996), S. 195.

Bei Erlösen der Nachleistungsphase handelt es sich i.d.R. um Verkäufe von für die Produktion genutzten Anlagen, überschüssigen Stoffen und Materialien oder Gebäuden bzw. Grundstücken.[35]

## 4.2 Ökologische Dimension des Life Cycle Costing

Bei der ökologischen Dimension des Life Cycle Costing geht es um die externen Umweltkosten, die noch *nicht* internalisiert sind. *Roth* beschreibt externe betriebliche Umweltkosten als *„durch die Unternehmung verursachte Umweltbelastungen, die noch nicht internalisiert, also noch nicht zu Lasten des Verbrauchers vermieden, reduziert, beseitigt oder verwertet worden sind und demzufolge auch noch nicht in der betrieblichen Kostenrechnung Berücksichtigung gefunden haben, sondern von anderen … in Form von materiellen oder immateriellen Beeinträchtigungen zu tragen sind."*[36]

Nicht internalisierte externe Umweltkosten

Einerseits können mögliche Umsatzeinbußen aufgrund wahrgenommener Umweltbelastungen von Produktion und/oder Produkt jenen (*Schadens-*)Kosten gegenübergestellt werden, die bei einer Internalisierung aufzuwenden wären (Kosten für Verminderung, Substitution, Verwertung und Beseitigung ökologischer Effekte). Andererseits lassen sich jene Kosten ermitteln, die durch eine prophylaktische Vermeidung von externen Umweltwirkungen aufzuwenden wären. Dabei müssen Kosten angenommen werden, deren genaue Wirkungszusammenhänge nicht bekannt sind.

Grad der Berücksichtigung externer Effekte

*Vermeidungskosten* werden meist für die externen Effekte angenommen, deren tatsächliche Schadenskosten nicht oder nur mit sehr großem Aufwand und/oder großen Unsicherheiten abschätzbar sind (beispielsweise externe Kosten aufgrund von Klimaveränderungen durch den Treibhauseffekt).[37] Potenzielle Vermeidungskosten können auch als Grundlage für die Monetarisierung externer ökologischer Effekte im Zuge der *Umweltkostenrechnung* herangezogen werden. So bedient sich das Modell zur *ökologieorientierten Kostenrechnung* dieses Ansatzes, der Ende der 1980er Jahre entworfen und weiterentwickelt wurde. Das Modell geht von der Unvollständigkeit der herkömmlichen Umweltkostenrechnung aus, die ausschließlich bereits internalisierte Kosten berücksichtigt und Kosten der externen Umweltbelastung vernachlässigt.

Vermeidungskosten in der Umweltkostenrechnung

---

[35] Vgl. Faßbender-Wynands (2001), S. 107.

[36] Roth (1992), S. 162.

[37] Vgl. Günther (2008), S. 234, und Adensam et al. (2002), S. 5ff. Im Gegensatz zum *Vermeidungskostenansatz* werden beim *Schadenskostenansatz* die tatsächlich durch externe Effekte verursachten Schäden abgeschätzt und monetarisiert.

Die ökologieorientierte Kostenrechnung will diesen Mangel beheben, indem nicht internalisierte Umweltbelastungskosten auf Vermeidungskostenbasis erfasst und in einer parallelen Sonderkostenrechnung verrechnet werden. Dabei wird von der Prämisse ausgegangen, dass das Unternehmen ein Höchstmaß an Umweltschutz betreibt, d.h., dass alle technischen Möglichkeiten zur Vermeidung negativer Umweltwirkungen ausgeschöpft werden, auch wenn dies aufgrund der gegenwärtigen gesetzlichen Rahmenbedingungen (noch) nicht zwingend erforderlich ist.

Wenn diese potenziellen Umweltschutzkosten(arten) nach dem jeweiligen Schema der betrieblichen Kostenstellen- und Kostenträgerrechnung weiterverrechnet werden, wird ersichtlich, wie sich die jeweiligen internalisierten Kosten der betrachteten Produkte bzw. Produktsysteme beim technisch möglichen Maximum an Umweltschutz verändern würden.

**Bedeutung umwelt-orientierter Kennzahlen**

Für ein nachhaltigkeitsorientiertes Life Cycle Costing ist es erforderlich, diese Sonderrechnung auf allen relevanten Wertschöpfungsstufen durchzuführen und die Werte zusammenzufassen. Diese Sonderrechnung ist jedoch mit einem erheblichen Datenerhebungsaufwand verbunden und überdies sind nicht alle Umweltwirkungen monetär erfassbar.[38] Um den gesamten *ökologischen Werteverzehr* ermitteln zu können, ist es daher notwendig, den Entscheidern im Unternehmen Informationen über die nichtmonetarisierten Umweltwirkungen in Form von umweltorientierten Kennzahlen bzw. Kennzahlensystemen zur Verfügung zu stellen.[39] Dadurch kann ein vollständiger Überblick über die externen ökologischen Effekte des jeweiligen Produkts bzw. Produktsystems entstehen.

**Kennzahlen als Grundlage der Ökobilanzierung**

Um aussagekräftige ökologische Kennzahlen zu ermitteln, ist es zweckmäßig, Stoff- und Energiebilanzen als Basis heranzuziehen, durch die auch externe Effekte berücksichtigt werden können. Eine solche material- und energieflussorientierte Betrachtung entlang der Phasen des Lebenszyklus wird als *Ökobilanzierung* oder *Life Cycle Assessment* bezeichnet.

---

[38] Auf weitere Verfahren zur Monetarisierung externer Effekte wie etwa Befragungen („willingness to pay" oder „willingness to sell") oder die Bewertung nach dem hedonistischen Preisansatz wird hier nicht weiter eingegangen. Diese Ansätze werden primär bei volkswirtschaftlichen Kosten-Nutzen-Analysen verwendet.

[39] Vgl. Pape/Pick/Kleine (2009), S. 149.

## 4.3 Soziale Dimension des Life Cycle Costing

Die Kostenentwicklung sozialer Systeme zwingt „den Staat" zunehmend dazu, seine Ausgaben bei sozialen Aufgaben zu beschränken.[40] Aus diesem Grund fordern relevante Anspruchsgruppen immer häufiger, soziale Aspekte in das Zielsystem zu integrieren, um somit Unternehmen verstärkt in die soziale Entwicklung der Gesellschaft einzubinden.[41] Diese Herausforderung an das Management birgt eine zusätzliche Aufgabe in sich: gesellschaftliche, kulturelle und individuelle soziale Ansprüche an das Unternehmen zu berücksichtigen.

Externe Forderung, soziale Aspekte zu integrieren

Die Gründe für soziales Engagement von Unternehmen sind unterschiedlich: So zielen die sozialen Bemühungen von Großunternehmen vornehmlich auf eine positive Reputation innerhalb der Gesellschaft ab. Im Gegensatz dazu werden in KMU vor allem ethische Motive wie das Bedürfnis, dem lokalen Umfeld etwas zurückzugeben, oder das Gefühl der Sinnhaftigkeit des beruflichen Tuns als Motive für freiwillige Maßnahmen genannt. Letztendlich ist das gemeinsame Ziel, die sozial unerwünschten Wirkungen zu reduzieren und gleichzeitig die positiven sozialen Wirkungen zu fördern, um die gesellschaftliche Akzeptanz zu erhöhen und dadurch den wirtschaftlichen Erfolg des Unternehmens sicherzustellen.[42]

Motive für soziales und gesellschaftliches Engagement von Unternehmen

Um eine Aussage über den tatsächlichen monetären Mehrwert der Beachtung sozialer Aspekte des Unternehmens zu treffen, reichen bereits internalisierte Werte nicht aus. Es ist darüber hinaus notwendig, die Betrachtung um externe soziale Kosten zu erweitern, die beispielsweise durch Gesundheitsschäden oder die Vernichtung bzw. Verminderung von Eigentumswerten entstehen.[43] Eine monetäre Bewertung von Nachhaltigkeitswirkungen ist auch im sozialen Bereich meist nur innerhalb eng gesteckter Grenzen möglich.

Um dennoch soziale Wirkungen zu erheben und in weiterer Folge deren Auswirkung auf die Gesellschaft bewerten zu können, wurden innerhalb der letzten Jahre in der Literatur unterschiedliche Forschungsansätze entwickelt, deren Fokus in der Bereitstellung von Indikatoren liegt, um die sozialen Aspekte zu messen. Zu beachten ist dabei, dass diese oft nicht monetär erfassbar sind und daher nicht quantitativ, sondern mittels qualitativer Aussagen zu bewerten sind. Ein Beispiel hierfür ist die Messung der Mitarbeitermotivation, die eine subjektive und individuelle Einschätzung der Betroffenen darstellt.[44]

Indikatoren sozialer Sachverhalte oft nicht monetär bewertbar

---

[40] Vgl. Habisch/Schwarz (2012), S. 113, die eine Änderung der traditionellen Rollenverteilung zwischen Staat und Unternehmen diagnostizieren.
[41] Vgl. Greisberger (2011), S. 6.
[42] Vgl. Schaltegger et al. (2007), S. 11 und S. 15.
[43] Vgl. Bontrup (2004), S. 311.
[44] Vgl. Bollmann (2007), S. 21 und S. 25.

Möglicher Ansatz:
Indikatorenwerk
der GRI

Ein umfassendes Indikatorenwerk stellt die *Global Reporting Initiative* (GRI) dar, die als Richtlinie zur Gestaltung der Nachhaltigkeitsberichterstattung neben ökonomischen und ökologischen auch eine Reihe von Indikatoren im sozialen Bereich beinhaltet. Durch diese integrierten Kennzahlen können die Auswirkungen der unternehmerischen Tätigkeit auf die Gesellschaft dargestellt sowie Interpendenzen und Schnittstellen zwischen den unterschiedlichen Teilaspekten sozialer Nachhaltigkeit gezeigt werden.

GRI nimmt dabei eine Unterteilung in

- Arbeitspraktiken und menschenwürdige Beschäftigung,
- Menschenrechte,
- Gesellschaft und
- Produktverantwortung

vor, die in weiterer Folge in Kern- und Zusatzindikatoren unterteilt werden.[45] Diese Indikatoren wurden gemeinsam mit den für das Unternehmen relevanten Stakeholdern entwickelt. *Kernindikatoren* sollen branchenübergreifend für jedes Unternehmen anwendbar sein, *Zusatzindikatoren* sind nicht für jedes Unternehmen relevant.

# 5 Schlussfolgerungen für den praktischen Einsatz

Mit dem Instrument des *nachhaltigkeitsorientierten Life Cycle Costing* wird das betriebliche Umwelt-Controlling erweitert:

- Die Systemgrenzen werden von der Betriebsgrenze auf den gesamten Lebenszyklus eines Produkts ausgeweitet.
- Der Fokus verbreitert sich vom Schutz der Umwelt auf eine Betrachtung der ökonomischen, ökologischen und sozialen bzw. gesellschaftlichen Nachhaltigkeitswirkungen.

Für die Praxis bzw. das Nachhaltigkeitscontrolling ergeben sich somit folgende Herausforderungen:

- Als „*Mengengerüst*" der nachhaltigkeitsorientierten Lebenszykluskosten ist eine *Sachbilanz* notwendig, in der die Material- und Energieströme von der Rohstoffgewinnung bis zur Entsorgung des Produkts (Cradle to Grave) bzw. dessen Wiederverwertung (Cradle to Cradle) zu erfassen sind. In der Praxis ist eine *Priorisierung* dieser Material- und Energieströme notwendig, da eine vollständige, detaillierte Erhebung sowohl an der Verfügbarkeit der Daten als auch am Aufwand scheitern würde.

---

[45] Vgl. GRI (2006), S. 24.

- Bei den nachhaltigkeitsorientierten Lebenszykluskosten ist zwischen *internen* bzw. *internalisierten* Kosten, die bereits einzelwirtschaftlich relevant sind, und *externen* Kosten zu unterscheiden. Letztere werden – ohne über das Preissystem erfasst zu sein – von Dritten bzw. von der Allgemeinheit getragen. Für das nachhaltigkeitsorientierte Life Cycle Costing sind beide Kostenarten zu berücksichtigen.

- Im Einzelfall ist zu beurteilen, welcher Anteil der *externen Kosten monetarisiert*, d.h. in Geldeinheiten ausgedrückt werden kann, und welcher Anteil durch *nichtmonetäre* Kennzahlen(systeme) zu erfassen ist.

- Die Monetarisierung externer Kosten durch den empfohlenen *Vermeidungskostenansatz* ermöglicht einen Überblick über die ökonomischen Konsequenzen im Szenario der bestmöglichen, über das gesetzliche Mindestmaß hinausgehenden Umwelt- bzw. Sozialleistungen des Unternehmens und einer Kostenzuordnung auf Kostenträger.

- In vielen Fällen ist die Monetarisierung externer Kosten schwierig bzw. gar nicht möglich. Bei der Darstellung der nachhaltigkeitsorientierten Lebenszykluskosten durch ein Kennzahlensystem müssen die wichtigsten nichtmonetären ökologischen und sozialen Wirkungen quantifiziert werden. Um die Kennzahl auszuwählen und zu berechnen, steht eine Vielzahl verschiedener Methoden zur Verfügung. Das Schema des Life Cycle Assessment nach der ISO 14040 bietet einen praktikablen Rahmen, der allerdings noch um soziale Wirkungskategorien zu erweitern ist.

Nachhaltigkeitsorientiertes Life Cycle Costing ist primär ein Instrument für das *strategische* Nachhaltigkeitscontrolling. Es unterstützt bei Entscheidungen über die Auswahl zukünftiger Geschäftsfelder bzw. über das Produktionsprogramm und Sortiment.

# 6 Literaturhinweise

Adensam/Bruck/Geissler/Fellner, Externe Kosten – Studie im Auftrag des Bundesministeriums für Wirtschaft und Arbeit, 2002.

Austrian Standards Institute/Österreichisches Normungsinstitut (ON), ISO 14040, Umweltmanagement – Ökobilanz – Grundsätze und Rahmenbedingungen (ISO 14040:2006), 2009.

Bollmann, Indikatoren zur Bewertung sozialer Auswirkungen abfallwirtschaftlicher Maßnahmen, 2007.

Bontrup, Volkswirtschaftslehre – Grundlagen der Mikro- und Makroökonomie, 2004.

Brundtland, Report of the World Commission on Environment and Development: Our Common Future, Oslo: United Nations 1987.

Bundesministerium für Verkehr, Innovation und Technologie, Internationale Leitlinie Umweltkostenrechnung – in Zusammenarbeit mit der International Federation of Accountants (IFAC), Berichte aus der Energie- und Umweltforschung 44/2005.

Burschel/Losen/Wiendl, Betriebswirtschaftslehre der Nachhaltigen Unternehmung, 2004.

DIN Deutsches Institut für Normung e.V., DIN ISO 26000 – Leitfaden zur gesellschaftlichen Verantwortung (ISO 26000:2010), 2011.

Elkington, Cannibals with forks: the triple bottom line of 21st century business, 1998.

Faßbender-Wynands, Umweltorientierte Lebenszyklusrechnung – Instrument zur Unterstützung des Umweltkostenmanagements, 2001.

Fichter/Loew/Seidel, Betriebliche Umweltkostenrechnung – Methoden und praxisgerechte Weiterentwicklung, 1997.

Frese/Kloock, Internes Rechnungswesen und Organisation aus der Sicht des Umweltschutzes, PFuP, Heft 2/1989, S. 1–29.

Global Reporting Initiative, Leitfaden zur Nachhaltigkeitsberichterstattung, 2006.

Greisberger, Positionspapier: Wesentliche ökologische, soziale und ökonomische Aspekte zur Beurteilung von Nachhaltigkeitsberichten, Österreichische Gesellschaft für Umwelt und Technik, ÖGUT, 2011.

Günther, Ökologieorientiertes Management, 2008.

Habisch/Schwarz, CSR als Investition in Human- und Sozialkapital, in Schneider/Schmidpeter, Corporate Social Responsibility, 2012, S. 113–133.

Herrmann, Ganzheitliches Life Cycle Management, Nachhaltigkeit und Lebenszyklusorientierung in Unternehmen, 2010.

Herzig/Schaltegger, Wie managen deutsche Unternehmen Nachhaltigkeit? – Bekanntheit und Anwendung von Methoden des Nachhaltigkeitsmanagements in den 120 größten Unternehmen Deutschlands, 2009.

International Group of Controlling (Hrsg.), Controller Wörterbuch, 2010.

International Group of Controlling (Hrsg.), Controlling Prozessmodell. Ein Leitfaden für die Beschreibung und Gestaltung von Controllingprozessen, 2011.

Isensee/Henkel, Nachhaltigkeit als neues Ziel: Herausforderung und Lösungsansätze für das Green Controlling, in Gleich/Gänßlen/Losbichler, Challenge Controlling 2015, 2011, S. 133–152.

Kemminer, Lebenszyklusorientiertes Kosten- und Erlösmanagement, 1999.

Kumar/Graf, Globalization, development and ethics: Moral responsibility and strategies of international management in the perspective of Sustainable Development, in Kumar/Steinmann (Hrsg.), Ethics in International Management, 1998, S. 127–159.

Lissel, Eine ökonomische Bewertung des Instruments Personalbericht – Eine Bestandsaufnahme bei ausgewählten Unternehmen, 2003.

Loew/Fichter/Müller/Schulz/Strobel/Umweltbundesamt (Hrsg.), Ansätze der Umweltkostenrechnung im Vergleich – Vergleichende Beurteilung von Ansätzen der Umweltkostenrechnung auf ihre Eignung für die betriebliche Praxis und ihren Beitrag für eine ökologische Unternehmensführung, 2003.

Pape/Pick/Kleine, Umweltkennzahlen und -systeme zur Umweltleistungsbewertung, in Baumast/Pape (Hrsg.), Betriebliches Umweltmanagement, Nachhaltiges Wirtschaften in Unternehmen, 2009, S. 147–163.

Pfeiffer/Bischof, Produktlebenszyklen – Instrument jeder strategischen Produktplanung, in Steinmann/Achenbach(Hrsg.), Planung und Kontrolle – Probleme der strategischen Unternehmensführung, 1981, S. 133–166.

Prammer, Integriertes Umweltkostenmanagement – Bezugsrahmen und Konzeption für eine ökologisch nachhaltige Unternehmensführung, 2009.

Riezler, Lebenszyklusrechnung – Instrument strategischer Projekte, 1996.

Rogall, Ökologische Ökonomie, eine Einführung, 2. Aufl. 2008.

Roth, Umweltkostenrechnung – Grundlagen und Konzeption aus betriebswirtschaftlicher Sicht, 1992.

Schaltegger/Herzig/Kleiber/Müller, Nachhaltigkeitsmanagement in Unternehmen. Konzepte und Instrumente zur nachhaltigen Unternehmensentwicklung, Bundesministerium für Umwelt, Naturschutz und Reaktorsicherheit/Bundesverband der Deutschen Industrie e.V. (Hrsg.), 2002.

Schaltegger/Herzig/Kleiber/Klinke/Müller, Nachhaltigkeitsmanagement in Unternehmen. Von der Idee zur Praxis: Managementansätze zur Umsetzung von Corporate Social Responsibility und Corporate Sustainability, Bundesministerium für Umwelt, Naturschutz und

Reaktorsicherheit/Econsense/Centre for Sustainability Management (Hrsg.), 2007.

Schild, Lebenszyklusrechnung und lebenszyklusbezogenes Zielkostenmanagement, Stellung im internen Rechnungswesen, Rechnungsausgestaltung und modellgestützte Optimierung der intertemporalen Kostenstruktur, 2005.

Tschandl, Perspektiven der Integration im Umweltcontrolling, in Tschandl/Posch (Hrsg.), Integriertes Umweltcontrolling, 2012, S. 11–39.

Tschandl/Zingsheim, How to Become Sustainable Considering Ethical Aspects, in Koubek et al. (Hrsg.), Bene Meritus, 2007, S. 305–327.

Tschandl/Zingsheim, Sustainability, Ethics and Strategic Management, in Oehme/Seebacher (Hrsg.), Corporate Sustainability: Theoretical Perspectives and Practical Approaches, 2005, S. 17–48.

VDA – Verband der Automobilindustrie, VDA-Datenerhebungsformat für Ökobilanzen, 2003.

Zehbold, Lebenszykluskostenrechnung,1996.

# Kapitel 3: Umsetzung & Praxis

# Benchmarking als Teil eines Energiecontrollings

- Die Ressource Energie entwickelte sich in den letzten Jahren aufgrund der sich stetig ändernden wirtschaftlichen und politischen Rahmenbedingungen immer mehr zu einem für den Unternehmenserfolg strategisch relevanten Produktionsfaktor.

- Ein Benchmarking mit energiedatengestützten Kennzahlen ermöglicht es Unternehmen, die Energieeffizienz im eigenen Unternehmen zu beurteilen, einen aussagekräftigen Vergleich mit Wettbewerbern anzustellen sowie ein Bewusstsein für das Thema Energie im eigenen Unternehmen zu entwickeln.

- Innerhalb des Controllings ist ein Energie-Benchmarking ein geeignetes Instrument, um den Produktionsfaktor Energie effizienter zu steuern und so Kosten zu senken. Ferner versetzt es Unternehmen in die Lage, ihren Energieeffizienzgrad mithilfe von Branchenvergleichen zu bestimmen.

- Im Beitrag wird ein im Jahr 2011 von PricewaterhouseCoopers (PwC) durchgeführtes Energie-Benchmarking von 31 mittelständischen produzierenden Unternehmen beispielhaft vorgestellt.

## ■ Die Autoren

**Nicolas Deutsch**, Unternehmensberater aus dem Bereich Advisory „Utilities & Regulation" bei der PricewaterhouseCoopers AG WPG in Stuttgart.

**Dr. Lukas Krüger**, Unternehmensberater aus dem Bereich Advisory „Utilities & Regulation" bei der PricewaterhouseCoopers AG WPG in Düsseldorf.

**Tobias Michel**, Mitarbeiter aus dem Bereich Advisory „Utilities & Regulation" bei der PricewaterhouseCoopers AG WPG in Düsseldorf.

# 1 Aktuelle Energiesituation für Unternehmen in Deutschland

Die Energiesituation für Unternehmen in Deutschland wird derzeit durch vielfältige Faktoren geprägt und beeinflusst. Das Energieangebot, die Verfügbarkeit und zunehmende Verknappung fossiler Energieressourcen durch aufstrebende Entwicklungs- und Schwellenländer führen dazu, dass der Einsatz der Energie für Unternehmen zu einem bedeutenden Kostenfaktor in allen Bereichen der Wertschöpfung wird. Energie entwickelt sich dadurch immer mehr von einem reinen Hilfsmittel zu einem Produktionsfaktor von strategischer Bedeutung.

*Energie als Kostenfaktor*

Die Entwicklung der spezifischen Energiesituation in Deutschland ist darüber hinaus von vielen verschiedenen Faktoren abhängig. So spielen die Bevölkerungsentwicklung, die konjunkturelle Entwicklung, der Strukturwandel in verschiedenen Wirtschaftsbereichen oder auch technologische Entwicklungen eine große Rolle bei der Beurteilung der Energiesituation. Neben diesen Einflussfaktoren kommt in diesem Zusammenhang zudem den gesetzlichen und politischen Rahmenbedingungen eine immer größere Bedeutung zu.[1]

## 1.1 Zusammensetzung der Energiepreise am Beispiel Strom und Gas

Zur Beurteilung der Energiesituation ist es hilfreich, sich zunächst zu verdeutlichen, woher die einzelnen Energieträger stammen. Insbesondere der Bedarf an fossilen Energieträgern wird zum Großteil durch Importe gedeckt. So stammen 98 % des Erdöls, 87 % des Erdgases und 77 % der Steinkohle aus Importen. Aufgrund geologischer Gegebenheiten sowie der politisch beschlossenen Energiewende ist davon auszugehen, dass die Abhängigkeit von importierten Energieträgern in Zukunft weiter steigen wird.[2]

*Herkunft der Energieträger*

Betrachtet man die Zusammensetzung der Strom- und Gaspreise, wird deutlich, dass sich Energiepreise aus verschiedenen Bestandteilen zusammensetzen. So ist der Ausgangspunkt für die Ermittlung des Strompreises der Großhandelsmarkt. Im Zeitraum von 2000 bis 2009 ist der Großhandelspreis für Strom an der European Energy Exchange (EEX) in Leipzig um 19 EUR/MWh auf 41,50 EUR/MWh gestiegen. Dieser Preisanstieg resultiert zum einen aus der Zunahme der Brennstoffkosten und zum anderen aus der Einführung des Emissionshandels zum 1.1.2005. Neben den Preisen für die Energiebeschaffung gibt es zudem vermehrt

*Energiepreise haben verschiedene Bestandteile*

---

[1] Vgl. BMWi (2010), S. 8 ff.
[2] Vgl. Bundesanstalt für Geowissenschaften und Rohstoffe (BGR) (2011), S. 14.

Sonderbelastungen, die die Energiepreise in die Höhe treiben. Hierzu zählen beispielsweise

- Netznutzungsentgelte,
- Stromsteuer, die Erneuerbare-Energien-Gesetz- (EEG-) und die Kraft-Wärme-Kopplungsgesetz- (KWK-)Umlage sowie
- die Konzessionsabgabe.[3]

| Strompreis | Gaspreis |
|---|---|
| Stromerzeugung/-beschaffung | Gaserzeugung/-beschaffung |
| Netznutzungsentgelte | Netznutzungsentgelte |
| Konzessionsabgabe | Energiesteuer |
| Stromsteuer | Regel- und Ausgleichsenergieumlage |
| EEG-Umlage | |
| KWK-Umlage | |

**Tab. 1:** Zusammensetzung der Strom- und Gaspreise für industrielle Verbraucher[4]

**Abgaben, Entgelte und Steuern sind Preistreiber**

Tab. 1 verdeutlicht, dass der Preis, den Endkunden für Energie bezahlen, nicht nur von den reinen Erzeugungs- bzw. Beschaffungskosten abhängt. Gerade am Beispiel Strom und Gas zeigt sich, dass Abgaben, Entgelte oder Steuern die Energiepreise erheblich beeinflussen und in die Höhe treiben können.

**Steigende Energiekosten**

Eine genaue Analyse kann Unternehmen dabei helfen, Energiekosten im Blick zu behalten. Durch den von der Bundesregierung beschlossenen Umstieg auf erneuerbare Energien sowie die vorgegebenen Klimaziele bis 2020 ist davon auszugehen, dass die Abgabenlast nicht sinken, sondern eher steigen wird. Über einen längeren Zeitraum betrachtet ist deshalb anzunehmen, dass die Energiekosten für Unternehmen weiter steigen und ein effizienter Energieeinsatz in Unternehmen eine immer größere Rolle spielen wird. Grundsätzlich wird prognostiziert, dass der Strompreis bis zum Jahr 2020 für Industriekunden um 26 % auf 18,9 ct/kWh und für die Stromindustrie um 23 % auf 14,8 ct/kWh steigt.[5]

---

[3] Vgl. BMWi (2010), S. 33 ff.
[4] Eigene Analyse und Darstellung auf Basis von: BnetzA-Monitoringbericht (2011).
[5] Vgl. BDI (2011), S. 3 f.

## 1.2 Anteil der Energiekosten an den Gesamtkosten eines Unternehmens

Diese Entwicklung hat insbesondere einen starken Einfluss auf Unternehmen, die einen besonders hohen Energieverbrauch entlang ihrer Wertschöpfungskette haben. Hierzu zählen beispielsweise Unternehmen aus den Branchen Baustoffe, Chemie, Glas, Nichteisen-Metalle, Papier oder Stahl. Diese stehen am Anfang der Wertschöpfungskette und haben somit eine Schlüsselposition innerhalb der Wertschöpfung eines Produkts.[6] Aufgrund der generellen Energiekostenentwicklung nimmt jedoch auch für andere Industriezweige die Bedeutung von Energie zu.

*Starker Einfluss auf energieintensive Unternehmen*

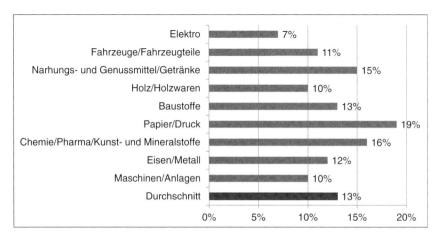

Abb. 1: Anteil der Energiekosten an den Gesamtkosten im Branchenüberblick[7]

Aus Abb. 1 ist zu erkennen, dass die Energiekosten im Durchschnitt 13 % der Gesamtkosten eines Unternehmens ausmachen. Dies zeigt, dass eine Steigerung der Energiekosten auf alle Wirtschaftszweige einen großen Einfluss hat. Um sich sowohl ökonomisch als auch ökologisch zukunftsorientiert aufzustellen, ist es deshalb notwendig, dass Unternehmen vermehrt ein Augenmerk auf die Energienutzung und den effizienten Umgang mit dem Produktionsfaktor Energie legen.

---

[6] Nach Definition des Zusammenschlusses „Die Energieintensiven Industrien (EID)".
[7] PwC/EBS (2011).

## 2 Benchmarking als Teil des Energiecontrollings in Unternehmen

Ein Benchmarking kann ein mögliches betriebswirtschaftliches Instrument sein, um

- die Energieeffizienz des eigenen Unternehmens zu beurteilen,
- sich mit Wettbewerbern zu messen,
- von den Besten zu lernen und
- den Fokus auf den immer wichtiger werdenden Produktionsfaktor Energie zu lenken.

Definition Benchmarking
Um die Relevanz eines Energie-Benchmarkings beurteilen zu können, ist zunächst der Begriff des Benchmarkings zu definieren. Unter einem Benchmarking wird der systematische und regelmäßige Vergleich von unternehmensinternen Produkten, Dienstleistungen, Prozessen und Kennzahlen mit anderen Werken oder Standorten des eigenen Unternehmens oder mit fremden Unternehmen in qualitativer und/oder quantitativer Hinsicht verstanden. Ein Vergleich mit fremden Unternehmen kann sowohl mit gleichartigen Unternehmen aus derselben Branche als auch mit Unternehmen aus anderen Branchen erfolgen.[8]

### 2.1 Dimensionen des Benchmarkings

Strategische und operative Dimension
Es lassen sich zwei Dimensionen des Benchmarkings unterscheiden. Im Rahmen der strategischen Dimension wird das Benchmarking als Instrument zur Führung und Steuerung des Unternehmens mit dem Ziel der langfristigen Sicherung des Erfolgs verstanden. Die operative Dimension hingegen betrachtet vor allem Steuerungsgrößen für kurz- und mittelfristige Maßnahmen zur gezielten Verbesserung von Leistungen und Prozessen in einzelnen Bereichen.

### 2.2 Internes und externes Benchmarking

Ein internes Benchmarking beschreibt den Vergleich innerhalb einer Organisation und ist die einfachste Form, ein Benchmarking durchzuführen. Hierbei werden die verschiedenen Organisationseinheiten miteinander verglichen.

Konkurrenz- und branchenbezogenes sowie generisches Benchmarking
Beim externen Benchmarking vergleicht sich ein Unternehmen mit einem oder mehreren anderen Unternehmen. Es können in diesem Zusammenhang drei Formen des Benchmarkings unterschieden werden: das konkurrenzbezogene Benchmarking, das branchenbezogene Bench-

---

[8] Vgl. Horváth (2008).

marking sowie das generische Benchmarking. Beim konkurrenzbezogenen Benchmarking wird das eigene Unternehmen mit direkten Konkurrenten verglichen. Das branchenbezogene Benchmarking vergleicht das eigene Unternehmen mit Unternehmen aus derselben Branche, die jedoch keine direkten Konkurrenten für das eigene Unternehmen sind. Beim generischen Benchmarking erfolgt der Vergleich mit einem branchenfremden Unternehmen.

## 2.3 Energie-Benchmarking

Im Rahmen eines Energie-Benchmarkings werden Kennzahlen bezüglich der Energiekosten, des Energieverbrauchs sowie der Energieeffizienz des Unternehmens als Vergleichsmaßstab verwendet. Durch das Benchmarking wird der Handlungsbedarf in Bezug auf das Thema Energie im Unternehmen frühzeitig erkannt. Es werden Ziele und Leistungsmaßstäbe deutlich, aus denen direkt Handlungen auf das Energiemanagement des Unternehmens abgeleitet werden können, um so eventuell vorhandene Wettbewerbsnachteile zu kompensieren. Auch kann ein Benchmarking eine Sensibilisierung für das Thema Energie schaffen. Das Energie-Benchmarking kann somit als Steuerungsinstrument verstanden werden und als Teil des Controllings eines Unternehmens zum Einsatz kommen.

*Als Steuerungselement Teil des Controllings*

Um den wirtschaftlichen Erfolg eines Unternehmens zu sichern, ist das Controlling in einem Unternehmen unerlässlich. Das Grundverständnis des Controllings ist es, betriebswirtschaftlich wichtige Informationen zu Zwecken der Unternehmenssteuerung zur Verfügung zu stellen und aufzubereiten. Die zielbezogene und erfolgsorientierte Steuerung des Unternehmens soll in den Vordergrund gerückt und die für den Unternehmenserfolg erforderlichen Ziele sollen festgelegt sowie die Zielerreichung gemessen werden. Hieraus resultieren Maßnahmen und Pläne, die zur Erreichung der Unternehmensziele erarbeitet werden.

## 2.4 Energiemanagement und Energieeffizienz

Die Energienutzung ist für Unternehmen von zentraler und zunehmend strategischer Bedeutung. Energie wird bei fast jeder betrieblichen Leistungserstellung benötigt und besitzt somit für Unternehmen einen hohen Stellenwert. Wie in Abb. 1 verdeutlicht, entspricht der Anteil der Energiekosten an den Gesamtkosten je nach Branche bis zu 19 %. Aufgrund des schnellen Atomausstiegs in Deutschland sowie der stetig steigenden Nachfrage nach Energie entwickelt sie sich vom reinen Hilfsmittel hin zum kostenintensiven Produktionsfaktor.

*Energienutzung wird zum Produktionsfaktor*

Zweck eines Energie- controllings

Entsprechend den Entwicklungen im Energiebereich steigt die Sensibilität für das Thema Energiemanagement gerade im Controlling stetig, um die Kontrolle und Steuerung der Kosten nicht nur auf konventionelle Produktionsfaktoren zu lenken. Um sowohl ökonomisch als auch ökologisch optimal zu handeln, ist es daher notwendig, einen kontinuierlichen Verbesserungsprozess anzustoßen und Energiekosten zu kontrollieren und letztendlich zu senken. *„Das Energiecontrolling ist dazu da, um – bei der Fülle an Energieeinzelmaßnahmen – das große Ganze im Blick zu haben, es zu koordinieren und dem Energieverantwortlichen relevante Entscheidungsgrundlagen zur Verfügung zu stellen."*[9]

Energieeffizienz

Als Steuerungs- und Kontrollinstrument für die Überwachung des Einsatzes von Energie im Unternehmen ist die Energieeffizienz von großer Bedeutung. Die Energieeffizienz ist ein Maß für die Nutzung der eingesetzten Energie. *„Unter maximaler Energieeffizienz wird verstanden, dass ein gewünschter Nutzen mit möglichst wenig Energieeinsatz erreicht wird."*[10] Dies betrachtet sowohl die Kosten als auch die Produktivität.

Bedeutung des Benchmarkings

Dem Benchmarking kommt im Rahmen des Controllings eine besondere Bedeutung zu. Durch ein Benchmarking lässt sich ein direkter Vergleich mit anderen Unternehmen erzielen und es kann kontrolliert werden, inwieweit man seinen Wettbewerbern voraus bzw. wie groß die Lücke zu den Wettbewerbern ist. Diese Informationen können dem Controlling wichtige Anhaltspunkte im Hinblick auf die Wettbewerbsposition des Unternehmens liefern.

So können Benchmarks erstellt werden, die einen Vergleich von spezifischen Kennzahlen bezüglich der Energieeffizienz ermöglichen. Hierdurch werden Unterschiede zu anderen Unternehmen hinsichtlich der Energienutzung, der Energiekosten sowie der Energieeffizienz deutlich. Dies kann wiederum dem eigenen Unternehmen helfen, Potenziale zu erkennen und Bemühungen zu veranlassen, ein geeignetes Energie-Controlling im Unternehmen zu implementieren. Durch den kontinuierlichen Charakter des Benchmarkings kann so das Erreichen der Zielsetzungen überprüft werden.

Verwendung absoluter und relativer Kennzahlen

In diesem Zusammenhang ist allerdings anzumerken, dass ein Vergleich von absoluten Zahlen innerhalb des Benchmarkings aufgrund unterschiedlicher unternehmensspezifischer Größen (Mitarbeiter, Umsatz, Anzahl der Produkte) oftmals nicht den gewünschten Effekt bringt. Um diese Größeneffekte zu nivellieren und die Aussagekraft des Benchmarkings zu erhöhen, ist der Vergleich von relativen Kennzahlen notwendig. In einem ersten Schritt eines Benchmarkings werden dabei zunächst

---

[9] Quitt et al. (2011), S. 119.
[10] Quitt et al. (2011), S. 127.

generische Vergleichszahlen (z. B. Wärmebedarf pro Mitarbeiter) verwendet. Die Verwendung von spezifischen Kennzahlen (z. B. Energieeinsatz pro produziertes Gut) bietet sich erst in weiterführenden Schritten des Benchmarkings an, da eine Erfassung je nach Unternehmen (z. B. Mehrproduktunternehmen) unter Umständen Schwierigkeiten birgt.

# 3 Ergebnisse des PwC-Benchmarkings

Als Beleg für die eingangs beschriebene Bedeutung und Notwendigkeit eines Energie-Benchmarkings sollen im Folgenden die Ergebnisse eines PwC-Benchmarkings aus dem Jahr 2011 vorgestellt werden, das in Zusammenarbeit mit der EBS Business School erarbeitet wurde. Hierzu wurden im Rahmen einer Eigenerhebung Daten für 31 mittelständische Unternehmen ausgewertet. Die teilnehmenden Unternehmen stammen aus den Branchen Maschinen- und Anlagenbau, Metallverarbeitung, Chemie und Kunststoff.

## 3.1 Erhebung der Daten und Kennzahlen

In einem ersten Schritt war das Ziel, einen Einblick in die Energie- und Datensituation der Unternehmen zu erhalten. In einem zweiten Schritt sollte ausgearbeitet werden, welche Kennzahlen eine möglichst aussagekräftige Bewertung einer effizienten Nutzung von Energie ermöglichen. In diesem Kontext wurde ein Fragebogen entwickelt, der zunächst die absoluten Energieverbrauchsdaten der Unternehmen erfasste. Neben den traditionell dominierenden Energieträgern wie Strom und Erdgas wurden auch die Öl-, Kohle- und Fernwärmeverbräuche für die Jahre 2010 und 2011 abgefragt. Dies erfolgte im Wesentlichen auf Basis der Rechnungsdaten. Eine Ermittlung der Energieverbrauchsdaten auf Basis der Verbrauchswerte des Messwesens war nicht möglich, da viele Unternehmen noch kein aussagekräftiges Messwesen zur Verfügung hatten.

*Einblick in die Energie- und Datensituation*

Neben der Abfrage von Energieverbräuchen lag ein weiterer Schwerpunkt auf der Erhebung von klassischen betriebswirtschaftlichen Kenngrößen (Umsatzerlöse, Energiekosten, sonstige Kosten, Mitarbeiterzahl etc.). Diese Kennzahlen waren notwendig, um einen aussagekräftigen Vergleich zwischen Unternehmen zu ermöglichen. Die betriebswirtschaftlichen Kenngrößen ließen sich in der nachgelagerten Auswertung in Relation zu den Energieverbräuchen setzen. Hierdurch konnten Verzerrungen vermieden werden, die sich durch rein deskriptive absolute Vergleiche ergeben.

*Erhebung betriebswirtschaftlicher Kenngrößen*

Der Vergleich von Energieverbräuchen ohne Berücksichtigung des durch den Energieeinsatz generierten Umsatzes stellt keine sinnvolle Analyse der Energieverbräuche dar.

Ergänzend komplettierten Fragen zum Energieverhalten der teilnehmenden Unternehmen den Fragebogen. Dies ermöglichte den ersten Schritt der Kausalanalyse zur Beantwortung der Frage, warum einzelne Unternehmen ihre Energie effizienter nutzen als andere. Gleichzeitig konnten die entsprechenden Daten einen Anhaltspunkt über Effizienztreiber liefern.

**Charakter einer Vorstudie** An dieser Stelle ist zu erwähnen, dass das PwC-Energie-Benchmarking aus dem Jahr 2011 noch den Charakter einer Vorstudie besitzt. Das bedeutet, dass noch nicht alle Verbrauchsgrößen für Benchmarks genutzt werden. Ziel der Vorstudie ist es, einen Eindruck der Datenverfügbarkeit und der Interessenschwerpunkte von Unternehmen im Hinblick auf mögliche Benchmarks zu erhalten. Der Vorstudie folgt eine detaillierte Erhebung mit 150 Unternehmen, die im Sommer 2012 abgeschlossen sein wird.

**Beispiel: Maschinen- und Anlagenbau** Im Folgenden sollen die Ergebnisse des PwC-Benchmarkings exemplarisch anhand der Branche Maschinen- und Anlagebau erläutert werden. Aus dieser Gruppe waren insgesamt 17 Unternehmen im Energie-Benchmarking vertreten. Die Auswertung der Kennzahlen vollzog sich in drei Stufen:

- Stufe 1: Analyse auf Branchenebene,
- Stufe 2: detaillierte Analyse und Gegenüberstellung einzelner Unternehmen,
- Stufe 3: deskriptive Analyse des Energieverhaltens.

## 3.2 Analyse auf Branchenebene

**Erste Einstufung der Energieeffizienz** Die erste Stufe beinhaltet eine aggregierte Analyse auf Branchenebene. Damit konnten die teilnehmenden Unternehmen eine erste Einstufung ihrer Energieeffizienz vornehmen. Im Fall der Branche des Anlagen- und Maschinenbaus bestand für die teilnehmenden Unternehmen die Möglichkeit, ihre Energiesituation mithilfe der gebildeten Kennzahlen an der Spanne der Best- und Worst-Performer aller teilnehmenden Unternehmen zu spiegeln.

Resultat der ersten Auswertungsstufe war eine Rangordnung nach dem Effizienzgrad der generierten Energiekennzahlen. Um die Notwendigkeit der gebildeten Kennzahlen untermauern zu können, wurde zusätzlich ein Ranking der absoluten Energieverbräuche durchgeführt. Bei den Kennzahlen handelte es sich zunächst um zwei verwandte Relationsbildungen.

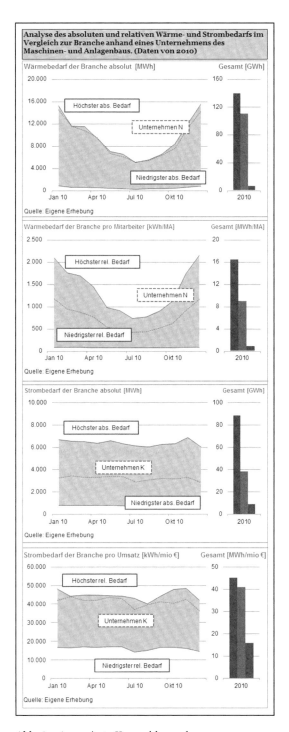

**Abb. 2:** Aggregierte Kennzahlenanalyse

Wie Abb. 2 verdeutlicht, wurden im ersten Schritt des Benchmarkings zwei Kennzahlen genutzt:

- Wärmebedarf pro Mitarbeiter (kWh/MA) und
- Strombedarf pro Umsatz (kWh/EUR).

Daneben wurden die bereits erwähnten absoluten Energieverbräuche für Strom und Wärme skizziert. Die Entwicklung der absoluten Verbräuche auf monatlicher Ebene für das Jahr 2010 ist im ersten und zweiten Diagrammder Abb. 2 zu erkennen. Der grau hinterlegte Bereich umfasst alle Datenpunkte, die im Rahmen des PwC-Benchmarkings erhoben wurden. Hierdurch ist auch der Wertebereich definiert, der die maximale und minimale Energieeffizienz in dieser Stichprobe determiniert und abgrenzt.

**Durch Bezugsgrößen Verzerrungen vermeiden**

Das Beispiel des Unternehmens N zeigt, dass bei der Betrachtung der absoluten Verbrauchsgröße Wärme das betroffene Unternehmen im Vergleich zur Referenzgruppe ineffizient scheint. Mit der Hinzunahme einer Bezugsgröße, in diesem Fall der Mitarbeiteranzahl, verändert sich allerdings die Position des Beispielunternehmens signifikant. Die Normierung des absoluten Wärmebedarfs auf einen Mitarbeiter war hierbei notwendig, um die bereits erwähnte Verzerrung der absoluten Werte zu vermeiden.

Das Gleiche gilt für das Beispiel des Unternehmens K. Betrachtet man die Position des Unternehmens K beim Vergleich der absoluten Stromverbräuche, so befindet sich das Unternehmen in der Mitte der Referenzgruppe. Mit dem Blick auf die Kennzahl Stromverbrauch pro Umsatzeinheit Euro verändert sich die Position jedoch signifikant. Es wird deutlich, dass das Unternehmen K einen der höchsten Stromverbräuche pro Euro an Umsatz hat.

**Kritikpunkt der Vergleichbarkeit**

Die vorliegenden Ergebnisse verdeutlichen einen wichtigen Kritikpunkt, der im Zusammenhang mit dem Benchmarking häufig angeführt wird: die Vergleichbarkeit. Auch die Konzentration auf eine Branche kann Probleme in der Vergleichbarkeit aufwerfen, da eine Branche durchaus heterogene Unternehmensgruppen aufweisen kann. Beispielsweise können bei Unternehmen einer Branche unterschiedliche Produktionsprozesse oder eine unterschiedliche Tiefe einzelner Wertschöpfungsstufen vorliegen. Um diesem Umstand Rechnung zu tragen, erfolgte in einer zweiten Stufe eine tiefergehende Analyse.

## 3.3 Detaillierte Analyse und Gegenüberstellung einzelner Unternehmen

Nach der ersten Stufe des Benchmarkings wurde für einzelne Unternehmen eine detaillierte Analyse der Ergebnisse durchgeführt. Hierfür wurden ähnliche Unternehmen in einer direkten Gegenüberstellung einem Benchmarking unterzogen.

| Merkmal | Unternehmen N | Unternehmen M | Delta |
|---|---|---|---|
| Umsatz* | 100 | 78 | 22 |
| Mitarbeiter | 100 | 76 | 24 |
| | | | |
| Wärmebedarf | | | |
| Absolut | 100 | 87 | 13 |
| Relativ | 100 | 126 | -26 |
| Kosten EUR | ~5 Mio. | ~4 Mio. | |
| | | | |
| Strombedarf | | | |
| Absolut | 100 | 79 | 21 |
| Relativ | 100 | 120 | -20 |
| Kosten EUR | ~11,5 Mio. | ~9 Mio. | |

Abb. 3: Unternehmenskennzahlen als Vergleichsbasis der zwei Unternehmen N und M

Wie Abb. 3 verdeutlicht, wurden die Kennzahlen zunächst auf 100 normiert, um die Anonymität der teilnehmenden Unternehmen sicherzustellen. Es ist zu erkennen, dass die Abweichungen der einzelnen Unternehmensmerkmale relativ gering sind. Der Umsatz und die Zahl der Mitarbeiter liegen nur 22 % bzw. 24 % auseinander. Auch die absoluten Wärme- und Strombedarfe bewegen sich in ähnlichen Höhen. Allerdings ist an dieser Stelle zu erwähnen, dass die verglichenen Unternehmen eine sehr ähnliche Produktpalette aufweisen und in der Praxis direkte Konkurrenten sind.

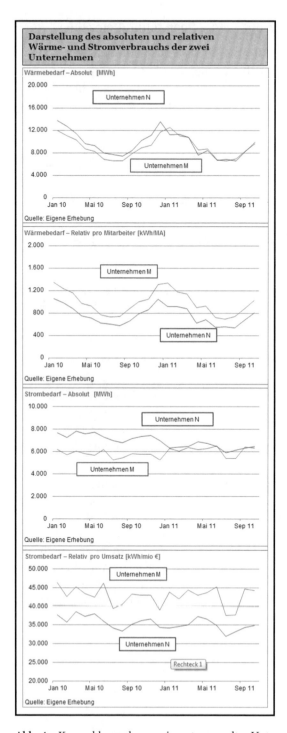

**Abb. 4:** Kennzahlenanalyse zweier artverwandter Unternehmen

Von besonderem Interesse ist der Vergleich der absoluten Verbrauchsgrößen von Strom und Wärme mit den relativen Kennzahlen Wärmebedarf pro Mitarbeiter und Stromverbrauch pro Umsatzeinheit Euro. Im Fall der absoluten Verbrauchsgrößen scheint das Unternehmen M in weiten Feldern einen deutlich geringeren Verbrauch aufzuweisen. Dies ist daran zu erkennen, dass die Verbrauchsgraphen des Unternehmens M für Strom und Wärme im Betrachtungszeitraum von Januar 2010 bis Dezember 2011 annähernd durchgängig unterhalb der Verbrauchsgraphen des Unternehmens N verlaufen.

Vergleich absoluter und relativer Kennzahlen

Bezieht man jedoch die genannten Bezugsgrößen mit in die Bewertung ein, so kehren sich die Positionen der Energieeffizienz um. Bei beiden Benchmarks weist das Unternehmen N eine effizientere Nutzung der untersuchten Energieträger auf.

## 3.4 Deskriptive Analyse des Energieverhaltens

In einer dritten Stufe wurde eine deskriptive Analyse zum Energieverhalten der betrachteten Unternehmen vorgenommen. Hierbei bestand die besondere Herausforderung, die wesentlichen Merkmale des jeweils spezifischen Energieverhaltens festzustellen.

Wie Abb. 5 verdeutlicht, lag der Fokus auf fünf Analysebereichen: Strategie/Ziele, Organisation/Prozesse, Umsetzung/Maßnahmen, Controlling sowie Kultur/Kommunikation. Diese Analysebereiche haben sich bereits in einer zuvor von EBS Business School und PricewaterhouseCoopers gemeinsam durchgeführten Studie als relevante und maßgebliche Bausteine eines ganzheitlichen Energiemanagements herausgestellt.[11] Zu diesen Bereichen enthielt der Fragebogen spezifische Fragestellungen, mit deren Hilfe untersucht wurde, wie das Energiemanagement in den jeweiligen Unternehmen implementiert ist.

Fünf wesentliche Analysebereiche

---

[11] Vgl. EBS/PwC (2011), S. 18.

| | Unternehmen N | Unternehmen M |
|---|---|---|
| | • Zertifizierung nach DIN EN ISO 9001<br>• Zertifizierung nach DIN EN ISO 14001 (teilweise) | • Zertifizierung nach DIN EN ISO 14001 (teilweise)<br>• Zertifizierung nach EMAS |
| Strategie/Ziele | • Nachhaltigkeit in Unternehmensgrundsätzen verankert<br>• Definition von Energieeffizienzzielen durch Geschäftsleitung<br>• Periodische Auditierung der Effizienzziele<br>• Wesentliche Motivation sind rechtliche Rahmenbedingungen und Senkung des Energieverbrauchs | • Energieeffizienzziele sind in Umweltpolitik verankert |
| Organisation/Prozesse | • Implementierung eines zertifizierten Energiemanagementsystems nach DIN EN 16001<br>• Beschäftigung von Energiemanagern für jeden Standort (Eigenes Budget vorhanden)<br>• Periodische Treffen zum Austausch von Best-Practice Lösungen<br>• Beschreibungen für energierelevante Prozesse | • Implementierung eines Energiemanagementsystems<br>• Beschreibungen für energierelevante Prozesse |
| Umsetzung/Maßnahmen | • Ganzheitliche Umsetzung von Energieeffizienzmaßnahmen | Keine Aussage |
| Controlling | • Definition von Kennzahlen zur Bemessung von Energieeffizienz.<br>• Standardmäßige Erfassung und Analyse von Energieverbrauchsdaten | • Definition von Kennzahlen zur Bemessung von Energieeffizienz<br>• Standardmäßige Erfassung und Analyse von Energieverbrauchsdaten |
| Kultur/Kommunikation | • Veröffentlichung eines Nachhaltigkeitsberichtes | • Veröffentlichung eines Nachhaltigkeitsberichtes |

**Abb. 5:** Qualitative Merkmale zum Energieverhalten in den Unternehmen N und M

### 3.4.1 Organisation/Prozesse

Die Auswertung zeigt, dass das Unternehmen N einen größeren Umfang an Energiemaßnahmen durchführt. Besonders erwähnenswert erscheint der Unterschied auf der Ebene Organisation/Prozesse. Hier fällt auf, dass das Unternehmen N im Gegensatz zu Unternehmen M bereits ein Energiemanagement nach DIN EN 16001 implementiert hat. Auch zeichnet sich das Unternehmen N durch einen Energiemanager an jedem seiner Standorte aus, der zusätzlich jeweils ein eigenes Budget zur Verfügung hat. Der institutionalisierte Rahmen der DIN EN 16001 sowie die eigenständige Budgetvollmacht sind aus Praxiserfahrung ein Vorteil für eine energieeffiziente Ausrichtung eines Unternehmens.

### 3.4.2 Strategie/Ziele

Dies spiegelt sich auch auf der Ebene Strategie/Ziele wider. Die DIN EN 16001 fordert eine detaillierte Aufschlüsselung der Energieziele eines Unternehmens, die zusätzlich durch einen unabhängigen Zertifizierer überprüft werden. Durch diesen verbindlichen Charakter der Zielsetzungen entgeht das Unternehmen einerseits dem Freiwilligendilemma und andererseits erhält der zuständige Energiemanager durch die unabhängige Zertifizierung ein verbessertes Druckmittel, um die entsprechenden Ziele durchzusetzen. Die detaillierte Aufschlüsselung und Dokumentation der Energieziele auf der Ebene Strategie/Ziele können damit als Resultat der Einführung der DIN EN 16001 interpretiert werden.

### 3.4.3 Umsetzung/Maßnahmen

Neben den zuvor diskutierten Ebenen spielt zudem die Ebene der Umsetzung/Maßnahmen eine entscheidende Rolle. Hier lässt sich erkennen, dass das Unternehmen N auf eine ganzheitliche Umsetzung seiner Energieeffizienzmaßnahmen setzt. Bei Unternehmen M hingegen liegen keine Informationen zur Maßnahmenumsetzung vor. Hierzu ist anzumerken, dass aus Beratungserfahrung der ganzheitliche Ansatz zur Umsetzung eine besondere Bedeutung aufweist. In der Praxis liegen zumeist Zielkonflikte zwischen einzelnen Effizienzmaßnahmen vor und nicht selten führen nicht abgestimmte Energieeffizienzmaßnahmen dazu, dass die generierten Einsparungen durch gegenläufige Effekte überkompensiert werden und letztendlich zu höheren Kosten führen.

Ein weiteres Beispiel aus der Beratungspraxis ist die Nutzung von Grünstrom – auf den ersten Blick eine energie- und kosteneffiziente Variante, die durch staatliche Förderung zu entsprechenden Einsparungen führt. Eine Folge dieser Maßnahme ist jedoch, dass Unternehmen in vielen Fällen keinen EEG-Umlage-belasteten Strom mehr nachweisen können. Dies kann dazu führen, dass die betroffenen Unternehmen keinen Antrag auf EEG-Umlagereduzierung nach § 41 EEG stellen können. Dies ist in der Praxis problematisch, da die EEG-Umlagereduzierung die Grünstromförderungen zumeist überkompensiert.

*Beispiel Grünstrom*

## 3.5 Ergebnisse

Zusammenfassend lässt sich feststellen, dass ein Energie-Benchmarking Unternehmen die Möglichkeit bietet,

- von den Besten zu lernen,
- Schwächen zu erkennen und
- Ineffizienzen zu beheben.

Unternehmen können durch die Positionsbestimmung zudem identifizieren, wo sich weiterführende Investitionen nicht mehr lohnen, da der Grenznutzen von weiteren Effizienzbemühungen gegen null geht und keine weiteren Kostenersparnisse mit sich bringt. Neben den Vorteilen der externen Vergleiche erhalten die Unternehmen ferner die Option, ihren internen Fortschritt und ihre Entwicklung im Hinblick auf einzelne Energieeffizienzkennzahlen zu überwachen.

# 4 Steigende Bedeutung des Benchmarkings auf Basis von Kennzahlen zur Kostenreduktion

DIN EN ISO 50001 als Treiber

Bei der Betrachtung des ordnungspolitischen Rahmens ist festzustellen, dass Kennzahlenvergleiche eine immer bedeutendere Rolle einnehmen. Dies lässt sich beispielsweise an der Implementierung der neuen DIN EN ISO 50001 verdeutlichen, die Vorgaben für ein systematisches Energiemanagement beinhaltet. Die Norm nimmt eine entscheidende Rolle im Falle einer EEG-Umlagereduzierung nach den §§ 40 ff. EEG ein. Das Bundesamt für Wirtschaft und Ausfuhrkontrolle (BAFA) fordert bei Unternehmen, die mehr als 10 GWh Strom pro Jahr beziehen und ihren Umlageteil reduzieren wollen, beispielsweise die Implementierung eines zertifizierten Energiemanagementsystems.

## 4.1 Energy Baselines und Energieeffizienzkennzahlen

Orientierungspunkte zur Bewertung der Effizienzmaßnahmen

Von besonderer Bedeutung sind bei der DIN EN ISO 50001 die Energy Baselines. Diese determinieren die Bewertung der Energiesituation innerhalb des Unternehmens. Energy Baselines sind als Orientierungspunkte zu verstehen, die bei den anschließenden Energiereviews als Ausgangswerte dienen, um den Erfolg von Energieeffizienzmaßnahmen zu bewerten. In einem Energiereview wird die Entwicklung der energetischen Situation ins Verhältnis zu der festgelegten Energy Baseline gesetzt, d.h., man bewertet die energetische Veränderung zum Ausgangspunkt. An dieser Stelle wird deutlich, dass eine Dokumentation der Energieverbräuche unumgänglich ist.

Unternehmerische Energieziele operationalisieren

Neben der grundlegenden Änderung zur Festlegung von Energy Baselines stellt die Entwicklung von Energieeffizienzkennzahlen die Unternehmen vor eine nicht unerhebliche Herausforderung. Die Neuanforderung folgt der Überlegung, dass die unternehmerischen Energieziele operationalisiert werden müssen, d.h. eine Messung des Zielerreichungsgrads anhand von Kennzahlen möglich sein soll. Damit reicht die bisherige einfache Zielbenennung nach DIN EN 16001 nicht mehr aus, sondern ist automatisch mit einer messbaren Kennzahl zu hinterlegen. Diese Energieeffizienzkennzahlen sind wiederum vor dem Hintergrund der definierten Energy Baselines festzulegen.

In diesem Zusammenhang wird deutlich, dass es bereits heute für die energieintensiven Unternehmen von entscheidender Bedeutung ist, sich mit dem Thema des Energie-Benchmarkings auseinanderzusetzen, wenn sie auf die Reduzierung von Stromabgaben setzen, um einen kostenbewussten Energieeinsatz zu erreichen.

## 4.2 Novellierung der Energie- und Stromsteuer

Des Weiteren spielt der aktuelle Referentenentwurf zur Novellierung der Energie- und Stromsteuer in Bezug auf Energiekennzahlen eine wichtige Rolle. Die Novellierung ist notwendig, da die Europäische Union den Bund hinsichtlich seiner besonderen Förderung von energieintensiven Unternehmen des produzierenden Gewerbes hart kritisiert hat. Aufgrund dessen muss die Novellierung des Energie- und Stromsteuergesetzes bis zum 31.12.2012 abgeschlossen sein. Im besonderen Fokus der Gesetzgeber steht der Spitzenausgleich. Unternehmen, die diesen in Anspruch nehmen, können aktuell beispielsweise 90 % ihrer gezahlten Stromsteuer zurückfordern, wenn sie mindestens 1.000 EUR an Stromsteuer gezahlt haben.

Der Referentenentwurf, der voraussichtlich als Grundlage der Novelle dienen wird, sieht nun strengere Regelungen vor. Zum einen müssen beantragende Unternehmen ein Energiemanagementsystem (z. B. nach DIN EN ISO 50001) nachweisen, womit den besagten Energy Baselines und Energiekennzahlen eine erhöhte Bedeutung zukommt. Zum anderen müssen entsprechend dem vorliegenden Entwurf Unternehmen, die den Spitzenausgleich in Anspruch nehmen wollen, nachweisen, dass sie bezogen auf ein Referenzjahr jährlich 1,2 % an Strom und 0,9 % an Energie einsparen. Ohne eine entsprechende Dokumentation von Kennzahlen – absoluter und relativer Natur – ist eine Rückerstattung somit nicht möglich.

Dies verdeutlicht die Notwendigkeit der Nutzung von Benchmarks. Der ordnungspolitische Druck fordert die Unternehmen verstärkt dazu auf, Energie effizienter zu nutzen und die entsprechenden Fortschritte zu dokumentieren. Zudem helfen Benchmarks, Effizienzpotenziale durch eine entsprechende Wettbewerberanalyse zu erkennen.

# 5 Literaturhinweise

Bundesministerium für Wirtschaft und Technologie (BMWi) (Hrsg.), Energie in Deutschland – Trends und Hintergründe zur Energieversorgung, 2010.

Bundesanstalt für Geowissenschaften und Rohstoffe (BGR) (Hrsg.), Reserven, Ressourcen und Verfügbarkeit von Energierohstoffen, Kurzstudie, 2011.

Bundesverband der deutschen Industrie e. V. (BDI) (Hrsg.), Energieökonomische Analyse eines Ausstiegs aus der Kernenergie in Deutschland bis zum Jahr 2017, Studie, 2011.

Horváth, Controlling, 11. Aufl. 2008.

PricewaterhouseCoopers AG WPG/EBS Business School (Hrsg.), Energieverbrauch erfolgreich steuern – Eine Studie zum Einsatz eines ganzheitlichen Energiemanagements in Unternehmen des verarbeitenden Gewerbes, 2011.

Quitt/Deutsch/Bründl/Kortüm, Ganzheitliches Energiemanagement – wichtiger Beitrag zur unternehmerischen Nachhaltigkeit, in Gleich/Gänßlen/Losbichler (Hrsg.), Challenge Controlling 2015 – Trends und Tendenzen, 2011, S. 109–132.

# Energiebeschaffung als Chance und Herausforderung für das Controlling von Industrieunternehmen

- Mit einer geeigneten Beschaffungsstrategie können Unternehmen aus dem produzierenden Gewerbe die mit der Liberalisierung der Energiemärkte einhergehenden Chancen nutzen und die Grundlage für die Optimierung der Energiebeschaffung legen.

- Die maßgeblichen Herausforderungen bestehen darin, ein geeignetes Verständnis zu entwickeln und Verbrauchs-, Produktions- und Energiemarktdaten ganzheitlich zu analysieren.

- Eine Optimierung der Energiebeschaffung bietet dem Controller die Chance, sich sowohl als Business Partner des Managements als auch als Integrator von Einkauf und Produktion zu positionieren und zum Treiber beim Generieren umfangreicher Wettbewerbsvorteile zu werden.

- Der Beitrag gibt praktische Hinweise zur Entwicklung und Umsetzung einer aktiven Beschaffungsstrategie für Energie. Im Besonderen wird auf die Anforderungen an das Datenmanagement und die Implikationen für das Controlling eingegangen.

## ■ Die Autoren

**Adrian Bründl,** Unternehmensberater aus dem Bereich Advisory „Utilities & Regulation" bei der PricewaterhouseCoopers AG WPG in Düsseldorf.

**Nicolas Deutsch,** Unternehmensberater aus dem Bereich Advisory „Utilities & Regulation" bei der PricewaterhouseCoopers AG WPG in Stuttgart.

**Bernd Odenthal,** Unternehmensberater aus dem Bereich Advisory „Utilities & Regulation" bei der PricewaterhouseCoopers AG WPG in Düsseldorf.

# 1 Chancen auf den Energiemärkten bei der Energiebeschaffung

Seit einigen Jahren beschränkt sich der Fokus der medialen Wahrnehmung der Energiemärkte beinahe ausschließlich auf die bevorstehende Energiewende und Horrorszenarien der zukünftigen Entwicklung der Energiepreise. Wenig Berücksichtigung findet in diesem Zusammenhang die inzwischen weit vorangeschrittene Liberalisierung der Energiemärkte in Deutschland. Der dabei entstandene Wettbewerb bietet Industrieunternehmen ganz erhebliche Chancen als Energieverbraucher, deren Nutzung allerdings ein Umdenken erfordert.

*Liberalisierung der Energiemärkte bislang wenig berücksichtigt*

Besonders hoch sind die Potenziale, die Energiekosten durch die Umsetzung einer aktiven Beschaffungsstrategie zu senken. Allerdings ist es kein Einzelfall, dass die Energiebeschaffung organisatorisch nicht dem Einkauf zugeordnet ist, sondern Mitarbeitern aus einkaufsfremden Abteilungen wie z.B. Werksanlagen.[1] Marktchancen und damit einhergehende Potenziale, die Energiekosten zu senken, werden so nicht erkannt und genutzt.

*Potenziale zur Energiekosten-senkung werden kaum genutzt*

## 1.1 Liberalisierung der Energiemärkte

Ausgangspunkt für eine Liberalisierung der Energiemärkte ist die Annahme, dass Strom und Gas durch ihre Leitungsgebundenheit die Voraussetzungen für einen freien Wettbewerb fehlen und dementsprechend natürliche Monopole vorherrschen. Durch ihre Monopolstellung waren Energieversorger in der Lage, Verhaltensweisen zu praktizieren und Preise zu bilden, die für Monopole typisch sind und sich im Wettbewerb in dieser Form nicht durchsetzen ließen.[2]

*Ursprünglich Monopolisierung*

Die politischen Reformen in der Energiewirtschaft basieren auf der wissenschaftlichen Erkenntnis, dass der Wettbewerb als Ordnungsprinzip am ehesten geeignet scheint, um nicht ausgeschöpfte Rationalisierungspotenziale, suboptimale Unternehmensgrößen und Monopolrenten zu bekämpfen.[3] So durchläuft die deutsche Energiewirtschaft seit Mitte der 1990er Jahre einen einschneidenden Veränderungsprozess.

*Veränderungs-prozess hin zum Wettbewerb*

Um einen Strom-zu-Strom- und Gas-zu-Gas-Wettbewerb zu etablieren und einen konkurrierenden Pipeline- und Netzaufbau zu vermeiden, wurden die Voraussetzungen für einen Netzzugang Dritter und für einen allgemeinen Liberalisierungsprozess durch schrittweise Marktöffnung und gesteigerte Markttransparenz sowohl auf europäischer als auch auf

---

[1] Vgl. BME (2010), S. 11f.
[2] Vgl. Dinand/Reuter (2006), S. 4.
[3] Vgl. Auer et al. (2004), S. 349.

deutscher Ebene geschaffen. Diese marktpolitischen Bestrebungen ließen bei den privaten und industriellen Energieverbrauchern insbesondere die Hoffnung entstehen, dass das Preisniveau für Strom und Gas sinkt.

Deutlicher
Anstieg der
Energiepreise

Tatsächlich sind die Strom- und Gaspreise für industrielle Verbraucher im Zeitraum von 1995 bis 2011 jedoch um 43 % (Strom) bzw. 175 % (Gas) gestiegen (s. Abb. 1). Im annähernd gleichen Zeitraum von 1995 bis 2008 hatte dies bei Unternehmen aus dem produzierenden Gewerbe einen Anstieg des Energiekostenanteils am Bruttoproduktionswert um durchschnittlich 17 % zur Folge. Der Energieverbrauch hingegen stieg im Durchschnitt lediglich um 0,7 %.

Obwohl konjunkturelle und strukturelle Effekte beim Vergleich dieser Indikatoren berücksichtigt werden müssen, drängt sich die Frage auf, inwieweit industrielle Verbraucher in Deutschland von der Liberalisierung der Energiemärkte profitieren konnten und welche Chancen sich dafür ergeben haben.

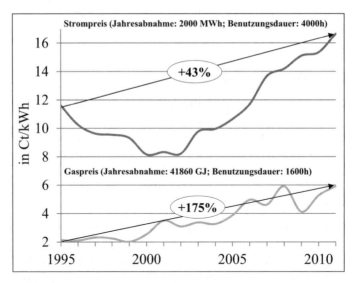

**Abb. 1:** Entwicklung des Strom- und Gaspreises in Deutschland für industrielle Verbraucher[4]

---

[4]  EUROSTAT (auf Jahresbasis errechnete Mittelwerte inkl. Steuern und Abgaben).

„*Die schlagartige Öffnung des Wettbewerbs zwischen den Goliaths der Verbundmonopole und der Vielzahl von Davids verstärkte [anfänglich] die Vorteile für die Großen*"[5] der Energiebranche (E.ON, RWE, Vattenfall und EnBW), da die neuen Marktgegebenheiten zu Unternehmenskonzentrationen aufgrund von Beteiligungen an den Regionalversorgern und kommunalen Stadtwerken führten. Inzwischen hat sich dieser Trend aber umgekehrt und immer neue Anbieter mit unterschiedlichen Geschäftsmodellen auf den einzelnen Stufen der energiewirtschaftlichen Wertschöpfungskette kommen auf den Markt.

*Markteintritt neuer Anbieter*

Neben einer steigenden Anbietervielfalt hat die Liberalisierung auch dazu geführt, dass sich liquide Börsenplätze für Energieprodukte (Strom, Gas, Kohle, $CO_2$) entwickelt haben. Heute können industrielle Verbraucher aus einer Vielzahl an Strom- und Gasanbietern wählen, die Energie an ihren Standort liefern – im Durchschnitt stehen Unternehmen rund 100 Stromanbieter und 40 Gasanbieter zur Verfügung. Außerdem besteht die Möglichkeit, direkt an den Börsenplätzen zu agieren und somit den Risikoaufschlag und die Vertriebskosten der Energieversorger einzusparen.

*Liquide Börsenplätze für Energieprodukte*

## 1.2 Preisbildung auf den Energiemärkten

Alle aktiven Strategien zur Energiebeschaffung setzen die Kenntnis der zugrunde liegenden Preismechanismen voraus, um die jeweiligen Chancen zur Senkung der Energiekosten optimal verstehen und nutzen zu können. In einem Strom-zu-Strom- und Gas-zu-Gas-Wettbewerb findet die eigentliche Preisbildung nicht mehr am Verhandlungstisch zwischen Versorger und Verbraucher statt, sondern an den entsprechenden Börsenplätzen, wie z.B. der European Energy Exchange (EEX) in Leipzig.

*Preise werden an Börsen bestimmt*

Dort werden in geschlossenen Auktionen sowohl Spot- als auch Terminmarktprodukte gehandelt. Den Schnittpunkt zwischen Angebots- und Nachfragekurve bildet der für alle Marktteilnehmer gleiche Spot- bzw. Terminmarktpreis. Dieser Preis verändert sich selbst innerhalb eines Tages erheblich. Der Terminpreis spiegelt die Erwartungen der Marktteilnehmer an den Spotmarkt wider. Die Untergrenze der Terminpreise wird durch die Mittelwerte bestimmt, der durch eine Simulation unter normalen Bedingungen für jede Stunde des betrachteten Lieferzeitraums ermittelten Grenzkosten.

*Handel von Spot- und Terminmarktprodukte*

Des Weiteren beinhaltet der Terminpreis Risikoaufschläge für die historische Überhöhung der Spotpreise über die tatsächlichen Grenzkosten und für Risiken, die sich aus den Abweichungen von den Normalbedingungen ergeben. Allerdings zeigen Analysen historischer

*Terminpreis beinhaltet Risikoaufschläge*

---

[5] Hennicke/Müller (2005), S. 132.

Marktdaten, dass durch die hohen Risikoaufschläge auf die kalkulierten Grenzkosten ein Ungleichgewicht zwischen Chancen und Risiken im Vergleich zum Spotpreis entsteht. Bei normalen und guten Bedingungen liegt der Spotpreis unter dem Terminpreis. Nur bei ungünstigen Bedingungen übersteigt der Spotpreis den Terminpreis, wobei der Spotpreis in diesem Fall weniger weit über dem Terminpreis liegt, als er bei guten Bedingungen darunter liegt (s. Abb. 2).

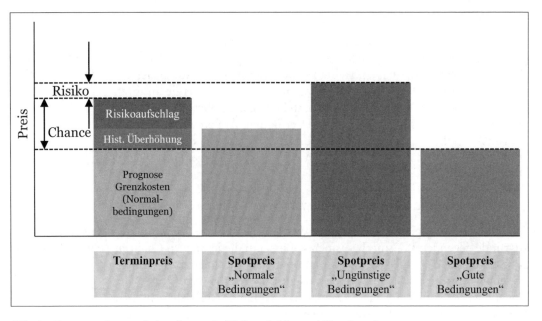

**Abb. 2:**  Zusammenhang zwischen Spotpreis, Risikoaufschlag und Terminpreis

Risikoaufschläge bilden Grundlage für Marge

In einem Strom-zu-Strom- und Gas-zu-Gas-Wettbewerb bilden die Risikoaufschläge wiederum die Grundlage für die Marge der Energieversorger.[6] Um die Energiekosten zu senken, sollten industrielle Verbraucher die so entstehenden individuellen Energiepreise nicht als gegeben hinnehmen, sondern durch eine aktive Beschaffungsstrategie den eigenen Zugang zu den Energiebörsenplätzen sicherstellen.

---

[6]  Die Benennung „Energieversorger" sei an dieser Stelle aus Vereinfachungsgründen gewählt. Tatsächlich entsteht der Handel zwischen Erzeugern und Weiterverteilern, die teilweise (noch) integriert sind oder vielfach Beteiligungen untereinander aufweisen.

## 2 Beispiel Gasbeschaffung: Ansatzpunkte zur Optimierung

Während aktive Beschaffungsstrategien für Strom durchaus verbreitet sind und die damit einhergehenden Potenziale weitestgehend genutzt werden, gibt es Gleiches für Gas aufgrund seiner oft geringeren Bedeutung für die Energiekosten und des lange illiquiden deutschen Börsenplatzes bisher kaum. Allerdings ist inzwischen die EEX aufgrund des Voranschreitens der Marktliberalisierung auch für Gas liquide. Zudem lässt der rapide Anstieg des Ölpreises, an den die klassischen Gasbezugsverträge von Versorgern gebunden sind, die Energiekosten trotz der oftmals im Vergleich zu Strom geringen Mengenabnahme erheblich steigen.

*Kaum aktive Beschaffungsstrategien für Gas*

Vor diesem Hintergrund entsteht eine Chance für Unternehmen, sich mit einer aktiven Beschaffungsstrategie, einer besseren Datenqualität und den notwendigen Marktkenntnissen für Gas einen Wettbewerbsvorteil zu verschaffen. Nicht nur die bisher ungenutzten Potenziale zur Senkung der Energiekosten können Treiber einer solchen Entwicklung sein, sondern es können auch Überlegungen als Basis dienen, Strom durch Gas zu ersetzen oder Strom durch ein Blockheizkraftwerk (BWKW) selbst zu erzeugen, z.B. um die Versorgungssicherheit zu erhöhen.

*Chance für Unternehmen: Wettbewerbsvorteile verschaffen*

In diesem Zusammenhang erscheint es sinnvoll, dass eine aktive Beschaffungsstrategie für Strom und/oder Gas sowohl auf Grundlage der generellen Beschaffungsziele und Risikorichtlinien als auch der Energieziele erarbeitet wird. Dementsprechend sollten alle betroffenen Anspruchsgruppen an der Neuausrichtung von Anfang an beteiligt sein. Demzufolge ist der Erfolg einer aktiven Beschaffungsstrategie neben der Einkaufsabteilung auch dem Energiemanagement zuzurechnen. So können beispielsweise Investitionen zur Steigerung der Energieeffizienz damit finanziert und die Energiekosten weiter gesenkt werden, ohne zusätzliches Budget dafür bereitzustellen.

*Aktive Beschaffungsstrategie erarbeiten*

Dies macht deutlich, dass dem Controlling sowohl bei der Entscheidung für eine aktive Beschaffungsstrategie als auch bei deren Umsetzung eine maßgebliche Rolle zukommt. Denn um das Kosten-Nutzen-Verhältnis der Umsetzung einer solchen Strategie zu analysieren, müssen alle mit der Gasbeschaffung in Verbindung stehenden „energierelevanten Kosten"[7] und deren Wechselwirkungen berücksichtigt werden. Diese umfassen neben den Gasbezugskosten auch Personalkosten und sonstige Nebenkosten, z.B. für externe Dienstleistungen und IT sowie einmalige Anpassungsinvestitionen.

*Controlling kommt maßgebliche Rolle zu*

---

[7]  Zum Begriff der „energierelevanten Kosten" siehe z.B. Schieferdecker et al. (2005), S. 103–123.

## 2.1 Komponenten des Bezugspreises und deren Determinanten

Im Zuge des Strukturwandels auf dem Gasmarkt wächst die Tendenz, kurzfristige und flexiblere Gasbezugsverträge abzuschließen und diese um eine strukturierte Gasmengenbeschaffung zu ergänzen. Um das Potenzial einer Optimierung der Gasbeschaffung und einer aktiven Beschaffungsstrategie ermitteln zu können, ist es im ersten Schritt sinnvoll, die Komponenten des Gasbezugspreises und deren Determinanten zu verstehen und auf ihre Wirkung hin zu analysieren.

**Komponenten des Gasbezugspreises**

Generell kann zwischen einer Commodity-Komponente und einer sich aus Steuern und Abgaben zusammensetzenden Komponente unterschieden werden. Kostensenkungspotenziale sind sowohl bei der Commodity-Komponente mit einem Einfluss von rund 74 % auf die Bezugskosten als auch bei der sich aus Steuern und Abgaben zusammensetzenden Komponente mit einem Einfluss von rund 26 % auf die Bezugskosten vorhanden (s. Abb. 3).

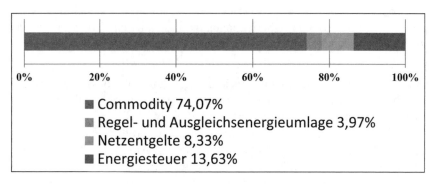

**Abb. 3:** Komponenten der durchschnittlichen Gasbezugspreise industrieller Verbraucher 2011[8]

**Determinanten der Optimierung**

Während eine Optimierung der sich aus Steuern und Abgaben zusammensetzenden Komponente weitestgehend damit einhergeht, spezifische Voraussetzungen zu erfüllen und Anträge zu stellen, bedarf es für die Optimierung der Commodity-Komponente des eigenen Aktivwerdens und der Übernahme neuer Aufgaben. Aufgrund dessen soll nachfolgend auf die Determinanten der Commodity-Komponente und die assoziierten Herausforderungen für industrielle Verbraucher im Speziellen eingegangen werden.

---

[8] Eigene Analyse und Darstellung auf Basis von: BnetzA-Monitoringbericht 2011. Abnahmefall: Jahresverbrauch von 116.370.800 kWh/Jahr, Benutzungsdauer ca. 250 Tage im Jahr (4.000 Stunden).

## 2.1.1 Formelarbeitspreis

Die Commodity-Komponente der Gasbezugskosten ist in Gasbezugsverträgen entweder als Formelarbeitspreis oder Festpreis vorhanden. Ein
typischer Formelarbeitspreis setzt sich nach dem folgenden Schema
zusammen:

$$AP = AP_0 + \text{ÄF} * (HEL - HEL_{Basis})$$

Dieser Arbeitspreis in ct/kWh wird für die zur Verfügung gestellte Arbeit
berechnet, also die in kWh gemessene Energiemenge.

- $AP_0$ steht für den Basisarbeitspreis.
- Der Äquivalenzfaktor (ÄF) beschreibt den Kopplungsgrad des Gaspreises an den Ölpreis und soll die Preisgleichheit zur Konkurrenz-
  energie herstellen.
- In dieser exemplarischen Formel wird als Referenzpreis für die
  Ölpreisbindung der Preis für (leichtes) Heizöl (HEL) verwendet, der
  vom Statistischen Bundesamt monatlich ermittelt wird. Zur Glättung
  der Preise wird regelmäßig der Durchschnitt aus zumeist sechs Monaten
  herangezogen. Dieser wird dann mit dem Zeitversatz von einem Monat
  und gültig für ein Quartal in die Arbeitspreisformel eingesetzt.
- $HEL_{Basis}$ ist das Abzugsglied, das in Kombination mit dem Äquivalenzfaktor den Einfluss des Öls auf den Gaspreis reduziert. Dieser feste
  Wert ist ein Indikator für den durchschnittlich vom Energieversorger
  erwarteten Ölpreis während der Lieferperiode. Möglich ist ebenfalls,
  dass die klassische Ölpreisformel um eine Bindung an Forward-Preise
  für Gas ergänzt bzw. durch diese ersetzt wird.[9]

## 2.1.2 Festpreis

Aktuell ist eine Entwicklung dahingehend zu beobachten, dass ölpreis-
gebundene Mengen von Energieversorgern verstärkt in Festpreisen an
industrielle Verbraucher weitergegeben werden. Der Kalkulation des
Festpreises liegen Ölpreisprognosen über die entsprechende Vertragslaufzeit zugrunde, ergänzt um einen Risikoaufschlag des Versorgers, der
das Risiko steigender Ölpreise seinerseits berücksichtigt. Der industrielle
Verbraucher muss in diesem Zusammenhang insbesondere anhand
eigener Ölpreisszenarien überprüfen, welche Preissetzung für ihn, unter
Berücksichtigung des Preisrisikos, kostenoptimal ist.

Basis: Ölpreis-
prognosen

---

[9] Beschrieben ist hier die sog. „6/1/3-Regelung". Neben dieser weit verbreiteten
Regelung sind auch andere Referenzzeiträume bzw. Zeitversätze möglich.

### 2.1.3 Leistungspreis

Zusätzlich wird in Gasbezugsverträgen i.d.R. neben dem mengenbezogenen Arbeitspreis ein Leistungspreis für die maximale Inanspruchnahme vereinbart. Ein Leistungspreis bezieht sich meist auf die maximale Inanspruchnahme einer vertraglich vereinbarten Leistung, d.h., je höher die Inanspruchnahme ist, desto höher sind die resultierenden Leistungskosten in der Bezugsabrechnung.

Leistungspreise können sich sowohl auf Stunden- als auch auf Tagesmengen beziehen; die Abrechnungsbasis wird individuell vereinbart (z.B. höchste Inanspruchnahme im Abrechnungszeitraum vs. Mittelwert aus zwei höchsten Inanspruchnahmen in einem bestimmten Zeitraum). Alternativ kann auch ein monatlicher Pauschalbetrag für die zu erwartende Leistung angesetzt werden (sog. Grundpreis). Diese Leistungskomponente führt dazu, dass der Mischpreis aus Arbeit und Leistung insbesondere von der Verbrauchsstruktur des industriellen Verbrauchers abhängt.

## 2.2 Strategien bei der Beschaffung

Generell gibt es verschiedene Strategien für die Beschaffung von Gas, die analog für die Beschaffung von Strom gelten. Die Wahl der Strategie ist von jedem Unternehmen individuell zu treffen und hängt maßgeblich ab von

- der Menge und Struktur des Gasverbrauchs,
- den zu Verfügung stehenden Ressourcen für die Beschaffung,
- der Risikoneigung und
- der gewählten Variante zur Optimierung der Energiebeschaffung (s. Kapitel 3.2).

Vor diesem Hintergrund ist zu empfehlen, mit möglichst konkreten Vorstellungen und einer klaren Definition auf die Energieversorger und etwaige externe Dienstleister zuzugehen, um vergleichbare und auf die Kundenbedürfnisse zugeschnittene Angebote zur Leistungserbringung zu erhalten.

Neben der Möglichkeit, verschiedene Strategien für die Beschaffung zu wählen, geht mit der Liberalisierung der Energiemärkte auch die Chance einher, eine Vielzahl von Angeboten und verschiedene Ausgestaltungen der Angebote zu erhalten. Im Kontinuum der möglichen Strategien lassen sich an dessen beiden Enden die beiden Extremformen der wettbewerbsorientierten, aktiven Energiebeschaffung als „Ausschreibung einer Vollversorgung" und „strukturierte Beschaffung" charakterisieren (s. Abb. 4).

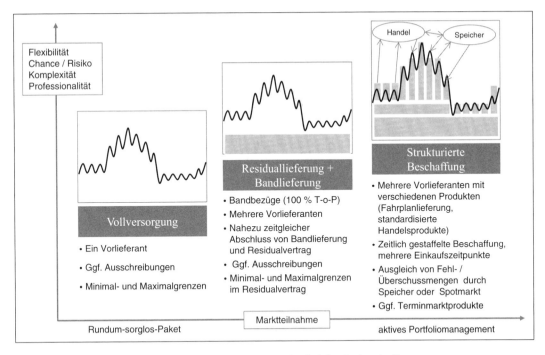

**Abb. 4:** Kontinuum der verschiedenen möglichen Strategien bei der Gasbeschaffung

## 2.2.1 Vollversorgung

Unter einer Vollversorgung versteht man üblicherweise die Abdeckung des gesamten Gasbedarfs eines Unternehmens über einen einzigen Energieversorger. Allerdings enthalten Vollversorgungsverträge („Rundum-sorglos-Pakete") häufig Regelungen über vereinbarte Mindestabnahmemengen, sog. Take-or-Pay-Klauseln. Dabei wird zu einem bestimmten Zeitpunkt vor der Belieferung ein Formelarbeits- oder Festpreis für 100 % des Verbrauchs während der Vertragslaufzeit mit dem Energieversorger vereinbart. Die Preisfestsetzung ist dabei Verhandlungssache.

*Ein Energieversorger deckt den Gasbedarf ab*

I.d.R. ist eine Vollversorgung mit Gas in einem Markt mit zunehmend kurzfristiger Orientierung und volatilen Preisen allerdings ungünstig, da aufgrund des einmaligen Beschaffungszeitpunkts nicht von sinkenden Gaspreisen während der Vertragslaufzeit profitiert werden kann. Außerdem wird in offenen Lieferverträgen zur Vollversorgung eine teure Flexibilität eingepreist, die für bestimmte Mengen nicht erforderlich ist und in einem Risikoaufschlag resultiert.

Der im Rahmen einer Vollversorgung günstigste Preis kann regelmäßig durch eine Ausschreibung über die Belieferung mit Gas erzielt werden. Eine solche Ausschreibung kann allein oder mit Unterstützung durch

*Regelmäßige Ausschreibungen*

externe Dienstleister und mittels eigener Ansprache der Anbieter oder einer Online-Plattform durchgeführt werden.

**Vergleiche über Online-Plattformen**

Vor der Wahl einer Online-Plattform sollte allerdings berücksichtigt werden, dass diese in der überwiegenden Anzahl der Fälle nicht ausreichend transparent und flexibel sind. Gegenwärtig ist am Markt keine Online-Plattform etabliert, die alle potenziellen Anbieter berücksichtigt. Zudem kann nicht ausgeschlossen werden, dass die teils sensiblen Unternehmensdaten anderweitig verwendet werden. Für einen Gasbedarf, der weitestgehend von der Menge des produzierten Outputs des Unternehmens abhängig ist (Prozessgas), bieten vorgegebene Eingabemasken des Weiteren oft keine separate Eingabemöglichkeit, sodass der temperaturabhängige Heizgasbedarf und der Bedarf an outputabhängigem Prozessgas aggregiert eingehen.

## 2.2.2 Strukturierte Beschaffung

**Bedarf durch mehrere Versorger decken**

Während dem Abschluss eines Vertrags zur Vollversorgung die geringstmögliche Übernahme von Risiken durch das Unternehmen zugrunde liegt, zielt die Umsetzung einer strukturierten Beschaffung darauf ab, einen möglichst niedrigen Gasbezugspreis zu realisieren. Die Gasbedarfsdeckung wird dabei durch den Bezug diverser Standardprodukte ohne Flexibilitäten von mehreren Energieversorgern sichergestellt. Fehl- und Überschussmengen werden erst im Rahmen der kurzfristigen Beschaffungsoptimierung am Spotmarkt beschafft oder durch einen Speicher ausgeglichen. Dies ist notwendig, da sich das Profil des Bedarfs vom Profil der handelbaren Standardprodukte unterscheidet.

Wichtig für die Flexibilisierung der Beschaffung ist deshalb eine Strukturierung, die festlegt,

- welche Mengen im Voraus über den Abschluss von Verträgen zur Lieferung von Standardprodukten und
- welche Mengen kurzfristig beschafft werden sollen.

Damit werden die Reaktionsmöglichkeiten auf Änderungen des Markts und damit der eine Teil des Potenzials zur Senkung der Beschaffungskosten festgelegt. Der andere Teil des Potenzials zur Senkung der Beschaffungskosten resultiert aus der relativen Preisgünstigkeit der Standardprodukte.

**Erfolgsmessung**

Um den Erfolg einer strukturierten Beschaffung zu messen, wird am Ende der Beschaffungsperiode der erzielte Bezugspreis mit dem Durchschnittspreis des Beschaffungszeitraums verglichen. Um die Vorteilhaftigkeit gegenüber der Vollversorgung zu bewerten, müssen zusätzlich der erhöhte administrative Aufwand und der Personalaufwand berücksichtigt werden. Dieser fällt entweder im Unternehmen selbst an oder es entstehen Kosten durch die Beauftragung externer Dienstleister. Des Weiteren besteht die Möglichkeit, bei der Energiebeschaffung mit anderen industriellen Energieverbrauchern, d.h. Unternehmen, zu kooperieren.

Die Entscheidung für eine Strategie aus dem Kontinuum der wettbewerbsorientieren Energiebeschaffung ist stets individuell zu treffen. Pauschale Grenzen für Verbrauchsmengen, ab welchen eine spezielle Strategie vorteilhaft ist, können aus folgenden Gründen nicht definiert werden:

*Individuelle Strategie-entscheidung*

- Die Strategien lassen sich nicht ausreichend voneinander abgrenzen.
- Die Risikoneigung und die verfügbaren Ressourcen sind von Unternehmen zu Unternehmen verschieden.
- Der Optimierung der Energiebeschaffung liegen jeweils unterschiedliche Motive und Zielstellungen zugrunde.

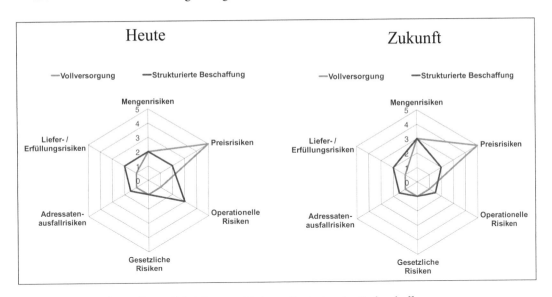

**Abb. 5:** Individuelles Risikoprofil bei den verschiedenen Strategien der Gasbeschaffung

Wo heute eine strukturierte Beschaffung noch keinen Kostenvorteil bringt, kann dies bei der Entwicklung des Unternehmens und der Energiepreise in Zukunft anders sein. Da die Umsetzung einer neuen Beschaffungsstrategie aber Zeit kostet und anfängliche Fehler nicht ausgeschlossen sind, kann das Ziel sein, heute schon zu lernen und das nötige Risikobewusstsein zu entwickeln. In der Praxis werden hierzu oft Workshops genutzt, zu denen alle relevanten Anspruchsgruppen (z. B. Unternehmensplanung, Controlling, Einkauf, Energiemanager und Werksleiter) zusammenkommen. Sie erarbeiten darin ein Risikoprofil

*Für die Zukunft planen*

verschiedener Strategien bzw. Beschaffungsstrategien für den gegenwärtigen Zeitpunkt und einen Zeitpunkt in der Zukunft (s. Abb. 5).

Sowohl bei der objektiven Bewertung der verschiedenen Strategien im Zeitverlauf als auch bei der Umsetzung der jeweiligen Beschaffungsstrategien ist das Controlling gleichermaßen gefordert und durch die Liberalisierung der Energiemärkte mit neuen Herausforderungen und Aufgaben konfrontiert.

# 3 Ableitung der Herausforderungen für das Controlling

Generell soll das Controlling dem Management Hilfestellung zur besseren Steuerung betrieblicher Prozesse leisten. Darüber hinaus haben sich in der Wissenschaft teilweise komplexe Definitionen mit unterschiedlichen Schwerpunkten etabliert. Da die praktische Ausgestaltung und Umsetzung eines Controllings aber stark von der Branche, der Größe und der Kultur innerhalb des jeweiligen Unternehmens abhängen, ist eine generelle Beschreibung der Aufgaben eines Controllings in diesem Zusammenhang ausreichend.

*Aufgaben des Controllings*

Die betrieblichen Prozesse lassen sich in Einkauf, Fertigung oder Leistungserbringung, Verkauf und Administration bzw. unterstützende Prozesse (wie z. B. Buchführung und Personalwesen) gliedern. Neben der Erstellung von Entscheidungsvorlagen und der Aufbereitung der regelmäßigen Berichterstattung agiert das Controlling auch als Bindeglied und Informationskatalysator zwischen den Prozessen. Beim Thema Energiebeschaffung hat genau diese Rolle aufgrund der Liberalisierung der Energiemärkte stark an Bedeutung gewonnen. Davor gaben die in der Energierechnung aufgeführten Abnahmewerte Aufschluss über das Verbrauchsverhalten und den realisierten Bezugspreis des Unternehmens. Die Energiebeschaffung oblag zumeist den Werksleitern oder ähnlichen Stellen der verschiedenen Produktionsstandorte.

*Analyse energierelevanter Daten*

Durch die Konsolidierung der Marktgebiete für Gas kann Energie zentral beschafft werden, was wiederum die Nutzung von Synergiepotenzialen hinsichtlich des Mengenverbrauchs und der Struktur des Energieverbrauchs sowie eine Senkung der Energiekosten ermöglicht. Weitestgehend unabhängig von der Wahl der Beschaffungsstrategie und deren Umsetzung müssen zur Nutzung der mit dem Wettbewerb einhergehenden Chancen auf den Energiemärkten energierelevante Daten gewonnen und analysiert werden.

## 3.1 Datenverfügbarkeit und -qualität

### 3.1.1 Erfassung, Analyse und Interpretation

Die in der Rechnung für Gas und Strom aufgeführten Abnahmewerte besitzen zumeist nur begrenzte Aussagekraft. Zudem treten regelmäßig bei 30 % aller Abnahmestellen Fehler auf, die erst durch den Abgleich mit den Lastgangdaten identifiziert werden können. Ein Lastgang gibt dabei den zeitlichen Verlauf der abgenommenen Leistung, getrennt nach Strom und Gas, über eine zeitliche Periode wieder. Um eine ganzheitliche Sicht auf das Thema Energie zu gewährleisten, reicht eine reine Analyse der Verbrauchsdaten allerdings nicht aus.

*Analyse der Verbrauchsdaten reicht nicht*

Erst durch die Interpretation der Verbrauchsdaten, die die Produktions- und Energiemarktdaten berücksichtigt, und die Bildung geeigneter Kennzahlen können wirtschaftliche Entscheidungen auf Basis aller energierelevanten Kosten getroffen werden.

Voraussetzung, um die Verbrauchsdaten selbst zu ermitteln, ist der Aufbau einer adäquaten Messinfrastruktur. Je nachdem, ob es sich um ein Ein- oder Mehrproduktunternehmen handelt, die Produktionsstraßen unterschiedlich lange Lebenszyklen haben oder zwischen Haupt- und Nebenverbrauchern unterschieden werden soll, kommt eine Installation von Verbrauchszählern auf der Ebene von Prozessen, Schaltkreisen oder einzelnen Verbrauchern infrage. Eine hohe Qualität der Verbrauchsdaten ist bei nahezu allen am Markt verfügbaren Verbrauchszählern gewährleistet.

*Adäquate Mess-infrastruktur aufbauen*

Hinsichtlich der Verfügbarkeit der Daten kann zwischen einer manuellen und einer automatischen Erfassung von Verbrauchsdaten unterschieden werden. Bei der manuellen Erfassung wird ein Auftrag formuliert und ein Mitarbeiter liest die Verbrauchszähler ab. Bei der automatischen Erfassung werden die Verbrauchsdaten über eine Datenfernübertragung kontinuierlich oder zu bestimmten Zeitpunkten fernausgelesen und an einen Zentralrechner übermittelt. Eine automatische Erfassung ist in den meisten Fällen trotz der höheren Installationskosten vorzuziehen, da nur auf diesem Weg die Frequenz der Datenerfassung den Bedürfnissen optimal angepasst werden kann.

*Manuelle und automatische Erfassung*

### 3.1.2 Produktions- und Energiemarktdaten

Zu den Produktionsdaten zählen insbesondere

*Produktionsdaten*

* Maschinendaten,
* Fertigungsauftragsdaten,
* Lagerdaten und
* Personaldaten.

Diese werden in jedem produzierenden Unternehmen für die Produktionssteuerung erfasst, wobei immer flexiblere Produktionssysteme und das massive Volumen an unterschiedlichen Daten die zentralen Herausforderungen darstellen.

I. d. R. sind alle für eine Optimierung der Energiebeschaffung notwendigen Daten bereits im Enterprise-Resource-Planning-(ERP-)System vorhanden und müssen nur ausgewählt und ausgelesen werden. Da die Energiebeschaffung in der Ist-Periode für eine zukünftige Periode geplant wird, ist die Qualität der Produktionsdaten einerseits von der Qualität des installierten ERP-Systems und andererseits von der Qualität der eingesetzten Planungs- und Prognosemethoden abhängig.

Energie-
marktdaten
Die notwendigen Energiemarktdaten beinhalten sowohl Informationen zu den Commodity-Preisen als auch zur (zukünftigen) Entwicklung von darauf bezogenen Steuern und Abgaben. Der Verlauf der Commodity-Preise kann kostenfrei über den jeweiligen Online-Auftritt der verschiedenen Energiebörsen in grafischer und tabellarischer Form verfolgt und heruntergeladen werden, um ihn in die Analyse zu integrieren.

Informationen zur (zukünftigen) Entwicklung von Steuern und Abgaben können beispielsweise über die Industrie- und Handelskammern, über Expertenseminare oder externe Dienstleister bezogen werden. Gerade bei Daten zu zukünftigen Abgaben sollte allerdings berücksichtigt werden, dass es sich dabei meist um Prognosen handelt.

## 3.2 Datenanalyse und Verarbeitung der Ergebnisse

Vier
Optimierungs-
varianten
Um die Energiebeschaffung zu optimieren, lassen sich generell vier Varianten unterscheiden, bei denen unterschiedliche Anforderungen an die Datenanalyse entstehen.

### 3.2.1 Ausschreibung

In einer ersten Variante kann der Wettbewerb unter den Lieferanten genutzt werden,[10] und zwar klassischerweise über eine Ausschreibung. Die Analyse der Daten zielt in diesem Zusammenhang vor allem darauf ab, einen Zielpreis für die Energiebeschaffung zu berechnen und für die Beschaffung ein richtiges Timing sicherzustellen. Der Zielpreis sollte sowohl für die nächste Beschaffungsperiode als auch langfristig berechnet werden, um Veränderungen im Produktportfolio und bei der Produktionsmenge angemessen berücksichtigen zu können.

---

[10] Für eine ausführliche Herleitung und Beschreibung der vier Varianten siehe z. B. Schuh et al. (2005).

### 3.2.2 Vorteile suchen

Sollte während der Ausschreibung deutlich werden, dass der Zielpreis nicht zu verwirklichen ist oder das damit einhergehende Risikoprofil nicht den Erwartungen entspricht, bietet sich eine zweite Variante an, in deren Rahmen in Zusammenarbeit mit den Energieversorgern nach einem Vorteil gesucht wird. Diese Variante kann die Beteiligung an Kraftwerkskapazitäten oder den Aufbau eigener (dezentraler) Erzeugungskapazitäten beinhalten. Aufgrund der damit einhergehenden Investitionsentscheidung ist die Datenanalyse wesentlich komplexer und sollte von einer rechtlichen Prüfung begleitet werden. Folglich wächst bei dieser Variante die Zahl der Anspruchsgruppen (z.B. durch Beteiligung der Finanz- und Rechtsabteilung).

### 3.2.3 Nachfrage ändern

Ähnlich geartet, aber tiefer in die Produktion und die Entwicklung von Produkten wirkend, ist die dritte Variante: die Änderung der Natur der Nachfrage. Die Nachfrageänderung ist allerdings ein langfristiges Ziel, das oft von der Absicht getrieben wird, die $CO_2$-Emissionen zu senken oder die Versorgungssicherheit zu erhöhen. Im Fall der $CO_2$-Emissionen ist neben dem Zielpreis auch der Carbon Footprint der Produktion oder einzelner Produkte zu ermitteln, damit entsprechende Energieeffizienz-maßnahmen beschlossen werden können. Im Fall der Versorgungs-sicherheit können Möglichkeiten analysiert werden, Strom durch Gas zu ersetzen, z.B. mittels eines BHKW. Hierbei müssen die Lebenszyklus-kosten eines BHKW und die Auswirkungen auf den Zielpreis sowie die Gesamtkosten berücksichtigt werden.

### 3.2.4 Energienachfrage steuern

Bei der vierten Variante wird die Energienachfrage aktiv gesteuert. Hierzu kommen folgende Möglichkeiten infrage:

- ein Pooling der Nachfrage des Unternehmens mit der Nachfrage anderer Unternehmen durch eine Beschaffungskooperation oder
- die Auslagerung der Beschaffung an einen spezialisierten Dienstleister.

Zum Anstoß einer Beschaffungskooperation sollten zusätzlich die Energie-kosten der zu beteiligenden Unternehmen grob kalkuliert werden. Außerdem muss ein diskriminierungsfreies Transferpreissystem entwickelt werden. Durch eine Auslagerung der Beschaffung an einen spezialisierten Dienstleister, der die Nachfrage verschiedener Unternehmen bündelt, sollen zudem Mengeneffekte genutzt werden. Hierdurch kann einerseits der eigene Aufwand bei der Beschaffung reduziert werden, anderseits fällt zusätzlicher Aufwand bei der Kontrolle der Leistung des Dienstleisters und der vertraulichen Behandlung der Daten an.

### 3.2.5 Kombination der Varianten

**Varianten nicht gegenseitig exklusiv**

Die vier generellen Varianten zur Optimierung der Energiebeschaffung sind nicht gegenseitig exklusiv, sondern spannen gemeinsam einen Handlungsraum auf, in dem auch die Beschaffungsstrategie zu wählen ist. Je nach Kombination der Varianten wird das Aufspüren von wirtschaftlichen Einsparpotenzialen in den Bereichen Commodity-Preis, Verbrauch, Erzeugung und Verwaltung unterschiedlich stark betont.

Der Energieverbrauch kann über Standardsoftware für das Energie-Controlling analysiert werden. Gute Softwarelösungen zeichnen sich zudem durch eine Berücksichtigung und Kenntlichmachung von Potenzialen zur Senkung von Steuern sowie von Wechselwirkungen aus. In den meisten Fällen müssen die Standardsoftwarelösungen für die Berechnung von Zielpreisen entweder erweitert oder zusätzlich Excel-basierte Modelle eingesetzt werden. Für Investitionsentscheidungen wird zudem ein Financial Modelling eingesetzt, das ebenfalls üblicherweise auf Excel basiert.

# 4 Vorgehen bei der Optimierung der Energiebeschaffung aus Controllersicht

**Fünf Optimierungsschritte**

In der Praxis hat es sich für den Controller vielfach bewährt, bei der Optimierung der Energiebeschaffung in fünf Schritten vorzugehen (s. Abb. 6). Nachdem die Notwendigkeit erkannt ist, gilt es, unabhängig davon, ob eine Neuausrichtung der Energiebeschaffung oder ein Heben von Potenzialen innerhalb der bestehenden Strukturen angestrebt wird, als Integrator von Produktion und Einkauf und als Business Partner für das Management zu fungieren.

**Zunehmende Verantwortung**

Durch die zunehmende Standardisierung und Automatisierung von Routineprozessen im Berichtswesen werden im Controlling zeitliche Ressourcen frei, die der Controller dazu verwenden kann, die steigende Bedeutung von Energiekosten und die damit assoziierten Risiken proaktiv an das Management zu adressieren und geeignete Maßnahmen zu formulieren. Die diesbezügliche Verantwortung des Controllers kann durch den zumeist besseren Zugang zum Management im Vergleich zu einem Energiemanager aus dem Facility-Bereich oder einem Werksleiter und die Komplexität der Informationen begründet werden.

**Qualifikation notwendig**

Zwar muss sich der Controller im Energiebereich oftmals erst entsprechend qualifizieren, dennoch bietet die Energiebeschaffung die Chance, selbst Managementaufgaben wahrzunehmen und nicht auf Kostenstellen oder einzelne Funktionsbereiche beschränkt und damit Business Partner zu sein. Da der Erfolg bei der Energiebeschaffung (bzw. bei der Optimierung der Energiesituation) messbar ist, kommt für den

Controller zudem eine leistungsabhängige Vergütungskomponente infrage. Bei der Qualifizierung kann er neben den im eigenen Unternehmen mit Energie befassten Stellen auch auf externe Dienstleister und ein breites Angebot an kostenfreien Grundlagenschulungen und kostenpflichtigen Expertenschulungen zurückgreifen.

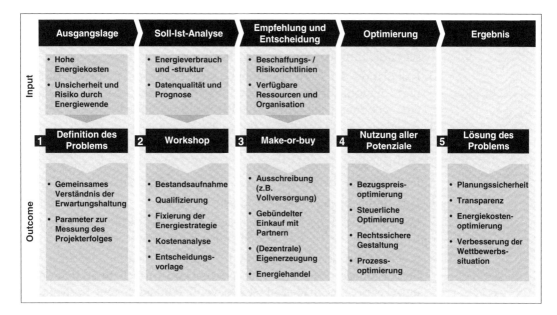

**Abb. 6:** Fünf Schritte zur Optimierung der Energiebeschaffung aus Sicht eines Controllers

Ziel aller Bestrebungen muss es sein, unter Verwendung der internen und externen energierelevanten Daten im Vorhinein Abweichungen vom Energiebeschaffungsplan und die Einhaltung der Energie-/Beschaffungsstrategie sicherzustellen. Mit einer geeigneten Qualifikation und entsprechender Erfahrung kann der Controller den Fokus dann von energierelevanten Fragen der Produktion auch auf energierelevante Fragen bei der Produktentwicklung erweitern. Beispiele hierfür sind der Carbon Footprint einzelner Produkte oder eine Produktionsentscheidung auf Grundlage der Verfügbarkeit und des Energiepreises.

Auf dem Weg dorthin und als Integrator von Produktion und Einkauf stehen für den Controller folgende Aufgaben zur Optimierung der Energiebeschaffung (hier dargestellt am Beispiel Gas) im Vordergrund, die er entweder selbst erledigt oder deren Erfüllung er entsprechend steuert:

*Aufgaben beim Optimieren der Energiebeschaffung*

1. Ist-Analyse: Neben der Analyse von Daten, Zählern und der Zuordnung von Verbräuchen ist auch eine Vertragsanalyse (z. B. hinsichtlich der Laufzeit) notwendig. Hierbei ist zu beachten, ob alle Produktions-

standorte in einem Marktgebiet liegen und die Mengen aggregiert zu behandeln sind oder nicht.

2. Genaue Verbrauchsanalyse: Spitzenlasten sind zu identifizieren, die Verbrauchsmenge in Heiz- und Prozessgas zu trennen und die Mengen je Marktgebiet zu aggregieren. Des Weiteren sind die Entwicklung des Maschinen- und Anlagenparks sowie der Querschnittstechnologien, die Produktionsplanung und etwaige „Glättungsfaktoren" (ein BHKW trägt zur Glättung des Lastgangs bei und senkt die Stromkosten) zu berücksichtigen.

3. Kalkulation der Gasbeschaffungskosten: Analyse der Kosten, Risiken und Chancen für die Make- und die Buy-Option (d.h. Beauftragung eines externen Dienstleisters) je Beschaffungsstrategie.

4. Vergleich von Strategien sowie Abgleich mit der Energiestrategie und den Vorgaben des Risikomanagements (z.B. Einkaufszeitpunkte, Berechtigungen).

5. Erste Analyse der Kosten der verschiedenen Strategien.

6. Durchführung des Ausschreibungsprozesses.

7. Erstellen der Entscheidungsvorlage für die Geschäftsführung und Vorbereiten der zu unterschreibenden Vertragsunterlagen.

8. Während der Beschaffungsperiode: Marktbeobachtung, Erstellen von Entscheidungsvorlagen (z.B. für Wechsel von Formel- zu Festpreis oder umgekehrt), regelmäßiges Erstellen von Verbrauchs- und Kostenkennzahlen, um den Erfolg sichtbar zu machen (z.B. für den Nachhaltigkeitsbericht).

# 5 Literaturhinweise

Auer/Böttcher/Frank/Heng/Heymann, Traditionelle Monopole: Wachstum durch mehr Wettbewerb, in Walter, Norbert/Deutsch, Klaus-G. (Hrsg.), Mehr Wachstum für Deutschland: die Reformagenda, 2004.

Bundesverband Materialwirtschaft, Einkauf und Logistik e.V.(BME, Hrsg.), Billionenfaktor Einkauf – Best in Procurement, 2010.

Dinand/Reuter, Die Netz AG als zentraler Netzbetreiber in Deutschland, 2006.

Hennicke/Müller, Weltmacht Energie. Herausforderungen für Demokratie und Wohlstand, 2005.

Schieferdecker/Fünfgeld/Bonneschky, Energiemanagement-Tools: Anwendung im Industrieunternehmen, 2005.

Schuh/Kromoser/Pérez/Strohmer, Das Einkaufsschachbrett – Mit 64 Ansätzen Materialkosten senken und Wert schaffen, 2005.

# Effizient gestaltetes Carbon Accounting verbessert Unterstützung der Stakeholder

■ In wachsendem Umfang fordern interne und externe Stakeholder quantitative Daten zu unternehmensbezogenen Treibhausgasemissionen.

■ Obwohl es mit dem Greenhouse Gas Protocol (GHG) ein allgemeines Rahmenwerk für Carbon Accounting gibt, bedarf die erfolgreiche Umsetzung einer Reflexion der unternehmensspezifischen Situation und einer adäquaten Strukturierung bezüglich Prozesse und Methodik.

■ Der Reifegrad von Unternehmen hinsichtlich Art und Umfang implementierter Bilanzierungs- und Berichtsprozesse für Treibhausgasemissionen variiert stark in der Praxis.

■ Der Beitrag unterstützt Verantwortliche bei der Gestaltung von effizienten Carbon-Accounting-Prozessen. Dazu werden zu beobachtende praktische Herausforderungen und entsprechende Handlungsempfehlungen gezeigt.

■ **Der Autor**

**Robert Prengel,** Manager und Projektleiter bei der PricewaterhouseCoopers AG WPG in Berlin und Leiter der Arbeitsgruppe „Ecosystems and Climate Change Services".

# 1 Motivation für die Einführung eines Carbon-Accounting-Systems

Unternehmensbezogene Informationen zu klimaschädigenden Emissionen bereitzustellen, abseits von verpflichtenden gesetzlichen Vorgaben, war zu Beginn vor allem eine *Rechenschaftsfunktion* gegenüber externen Stakeholdern.[1] Die veröffentlichten Daten zu Treibhausgasemissionen (im Folgenden: THG-Emissionen) bezogen sich dabei vorrangig auf direkte betriebliche Emissionen.

Die Bilanzierung und Berichterstattung von THG-Emissionen wurde in den letzten Jahren auf weitere indirekte Emissionen entlang der Wertschöpfungskette erweitert, um auch indirekte Auswirkungen zu erfassen. Treiber hierfür war in erster Linie die Ausrichtung an den Anforderungen des maßgeblichen Standards, dem GHG Protocol[2], der im Jahr 2011 im Bereich der indirekten Emissionen konkretisiert wurde.

Des Weiteren betreiben Unternehmen Carbon-Accounting-Strukturen, um quantitative Emissionsangaben als eine neutrale *Informationsfunktion* internen und externen Stakeholdern zu veröffentlichen. Im Gegensatz zur ausschließlichen Dokumentation einer reduzierten Umweltschädigung stehen dabei vermehrt komplexere Fragestellungen für die Unternehmenssteuerung/-kommunikation im Vordergrund. Mithilfe des Umfangs und der Lokalisierung der indirekten THG-Emissionen kann z.B. gezeigt werden, in welcher Weise ein Unternehmen mittelfristig regulatorischen Effekten ausgesetzt ist.

Neben internen Stakeholdern sind Nachfrager für diese Information zunehmend Kapitalmarktakteure z.B. in Form des *Carbon Disclosure Project* (CDP). Das CDP ist eine von institutionellen Investoren getragene Nichtregierungsorganisation, die jährlich in Fragebögen quantitative Angaben sowohl zu den THG-Emissionen als auch zu ggf. eingesparten THG-Emissionen in der Nutzenphase auf Produktebene abfragt.

*Vom betrieblichen Umweltschutz zur Kapitalmarktkommunikation*

*Neutrale Informationsfunktion*

# 2 Erfolgsfaktoren für ein effizientes Carbon Accounting

Der Arbeitsbereich „Ecosystems and Climate Change Services" von PwC[3] begleitet Unternehmen bei der Einführung bzw. bei der weiteren Anpassung von Methodik und Prozessen des Carbon Accounting. Im

---

[1]  Vgl. Hoffmann (2011), S. 73.
[2]  WRI/WBCSD (2004).
[3]  Die Bezeichnung PwC bezieht sich, soweit nicht anders dargestellt, auf die PricewaterhouseCoopers AG WPG. Das Unternehmen ist ein Mitglied im Netzwerk PricewaterhouseCoopers International.

Rahmen der praktischen Arbeit haben sich sieben Erfolgsfaktoren für eine effiziente Gestaltung der Emissionsbilanzierung auf Unternehmensebene abgezeichnet, die in den folgenden Abschnitten erläutert werden.

## 2.1 Situationsanalyse

Klarheit über individuellen Kontext der Bilanzierung von THG-Emissionen

Die Art und Struktur einer Klimabilanz können je nach Unternehmen sehr unterschiedlich ausfallen. Eine informative, einmalige Bilanzierung von THG-Emissionen wird sich beispielsweise strukturell und methodisch stark von einem Carbon-Accounting-System unterscheiden, das standortgenau halbjährlich THG-Emissionen und die zugrunde liegenden exogenen und endogenen Treiber erfassen soll.

Die meisten Schwierigkeiten bei der Einführung bzw. der Anpassung von Carbon-Accounting-Systemen sind in Organisationen i.d.R. dann zu beobachten, wenn sich die internen Stakeholder im Vorfeld nicht hinsichtlich einer ausreichend klaren Beschreibung der Ausgangssituation, der Rahmenbedingungen und der Zielsetzung verständigt haben.

Für einen realistischen Abgleich der Zielsetzungen mit den zur Verfügung stehenden internen Ressourcen sollten Unternehmen immer eine klare Analyse der genannten Punkte durchführen. Beispielhaft sollten folgende Fragen beantwortet werden können:

- Ist ein einmaliges Screening oder die Etablierung eines Regelprozesses beabsichtigt?
- Soll die Bilanzierung eine Informationsfunktion oder eine Steuerungsfunktion unterstützen?
- Über welche Trennschärfe hinsichtlich Berichtseinheiten, Aktivitäten und Treiber soll die Bilanzierung des Emissionsfußabdrucks verfügen?
- Welche Kennzahlen sollen als Ergebnis des Carbon Accounting zur Verfügung gestellt werden?
- In welchem Umfang stehen Unternehmensressourcen für das Thema Carbon Accounting zur Verfügung? Welche Abteilungen sind einzubeziehen?

## 2.2 Orientierung an Standards

Einheitliche Terminologie reduziert Transaktionskosten

In einer kürzlich veröffentlichten PwC-Studie[4] kritisierten Investoren die uneinheitliche Verwendung und Abgrenzung von Kennzahlen in der Nachhaltigkeitsberichterstattung. Sie führe zu erhöhtem Aufwand sowohl bei externen Informationsempfängern als auch bei Unternehmen, die sich mit zusätzlichen Nachfragen von Analysten konfrontiert sehen. Auch für

---

[4] PwC (2012).

den Teilbereich der Treibhausgasemissionen ist es empfehlenswert, eine anerkannte, einheitliche Terminologie und Methodik zu verwenden.

In einem internationalen Multi-Stakeholder-Prozess wurde mit dem *GHG Protocol* 2004 ein Rahmen für die Bilanzierung und die Berichterstattung geschaffen. Dieser hat sich seitdem als De-facto-Standard etabliert. Die später in Kraft getretene internationale Norm *ISO 14064-1* verweist entsprechend an mehreren Stellen auf das GHG Protocol. Die Hauptbausteine des Rahmenwerks sind die Einführung der fünf Berichtsprinzipien (s. Tab. 1), Vorgaben zur Definition von Systemgrenzen und die Segmentierung der Emissionen in Scopes.

GHG Protocol und ISO-Norm 14064-1

| Prinzipien | Ziel[5] | Mögliche Risiken bei Nichteinhaltung |
|---|---|---|
| Relevanz | angemessene Auswahl der Emissionsquellen und -senken, Daten und Methodik hinsichtlich der Bedürfnisse des vorgesehenen Nutzers | • Verfehlen des Informationsbedarfs der Zielgruppen<br>• zusätzliche Kosten |
| Vollständigkeit | Berücksichtigung aller relevanten Treibhausgasemissionen und -senken | • Reputationsrisiko durch eine fehlerhafte Darstellung aufgrund des Ausschlusses relevanter Quellen und Treibhausgase |
| Konsistenz | Ermöglichen sinnvoller Vergleiche | • Fehlinterpretationen zeitlicher Entwicklungen<br>• falsche Einschätzung des Einflusses exogener Treiber<br>• zusätzlicher Kommunikationsaufwand |
| Genauigkeit | Reduktion von Ungenauigkeiten und systematischen Verzerrungen so weit wie praktisch möglich | • Fehlsteuerungen<br>• Unschärfe im Controlling |
| Transparenz | Veröffentlichung von Informationen in ausreichendem und angemessenem Umfang, um den vorgesehenen Nutzern der Klimabilanz eine fundierte Entscheidungsfindung zu ermöglichen. | • Scheingenauigkeit<br>• Fehlinterpretationen<br>• zusätzlicher Kommunikationsaufwand<br>• Haftungsrisiko |

**Tab. 1:** Übersicht Carbon-Accounting-Prinzipien gemäß GHG Protocol

---

[5] ISO (2006), S. 19.

Der Text des GHG Protocol ist praxisorientiert formuliert und gibt viele Beispiele für die Implementierung. Des Weiteren sind begleitende Guidance-Dokumente auf der zugehörigen Internetseite[6] verfügbar.

Dennoch kann dadurch nur ein Rahmen aufgestellt werden: Das Management jedes Unternehmens ist gefordert, die allgemeinen Prinzipien und Regeln in den spezifischen Kontext seines Unternehmens zu übersetzen. Unter Umständen kann es sinnvoll sein, vom Standard abzuweichen. Abweichungen sollten dann allerdings klar dokumentiert und kommuniziert werden.

## 2.3 Festlegen der Bilanzgrenzen

Definition der Systemgrenzen eine der Hauptfehlerquellen

In der Praxis der Prüfung von Klimabilanzen sind ungenau definierte Systemgrenzen die wahrscheinlichere Quelle für inhaltliche Ungenauigkeiten als Berechnungsfehler (z.B. Verwendung falscher Emissionsfaktoren). Dies kann dazu führen, dass die Klimabilanz eine zu geringe Emissionsmenge ausweist, da Unternehmensteile oder Aktivitäten nicht darin enthalten sind.

Um dieses Risiko zu minimieren, sollten zu Beginn ausreichend Ressourcen für die Aufstellung des Bilanzraums nach *organisatorischen* und nach *operativen* Aspekten zur Verfügung stehen.

Orientierung an organisatorischer Abgrenzung der Finanzberichterstattung

Hinsichtlich der organisatorischen Abdeckung durch die Klimabilanz bestehen Wahlrechte, die im GHG Protocol ausführlich dargestellt werden. Aus Konsistenzgründen in der externen Berichterstattung empfiehlt sich oftmals auch für die Klimabilanz eine organisatorische Abgrenzung, die sich an die angewandten Regeln der Finanzberichterstattung anlehnt.

Die zweite Herausforderung ist, die relevanten Treibhausgasemissionsquellen zu identifizieren. Gemäß GHG Protocol wird hierbei in drei Scopes unterteilt: direkte Emissionen (Scope 1), energiebezogene indirekte Emissionen (Scope 2) und sonstige indirekte Emissionen der Wertschöpfungskette (Scope 3). Beispiele für Emissionsquellen sind in Tab. 2 enthalten.

---

[6] http://www.ghgprotocol.org.

| Scope 1 | direkte Emissionen aus der Verbrennung von Brennstoffen (Heizöl, Erdgas, Kohle, Diesel, Kerosin, Benzin) in eigenen Anlagen und Fahrzeugen; Austritt von treibhausgasrelevanten Kühlmitteln aus eigenen Kühlanlagen |
|---|---|
| Scope 2 | indirekte Emissionen aus der Fremderzeugung von Elektrizität, Wärme, Kälte und Dampf für den eigenen Verbrauch |
| Scope 3 (upstream) | indirekte Emissionen in den vorgelagerten Wertschöpfungsstufen, die nicht in Scope 2 enthalten sind (z.B. Emissionen für die Produktion und die Bereitstellung bezogener Güter und Dienstleistungen) |
| Scope 3 (downstream) | indirekte Emissionen in den nachgelagerten Wertschöpfungsstufen (z.B. Treibhausgasemissionen im Rahmen der Nutzung von hergestellten Produkten durch die Verbraucher) |

**Tab. 2:** Übersicht Einteilung der THG-Emissionen in Scopes

Verpflichtend nach ISO-Norm und GHG Protocol ist die Bilanzierung von Scope 1 und Scope 2, wohingegen ein Wahlrecht für die Bilanzierung weiterer indirekter Emissionen besteht. Wird allerdings nach dem GHG Protocol und der im Jahr 2011 in Kraft getretenen Erweiterung des Standards „*Corporate Value Chain (Scope 3) Accounting and Reporting Standard*"[7] bilanziert und berichtet, sind die sonstigen indirekten Emissionen ebenfalls gemäß den Vorgaben des Standards verpflichtend einzubeziehen. Da die sonstigen indirekten Emissionen in aller Regel den größten Anteil der Gesamtbilanz ausmachen, sollten sie in diesem Bereich mit großer Sorgfalt abgegrenzt werden.

*Relevanz der Scope-3-Emissionen*

Die Forderung, indirekte Emissionen anderer Organisationen zu bilanzieren, ruft regelmäßig Diskussionen über die Mehrfachzählung von Emissionen hervor. Die Scope-3-Bilanzierung soll jedoch keiner Gesamtbilanzierung einer Volkswirtschaft dienen, sondern die Auswirkungen eines spezifischen Geschäftsmodells darstellen.

*Keine Gesamtbetrachtung einer Volkswirtschaft*

## 2.4 Auswahl einer angemessenen Berechnungsmethodik

Es gibt i.d.R. mehrere Möglichkeiten, die Treibhausgasemissionen einer Unternehmensaktivität zu kalkulieren. Allerdings ist nicht jede Vor-

---

[7] WRI/WBCSD (2011).

gehensweise in der Praxis effizient und mit einem vertretbaren Aufwand für die Organisation durchführbar.

**Unternehmens-individuellen Kontext beachten**

Die Angemessenheit einer Methodik sollte von Unternehmen im individuellen Kontext bemessen werden. Ferner sollte vor der Entscheidung für eine bestimmte Art der Berechnung das Spektrum möglicher Wege zumindest grob diskutiert werden. Faktoren für die Methodenauswahl sind:

- Wie hoch ist der personelle Aufwand für die Datenerhebung innerhalb der Organisation?
- Passt die Charakteristik der Methodik zu der Entscheidungssituation, die mit der Emissionsbilanzierung unterstützt werden soll?
- Sollen die resultierenden Emissionskennzahlen dem Controlling eines aktiven Managementansatzes dienen?
- Welche Daten und Ressourcen stehen bereits für die Datenerhebung zur Verfügung?
- Welche Daten müssten für den Berechnungsweg zusätzlich erhoben werden?
- Kann die Methode konsistent über mehrere Jahre angewandt werden?

Regelmäßig tritt hierbei ein Zielkonflikt von „Genauigkeit" und „praktischer Handhabbarkeit" auf. Letztendlich ist jeweils der Wert der erzeugten Emissionsinformation gegen den Implementierungsaufwand der Methodik abzuwiegen.

**Methodisch Bottom-up- und Top-down-Ansätze als Möglichkeit bedenken**

Treibhausgasinventare für eine Organisation lassen sich generell top-down oder bottom-up modellieren. Bei der zweiten Variante werden die physischen Material- und Energieströme auf Einzelprozessebene kartografiert und mit spezifischen Emissionsfaktoren bewertet. Für die Betrachtung der Treibhausgasemissionen eines Produkts stellt diese Analyseform, d.h. ein Life Cycle Assessment (Ökobilanz) nach ISO 14040/44, ein sachgemäßes Vorgehen dar. Vor allem im Bereich Scope 1 und Scope 2 ist die Bilanzierung auf Basis von physischen Daten (z.B. g $CO_2$/kWh Elektrizität) üblich.

Im Bereich der sonstigen indirekten Emissionen (Scope 3) stellt sich jedoch die Frage, ob eine vollständige Abbildung aller Aktivitäten eines Unternehmens auf der Basis von Ökobilanzansätzen kosteneffizient darstellbar ist. Praktisch ist dies mit Blick auf die hohe Anzahl von bezogenen Produkten, Lieferanten sowie die Problematik von Datenverfügbarkeit und Datenqualität regelmäßig nicht der Fall.[8] Nur für Unternehmen, die bereits den Großteil ihrer Material- und Dienstleistungsströme physisch sehr granular erfassen können und über einen effizienten Zugang zu der

---

[8] Vgl. beispielsweise Schmidt (2010), S. 34.

notwendigen Expertise verfügen, kann eine Bottom-up-Modellierung für diesen Bereich eine effiziente Bilanzierungsmethodik sein.

Umfang und Struktur indirekter Emissionen eines Unternehmens sollten in den meisten Fällen mit Top-down-Ansätzen bestimmt werden. Darunter fallen z. B. die Nutzung von zur Verfügung stehenden Industrie-Durchschnittswerten für Produktgruppen oder die Verwendung nationaler statistischer Emissionsdaten für Wirtschaftszweige (erweiterte Input-Output-Daten, z. B. PwC-ESCHER-Modell). Letzteres ist wegen seiner breiten Anwendbarkeit für Upstream-Emissionen und Ressourceneffizienz als der am besten geeignete Screening-Ansatz für indirekte Emissionen von Organisationen anzusehen.

Mit Top-down-Ansätzen effizienter die gewünschten Informationen erheben

Bei drastisch verringertem Aufwand sollten sich die inhärenten Unsicherheiten der Top-down-Modellierung mit Input-Output-Daten für eine große Anzahl heterogener Vorketten in Summe in einer ähnlichen Größenordnung befinden wie bei einer Einzelmodellierung bottom-up[9].

Die hybride Anwendung beider Ansätze spiegelt sowohl die akademische Empfehlung[10] als auch die gelebte Praxis bei Unternehmen mit sehr ausgereiften Carbon-Accounting-Strukturen wider.

## 2.5 Robuster Datenfluss

Der Datenfluss im Carbon Accounting spannt sich von der Erfassung des Primärdatums über die Auswertung und die Berechnungen bis hin zur Berichterstattung. Eng mit der Ausgestaltung des Datenflusses verbundene Erfolgsfaktoren sind die Gewährleistung einer hohen Datenqualität und die Nachvollziehbarkeit der Daten. Je weniger manuelle Datenflussaktivitäten und je besser die Dokumentation und Kontrollumgebung, desto robuster fällt im Allgemeinen der Datenfluss aus.

Strukturell bieten sich Unternehmen prinzipiell drei Optionen, um einen robusten Datenfluss aufzubauen. Entweder sie nutzen einen Excel-basierten Prozess mit einer klaren Dokumentation der Freigabe-/Kontrollmechanismen oder sie greifen auf eine integrierte Carbon-Accounting-Softwarelösung zurück. Dies ist als eigenständiges Anwendungspaket oder als Teil bereits bestehender Softwarelösungen umsetzbar.

Drei Optionen für den Aufbau des Datenflusses

[9] Vgl. Wiedmann (2008), S. 3.
[10] Vgl. Peters (2010), S. 246, und Williams (2009), S. 928.

### 2.5.1 Tabellenkalkulation

*Tabellen-kalkulation nur bei begrenzter Komplexität ein adäquates Werkzeug*

In weniger komplexen Umgebungen (wenige Emissionsquellen und Akteure, sehr einfacher Datenerhebungsprozess) kann mit Tabellenkalkulationen gearbeitet werden. Allerdings lassen sich damit i.d.R. keine robusten, zeitnahen und transparenten Datenerhebungs- und Reporting-Prozesse in komplexen Unternehmensstrukturen abbilden. Bei höherer Komplexität führt der Umgang mit einer Vielzahl von Dateien jedoch schnell zu zeitraubenden Ineffizienzen und einer hohen Fehleranfälligkeit, die Validität, Aktualität bzw. Nutzen des Reportings in Mitleidenschaft zieht.

### 2.5.2 Carbon-Accounting-Softwarelösungen

*Bei komplexeren Strukturen Einsatz von Standardsoftware*

Es gibt inzwischen auch vorkonfigurierte Carbon-Accounting-Softwarelösungen. Diese werden oft modulartig angeboten und decken in unterschiedlicher Breite Datenerhebungs- und Konsolidierungsaufgaben ab. Ihr Einsatz ist geeignet, wenn der Gesamtprozess entweder eine begrenzte Komplexität aufweist oder das Unternehmen bereit ist, Prozesse an Strukturen der Standardlösung anzupassen. Unternehmen sollten vor der Beschaffung einer Standardsoftware prüfen, welchen Leistungsumfang sie benötigen und mit welchem Aufwand individuelle Änderungen oder die Einführung von zusätzlichen Schnittstellen verbunden sind.

### 2.5.3 Business-Intelligence-Lösungen

*Weitere Option: Business-Intelligence-Lösungen*

Eine weitere Option ist die datenbankgestützte Abbildung der Erhebungs- und Berichtsprozesse mittels Business-Intelligence- (BI-)Technologien. Entsprechende Plattformen stehen in den meisten Unternehmen schon zur Verfügung (beispielsweise SAP BPC, IBM Cognos TM1, Qlik-View und JEDOX Palo). Dieser Ansatz ist vor allem dann empfehlenswert, wenn bereits ein individueller Workflow für die Berichtsprozesse entworfen worden ist oder die Datenerhebung in bestehende Umgebungen eingebettet werden soll, beispielsweise in bestehende Controlling-Systeme. Erfahrungsgemäß ist es empfehlenswert zu prüfen, ob eine entsprechende Datenerhebung und -verarbeitung mit geringerem Aufwand realisiert werden können, als die Anpassung bzw. Einbettung von Standardsoftware-Modulen.

### 2.5.4 Dokumentation

*Dokumentation genauso wichtig wie praktische Umsetzung*

Unabhängig von der gewählten Umsetzungsart sollte der Datenfluss in jedem Fall klar dokumentiert werden. Dies ist in der Praxis oft der am stärksten vernachlässigte Teil einer Klimabilanz. Idealerweise ist für jede Emissionsquelle beschrieben,

- welche Primärquellen in welcher Erhebungsfrequenz von wem auszuwerten sind,
- wie mit fehlenden Daten umgegangen wird,
- wann in welcher Form in Treibhausgase umgerechnet wird,
- aus welcher Quelle die Emissionsfaktoren stammen und wann die Faktoren jeweils aktualisiert werden,
- welche Freigaben und Kontrollen durchgeführt und dokumentiert werden.

In den bisherigen Carbon-Accounting-Beratungsprojekten hat sich eine zweigeteilte Basisdokumentation bewährt, die aus einem zentralen Handbuch als Wissensspeicher und einem Guidance-Dokument für die primäre Datenerhebung durch die Berichtseinheiten besteht. Art und Umfang der Dokumentation sollten jedoch stets im spezifischen Kontext des Unternehmens festgelegt werden.

## 2.6 Robuste Verankerung in der Organisationsstruktur

Neben den genannten Erfolgsfaktoren einer Klimabilanz sind zudem vermeintlich weiche Faktoren hinsichtlich der inhaltlichen Verankerung mit der Organisationsstruktur des Unternehmens zu berücksichtigen.

Ein interessanter Punkt ist der sich wandelnde Kreis an internen Akteuren, die über die Zeit mit dem Thema Carbon Accounting hauptsächlich beschäftigt sind. Während anfangs vor allem Mitarbeiter des betrieblichen Umweltschutzes mit der Zusammenstellung der Emissionsdaten beauftragt waren, hat sich mittlerweile der Kreis der unmittelbaren internen Stakeholder deutlich erweitert. Bei der Beantwortung des jährlichen CDP-Fragebogens werden beispielsweise regelmäßig auch Mitarbeiter von *Investor Relations* einbezogen.

*Kreis interner Akteure wandelt sich*

Vor der Einführung eines zentralen Carbon-Accounting-Prozesses sollten Unternehmen prüfen, ob u.a. die folgenden Punkte berücksichtigt wurden:

- Ist die Verantwortlichkeit für die Durchführung der Klimabilanz klar zugeordnet?
- Sind alle relevanten internen Akteure adäquat über die Bilanzierung und die zugrunde liegende Nutzenargumentation informiert?
- Soll zur besseren Vernetzung über Abteilungsgrenzen hinweg eine Klimabilanz-Community aufgebaut werden?
- Besitzt der mit der Durchführung der Klimabilanz betraute Personenkreis ausreichende Autorisierung durch das Senior Management, um die Daten innerhalb der Organisation erheben zu können?

- Erhalten die Berichtseinheiten zeitnahes Feedback und Vergleichsmöglichkeiten zu ihrem Abschneiden?
- Wer ist mit dem Controlling der Kennzahlen der Klimabilanz beauftragt?
- Sollen Verantwortlichkeiten für die Datenqualität eingeführt werden?
- Sind die internen Vorgaben hinsichtlich der Formulierung und Überprüfung mit der internen Revision abgestimmt?

## 2.7 Externe Verifizierung

Nutzen der externen Berichtsprüfung

Die externe Prüfung der Emissionsberichterstattung bietet Unternehmen in mehrfacher Hinsicht Chancen zur Differenzierung und Weiterentwicklung. Sie dient ähnlich der Überprüfung von Jahresabschlüssen hauptsächlich drei Funktionen:[11]

- *Beglaubigungsfunktion*: Bestätigung der vorgelegten Emissionsberichterstattung durch den externen Prüfer als genereller Indikator für ein reiferes Carbon Accounting.
- *Kontrollfunktion*: Management und externe Stakeholder erfahren, ob generell anerkannte Berichtsprinzipien eingehalten wurden.
- *Informationsfunktion*: Management und externe Stakeholder erhalten weitere Transparenz darüber, wie der externe Prüfer zu diesem Urteil gelangte und welche Lernfelder aus Sicht des Prüfers bestehen.

Unter den 250 größten Unternehmen in Deutschland und Österreich lassen aktuell etwa zwei von drei Unternehmen mit Emissionsberichterstattung ihre direkten Emissionen (Scope 1) von einem externen Prüfer verifizieren.[12] Für Scope 2 und Scope 3 sind die Anteile etwas niedriger. Prinzipiell hat aber der Anteil für alle Emissionssegmente in den letzten Jahren zugenommen. Diese Entwicklung ist auch weltweit zu beobachten.[13]

Ziel: Prüfungssicherheit erlangen

Der mit einer externen Prüfung in Verbindung stehende interne und externe Aufwand korreliert stark mit der Robustheit und Transparenz des Datenflusses und mit der angestrebten Prüfungssicherheit. PwC wird i.d.R. beauftragt, die Emissionsberichterstattung zu prüfen, um eine begrenzte Prüfungssicherheit (*limited assurance*)[14] zu erlangen. Dies

---

[11] Vgl. Orth (2000), S. 19–21.
[12] Carbon Disclosure Project (2011a), S. 60–62.
[13] Carbon Disclosure Project (2011b), S. 19.
[14] Gekennzeichnet durch negative Formulierung des Prüfungsergebnisses z.B.: „Auf der Grundlage unserer betriebswirtschaftlichen Prüfung zur Erlangung einer begrenzten Sicherheit sind uns keine Sachverhalte bekannt geworden, die uns zu der Annahme veranlassen, dass die Angaben für das Kalenderjahr xyz in wesentlichen Belangen nicht in Übereinstimmung mit den Kriterien des GHG Protocol erstellt worden sind."

entspricht nicht der Prüfungstiefe von Finanzkennzahlen, die mit dem Ziel einer hinreichenden Prüfungssicherheit (*reasonabl eassurance*) geprüft werden, aber es ist die gleiche Prüfungstiefe, wie sie aktuell für andere nichtfinanzielle Kennzahlen üblich ist.

Der zusätzliche Aufwand zur Erlangung einer hinreichenden Prüfungssicherheit entsteht durch höhere Anforderungen an die Prüfungsdurchführung, z.B. ein Verständnis für alle Komponenten eines internen Kontrollsystems zu erlangen und die Gestaltung und Effizienz der Implementierung zu beurteilen.[15]

# 3  Ausblick

Folgende aktuelle Entwicklungen sollten bei der Gestaltung von Carbon-Accounting-Prozessen berücksichtigt werden.

Die Ergebnisse des Carbon Accounting sollten neben Perioden- und Plan-Ist-Vergleichen des Unternehmens auch dem Vergleich mit anderen Unternehmen der Branche dienen. Ähnlich wie beim Beginn der Finanzberichterstattung befindet sich das aktuelle Rahmenwerk noch in einem Entwicklungszustand und spiegelt nicht alle sektorspezifischen Anforderung wider. Mit großer Wahrscheinlichkeit werden auch in den kommenden Jahren einige Punkte im Zuge der praktischen Anwendung überarbeitet und konkretisiert werden. Unternehmen sollten aktiv die Ergebnisse der entsprechenden Arbeitsgruppen des World Resources Institute (WRI) verfolgen.

*Sektorspezifische Weiterentwicklung des Rahmenwerks*

Des Weiteren stellen THG-Emissionen nur eine Dimension in der komplexen Wechselwirkung zwischen unternehmerischen Aktivitäten und Naturkapitalverbrauch dar.[16] Aus diesem Grund wird das quantitative Berichtswesen sich höchstwahrscheinlich nicht nur auf die Bilanzierung von THG-Emissionen in der Wertschöpfungskette beschränken können.[17] Dies ist angesichts limitierter Kapazitäten ein weiterer Treiber für möglichst effiziente und zielgenaue Bilanzierungs- und Berichtsprozesse.

*Vom Carbon zum Environmental Accounting*

Eine weitere Entwicklung mit Konsequenzen für die Prozessqualität des Carbon Accounting ist die Tendenz zur integrierten Berichterstattung. Das stärkere Nebeneinander von nichtfinanziellen und finanziellen Kennzahlen in der externen Kommunikation ist bereits heute in einer Vielzahl von Lageberichten sichtbar. Dies macht erforderlich, dass die enthaltenen nichtfinanziellen Kennzahlen in einer adäquaten Prüfungssicherheit vorliegen. In den nächsten Jahren wird sich abzeichnen, inwieweit interne und externe Stakeholder unterschiedliche Niveaus der Prüfungssicherheit akzeptieren oder eine Vereinheitlichung einfordern werden.

*Integration der Berichterstattung*

---

[15]  IFAC (2011), S. 7.
[16]  Galli (2012).
[17]  Puma SE (2012).

# 4 Literaturhinweise

Carbon Disclosure Report [2011a], Jahresbericht Deutschland/Österreich 250, 2011.

Carbon Disclosure Report [2011b], Annual Report Global 500, 2011.

Galli et al., Integrating Ecological, Carbon and Water footprint into a „Footprint Family" of indicators: Definition and role in tracking human pressure on the planet, in Ecological Indicators, 2012, 16, S. 100–112.

Hoffman, Unternehmerische Nachhaltigkeitsberichterstattung, 2011.

IFAC (International Federation of Accountants), ISAE 3410 Assurance Engagements on Greenhouse Gas Statements (Exposure Draft), 2011.

ISO, Greenhouse gases – Part 1: Specification with guidance at the organizational level for quantification and reporting of greenhouse gas emissions and removals (ISO 14064-1:2006), 2006.

Orth, Abschlussprüfung und Corporate Governance, 2000.

Peters, Carbon footprints and embodied carbon at multiple scales, in Current Opinion in Environmental Sustainability, 2010, Vol. 2, S. 245–250.

Puma SE (Hrsg.), PUMA's Environmental Profit and Loss Account for the year ended 31 December 2010, 2012.

PricewaterhouseCoopers AG WPG (Hrsg.), Investors ramp up pressure on Private Equity responsible investment, 2012.

Schmidt, Carbon Accounting zwischen Modeerscheinung und ökologischem Verbesserungsprozess, ZfCM, 54. Jg., H. 1/2010, S. 32–37.

WBCSD & WRI (World Business Council for Sustainable Development and World Resources Institute) GHG Protocol: A corporate accounting and reporting standard, 2004.

WBCSD & WRI (World Business Council for Sustainable Development and World Resources Institute) GHG Protocol: Corporate Value Chain (Scope 3) Accounting and Reporting Standard, 2011.

Wiedmann, T. et al., Uncertainty Analysis of the UK-MRIO Model – Results from a Monte-Carlo Analysis of the UK Multi-Region Input-Output Model (Embedded Emissions Indicator), 2008.

Williams et al., Framework for Managing Uncertainty in Life Cycle Inventories, Journal of Industrial Ecology, Vol. 13, Issue 6/2009, S. 928–944.

# Product Carbon Footprint: Einführung und Umsetzung am Beispiel der Tchibo GmbH

- Der Konsum der Bundesbürger verursacht ungefähr 40 % der Treibhausgasemissionen. Daher wird seit 2008 die Förderung eines klimaverträglichen Konsums diskutiert. Eine mögliche Maßnahme dafür ist, Product Carbon Footprints zu erfassen und auszuweisen.

- Der Klimawandel wirkt sich zunehmend negativ auf die Produktionsbedingungen für Agrarprodukte wie z. B. Kaffee aus. Um die Treibhausgasemissionen zielgerichtet zu mindern, ist die Erfassung des sog. Product Carbon Footprint (PCF) Voraussetzung.

- Der Beitrag schildert zunächst anhand eines Beispiels die Vorgehensweise zur Bilanzierung eines Product Carbon Footprint (PCF). Anschließend werden Möglichkeiten gezeigt und diskutiert, wie der Footprint in der Praxis genutzt werden kann.

- Es gibt zurzeit Bestrebungen in der Europäischen Union, die Erfassung und Ausweisung des Carbon Footprint von Produkten und Dienstleistungen zu regulieren. Auch vor diesem Hintergrund erhält der Leser Argumente und Lösungen, wie er den PCF im Unternehmen zweckmäßig verwenden kann.

■ **Der Autor**

**Stefan Dierks**, Senior Manager Corporate Responsibility bei der Tchibo GmbH in Hamburg.

# 1 Zunehmende Wirkung des Klimawandels auf die globalisierte Wirtschaft

Ein Großteil der Unternehmen nutzt heutzutage für den Bezug seiner (Vor-)Produkte globale Wertschöpfungsketten. Bei vielen Agrarprodukten, wie z. B. Kaffee, ist der Bezug nur aus klimatisch geeigneten Ländern möglich. In den Kaffeeanbauregionen sind zunehmend Änderungen der Wettermuster zu bemerken, u. a.

*Klimawandel beeinflusst globale Wertschöpfungsketten*

- die Verschiebung oder der Ausfall von Trockenperioden und
- vermehrte Starkregenereignisse mit der Folge von Überschwemmungen oder verstärkter Bodenerosion.

Insbesondere Erträge und Qualitäten der bedeutenden Kaffeevarietät Arabica leiden teilweise erheblich darunter. Studien legen als Ursache für diese veränderten Wettermuster den Klimawandel nahe.

Projektionen zu den Auswirkungen einer weiteren Erwärmung lassen darüber hinaus erhebliche Veränderungen der prospektiven Anbauflächen für Kaffee erwarten.[1]

## 1.1 Neue Anforderungen an Tchibo

Das hamburgische Handelsunternehmen Tchibo vertreibt eine vielfältige Produktpalette aus Kaffee, Non-Food-Konsumgütern und Dienstleistungen. Dabei erwirtschaftete Tchibo 2010 mit ca. 11.000 Mitarbeitern einen Umsatz von rund 3,4 Mrd. EUR. Kaffee ist für Tchibo der wichtigste natürliche Rohstoff.

*Klimawandel erfordert neue Gestaltung der Wertschöpfungsketten*

Zur Sicherstellung der Wertschöpfungsketten von Kaffee unterstützt das Unternehmen u. a.

- Schulungen der Kaffeebauern in umwelt- und sozialverträglichem sowie effizientem Kaffeeanbau,
- die Zertifizierung oder Verifizierung der Farmen oder Kooperativen nach den Standards des ökologischen Anbaus sowie nach denen anerkannter Organisationen wie Transfair e. V., Rainforest Alliance, Utz Certified und 4C Association.

Die Auswirkungen des Klimawandels führen zu neuen Anforderungen an die Inhalte der Standards und Trainings: Es müssen effiziente und zielgerichtete Maßnahmen zur Emissionsreduktion und Klimawandelanpassung entwickelt und integriert werden.

---

[1] Vgl. CIAT (2009).

Auch die Wertschöpfungsketten anderer von Tchibo gehandelter Produktgruppen sind vom Klimawandel betroffen. Voraussetzung, um alle betroffenen Wertschöpfungsketten zielgerichtet anzupassen, ist das Wissen um die jeweiligen Klimawirkungen und Hot Spots der Emissionen.

Ein geeigneter Weg, dieses Wissens zu generieren, kann der produktbezogene $CO_2$-Fußabdruck oder Product Carbon Footprint (PCF) sein. Aus diesem Grund trat Tchibo 2008 dem PCF-Pilotprojekt Deutschland bei.

## 1.2 Das PCF-Pilotprojekt Deutschland

Bündnis zur Weiterentwicklung des Product Carbon Footprint

Jeder Bundesbürger verursacht ungefähr 40 % der Treibhausgasemissionen durch Konsum.[2] Daher wurde seit 2008 verstärkt die Förderung eines klimaverträglichen Konsums öffentlich diskutiert. Als eine mögliche Maßnahme wurde angesehen, Product Carbon Footprints zu erfassen und auszuweisen.

Dabei wird unter einem Product Carbon Footprint „... *die Summe aller Treibhausgasemissionen während des gesamten Lebenszyklus eines Produktes, von der Rohstoffgewinnung über die Herstellung und Nutzung bis hin zur Entsorgung*"[3] verstanden.

Zu diesem Zeitpunkt gab es bereits umfangreiche Aktivitäten in anderen Ländern. Besonders aufmerksamkeitsstark waren die Aktivitäten in Großbritannien. Diese wurden vom Carbon Trust koordiniert. Vor diesem Hintergrund gründete ein Projektträgerkonsortium aus

- der Umweltstiftung WWF,
- dem Potsdam Institut für Klimafolgenforschung (PIK),
- dem Öko-Institut e. V. und
- der Beratungsgesellschaft Thema 1

das deutsche PCF-Pilotprojekt.

Ziele

Ziele des Projekts waren, durch die Berechnung der Product Carbon Footprints verschiedener Produkte und Dienstleistungen

- die Methodologie zur Messung und Berechnung von PCFs weiterzuentwickeln,
- noch ungeklärte methodologische Fragen genauer zu definieren,
- erforderliche Aufwände und Prozessschritte einer Bilanzierung zu bestimmen,
- Möglichkeiten und Grenzen der Verwendbarkeit eines Product Carbon Footprint zu zeigen.

---

[2] Vgl. Umweltbundesamt/IFEU (2007).
[3] PCF-Pilotprojekt (2009b).

Zehn Unternehmen aus verschiedenen Branchen, die jeweils mindestens ein Produkt bilanzierten, beteiligten sich an dem Projekt. Tchibo führte im Rahmen des Projekts Bilanzierungen für einen Kaffee und für eine Sporttasche durch. Die weitere Darstellung fokussiert auf die Tchibo-Vorgehensweise zur Bilanzierung des Kaffees.

# 2 PCF-Bilanzierung bei Tchibo: Das Vorgehen

Für Tchibo war das Thema „Ökologische Produktbilanzierung" zu Beginn des Projekts neu. Die Herangehensweise zur Bilanzierung wurde daher in folgende Abschnitte unterteilt:

*Projektvorgehen in vier Abschnitten*

* Produkt- und Dienstleisterauswahl,
* Zusammenstellung und Strukturierung des Projektteams,
* Vorbereitung und Durchführung der Bilanzierung,
* Erarbeitung und Kommunikation der Ergebnisse.

Die folgenden Unterkapitel stellen für den jeweiligen Abschnitt wesentliche Vorgehensweisen und Erfolgsfaktoren dar.

## 2.1 Auswahl der Produkte und Dienstleister

Tchibo verkauft jedes Jahr über 2.000 verschiedene Non-Food-Gebrauchsartikel sowie Kaffees unterschiedlicher Herkunft. Dies führt zu einer hohen Komplexität des Geschäfts durch die Vielzahl differenter Wertschöpfungsketten. Eine Bilanzierung für ein einzelnes Produkt und damit eine einzelne Wertschöpfungskette ist nur dann sinnvoll, wenn

*Sorgfältige Auswahl von Produkt und Dienstleister sind das A & O*

* das Produkt eine besonders wichtige Produktgruppe im Portfolio des Unternehmens repräsentiert,
* hinsichtlich der Wertschöpfungskette eine hinreichende Transparenz besteht,
* zu den Beteiligten in der Kette eine vertrauensvolle Geschäftsbeziehung existiert – dies ist Voraussetzung, um die Kennzahlen zu erfassen,
* die Beteiligten wesentliche Kennzahlen ihrer Prozesse valide erfassen können und
* die Ergebnisse der Bilanzierung sich voraussichtlich auch für eine Verwendung für die Produktgruppe gesamt eignen.

Für den Sortimentsbereich Kaffee hat Tchibo aufgrund dieser Anforderungen die Privat-Kaffee-Rarität Machare aus Tansania ausgewählt, da

- die Farm nach den Standards der Rainforest Alliance zertifiziert ist, die insbesondere auch hinsichtlich der Management- und Umweltmethoden hohe Anforderungen stellt;

- das Farmmanagement sehr gut Englisch spricht, sodass es im Projektverlauf keine Sprachbarrieren gab;

- die auf der Farm verwendeten Anbau- und Rohkaffeeverarbeitungsmethoden beispielhaft für einen großen Teil der Wertschöpfungskette beim Kaffee sind.

Da das Verfahren neu war, entschied Tchibo sich für die Unterstützung durch einen Dienstleister. Dieser sollte folgenden Anforderungen genügen:

- Erfahrung in Ökobilanzierungen und diesbezüglicher Beratung von Unternehmen,

- Kompetenz und Erfahrung in der Neu- bzw. Weiterentwicklung von Methodologien,

- hohe Reputation und damit Glaubwürdigkeit auch bei kritischen Anspruchstellern.

Aus diesen Gründen fiel die Auswahl auf das Öko-Institut. Als Projektträger war es auch für die übergreifende Methodenentwicklung und für das kritische Review verantwortlich.

## 2.2 Zusammenstellung und Strukturierung des Projektteams

*Komplexität und Zusatzaufwand bedingen hohe Anforderungen*

Eine sinnvolle Zusammenstellung des Projektteams und eine entsprechende Zuweisung der Aufgaben sind essenziell. Besonders wichtig ist eine gute Einbindung der internen Bereiche, die den Kontakt zu den Geschäftspartnern in der Kette haben. In der Regel sind dies die zuständigen Einkaufsabteilungen.

Wesentliche Erfolgsfaktoren zur Projektstrukturierung und -vorbereitung sind:

- **Klare Verteilung der Rollen und Aufgaben** durch die Projektleitung. Die Beanspruchung der Fachbereiche durch das Projekt sollte so gering wie möglich gehalten werden.

- **Frühzeitiges persönliches Treffen** der gesamten Projektgruppe (interne Beteiligte und Dienstleister). Das Hauptziel ist dabei, ein gemeinsames Verständnis von Projektinhalten, -zielen und -aufgaben sowie der Kommunikationswege zu erreichen.

- **Einheitliche Begriffsverwendung:** Häufig werden sowohl unternehmensintern als auch -übergreifend verschiedene Begriffe für gleiche oder ähnliche Sachverhalte verwendet; so ist die Einigung auf einheitliche wesentliche Schlüsselbegriffe Voraussetzung für einen reibungslosen Projektverlauf.

## 2.3 Vorbereitung und Durchführung der Bilanzierung

Eine Bilanzierung ergibt häufig nur dann Sinn, wenn sie vollständig durchgeführt wird. D. h., die gesamte Wertschöpfungskette, von der Rohstoffherstellung bis zur Entsorgung, sollte berücksichtigt werden. Zur zielgerichteten Planung und Vorbereitung der Datenaufnahme empfehlen sich folgende Schritte:

*Gesamte Wertschöpfungskette berücksichtigen*

- **Definition einer sinnvollen funktionellen Einheit** für eine definierte Verwendung als Basis der Bilanzierung. Im Rahmen der Privat-Kaffee-Rarität Machare war dies eine Tasse Kaffee mit 7 g Röstkaffee und 125 ml Wasser. Die definierte Verwendung war hier der Kaffeegenuss des Verbrauchers. Eine andere wäre eine Nutzung des Kaffees für Pralinen gewesen. Ein ganzheitlicher PCF kann immer nur für eine bestimmte Kombination von funktioneller Einheit und definierter Verwendung festgelegt werden.
- **Grafische Darstellung der gesamten Wertschöpfungskette** des Produkts. Abbildung 1 stellt schematisch die Wertschöpfungskette und Systemgrenzen für die Kaffeebilanzierung dar.
- **Identifizieren der jeweils für den Carbon Footprint relevanten Prozesse** für die einzelnen Stationen der Kette.

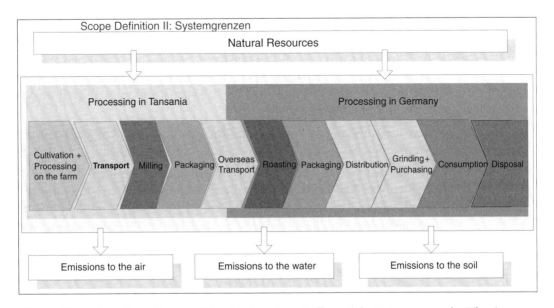

**Abb. 1:** Schematische Darstellung der Wertschöpfungskette Kaffee und der Systemgrenzen der Bilanzierung

- **Erarbeiten** tatsächlich vor Ort messbarer **Kennzahlen** und deren **Einheiten** für die einzelnen Prozesse.

- **Primärdaten vs. Sekundärdaten:** Für einzelne Teile der Kette kann es unklar sein, ob und inwieweit Primärdaten erhebbar sind. Für diese Prozesse sollte eine Entscheidung zu möglichen Quellen für Sekundärdaten (Datenbanken etc.) getroffen werden.

- **Anschreiben an die externen Projektpartner** verfassen, die das Vorhaben erläutern, insbesondere die Nutzung der erfragten Kennzahlen. Häufig gibt es Befürchtungen, die Zahlen würden im Rahmen von Ausschreibungen etc. verwendet. Daher ist es unabdingbar, die ausschließliche Nutzung der Zahlen für das PCF-Projekt zu versichern.

- **Strukturieren und Zeitplanung der Kennzahlenabfrage** mit realistischen Fristen für die Rücksendung der ausgefüllten Templates. Individuelle Vorbereitung der Templates.

- **Versand der Abfragetemplates** zur Kennzahlenerhebung – gleichzeitig mit oder kurz nach dem Versand des Anschreibens.

- **Einplanen von Zeitpuffern für die Kennzahlenerhebung:** Häufig entstehen hinsichtlich der Zahlen Fragen zum Verständnis oder zur Erfassungsmethodik. Die Kommunikationswege zu ihrer Klärung sollten im Vorfeld deutlich kommuniziert werden.

## 2.4 Erarbeitung und Aufbereitung der Ergebnisse

*Methodologische Transparenz sichert Glaubwürdigkeit*

Auf Basis der erhobenen Kennzahlen kann der Footprint berechnet werden. Im Rahmen des Pilotprojekts wurde in Anlehnung an die ISO-Norm 14040ff. zur Ökobilanzierung gearbeitet, weil es zu diesem Zeitpunkt noch keine allgemein anerkannte Methodik gab. (Anmerkung: Heute kann die Lebenszyklusanalyse des Greenhouse Gas Protocol verwendet werden.)

Besonders wichtig ist in diesem Prozessschritt, eine möglichst hohe Transparenz hinsichtlich folgender Punkte sicherzustellen:

- Kenntlichmachen der jeweils verwendeten Datenqualität (Primär- oder Sekundärdaten),

- Offenlegen der methodologischen Unsicherheiten und der jeweils getroffenen Entscheidung zum Umgang damit (Beispiel: Einkaufsfahrt des Kunden),

- Kennzeichnen von Annahmen und Sensitivitäten.

# 3 Die Bilanzergebnisse und ihre Interpretation

Das Ergebnis der Kaffeebilanzierung (hier die „Beste Schätzung") ist in Abb. 2 dargestellt.

Ergebnis „Beste Schätzung"

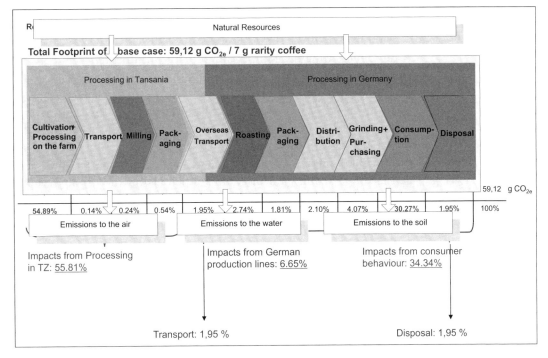

Abb. 2: Ergebnis der PCF-Bilanzierung der Privat-Kaffee-Rarität Machare

Die Erstinterpretation dieses Ergebnisses wurde im Rahmen des Pilotprojekts auf zwei Ebenen durchgeführt:

1. Inhaltlich, z.B.: Was sind die wesentlichen Hot Spots der Emissionen? Was bedeuten die Ergebnisse konkret für das Produkt/die Produktgruppe?

2. Methodologisch: Was kann ein Product Carbon Footprint leisten, was nicht? Wo gibt es ungeklärte methodologische Fragestellungen? Welche Vorgaben müssen zur Vereinheitlichung und damit Vergleichbarkeit gemacht werden?

Eine generelle Darstellung dieser Aspekte findet sich in dem Ergebnisbericht des PCF-Pilotprojekts.[4] Die nächsten Abschnitte stellen die Interpretation der Kaffeebilanzierung dar.

---

[4] Vgl. PCF-Pilotprojekt Deutschland (2009a).

## 3.1 Inhaltliche Interpretation

Die wesentlichen Bilanzierungsergebnisse für die Privat-Kaffee-Rarität Machare waren folgende:

- Die zwei wesentlichen Hot Spots der Treibhausgasemissionen sind
  - der Kaffeeanbau, bedingt durch den Einsatz von in der Produktion sehr energieaufwendigen Agrarchemikalien, und
  - die Zubereitung des Kaffees durch den Konsumenten.
- Die anderen Teile der Wertschöpfungskette tragen vergleichsweise wenig zum Product Carbon Footprint bei. Dies liegt teilweise an der schon auch aus Klimaschutzgesichtspunkten guten Prozessorganisation (z.B. Nutzung des Seeschiffs für Transporte, Gasbefeuerung der Röster).
- Die für die konkrete Wertschöpfungskette erarbeiteten Ergebnisse zu den Hot Spots sind eindeutig. Sie können als für die Produktgruppe Kaffee insgesamt relevant interpretiert werden.

## 3.2 Methodologische Interpretation

Wesentliche Erkenntnisse in methodologischer Hinsicht waren:

- Der Product Carbon Footprint leistet einen wertvollen Beitrag, um die Hot Spots der Treibhausgasemissionen zu identifizieren. Eine parallele Betrachtung anderer wesentlicher Umweltparameter vermeidet Trade-Offs bei eventuellen späteren Reduktionsmaßnahmen.
- Die gesamte Wertschöpfungskette in die Bilanzierung einzubeziehen ist sinnvoll und meist auch notwendig.
- Eine hohe Qualität der Primär- bzw. Sekundärdaten ist essenziell für ein verlässliches und glaubwürdiges Bilanzergebnis.
- Insbesondere bei Agrarprozessen fehlen häufig noch geeignete Messmethoden.
- Für die Berücksichtigung des Verbraucherverhaltens empfiehlt sich
  - die Nutzung von Marktforschungsergebnissen und/oder
  - die Vereinbarung von Konventionen (wie z.B. zur Einkaufsfahrt des Kunden: Wege, Verkehrsmittel).

# 4 Kommunikation des Bilanzierungsergebnisses

## 4.1 (Projekt-)Interne Kommunikation des Bilanzierungsergebnisses

Eine (projekt-)interne Kommunikation sollte individuell auf die jeweiligen Adressaten angepasst sein. Prinzipiell können dabei drei verschiedene Adressatengruppen unterschieden werden:

*Zielgruppenbezogen kommunizieren*

1. **Projektbeteiligte, intern sowie ggf. extern**: Hier ist i.d.R. eine möglichst frühzeitige und vollständige Information erforderlich.
   a) Vorstellung und/oder Zusendung der Ergebnisse und ggf. Erläuterung und Diskussion: Hierzu sollten sowohl eine zusammenfassende Präsentation als auch ein ausführlicher Ergebnisbericht erstellt werden.
   b) Vor einer eventuellen Veröffentlichung des Ergebnisses ist abzustimmen, wie detailliert diese sein dürfen.
2. **Führungskräfte/Geschäftsführung**: (Kurze) Ergebnispräsentation inklusive Darstellung des Nutzens für das Unternehmen und der Aufwand-Nutzen-Relation.
3. **Interne Öffentlichkeit**: Eine zielgerichtete Information über Intranet und weitere interne Medien ist häufig möglich und sinnvoll. Größte Herausforderung ist dabei, die Komplexität des Sachverhalts allgemein verständlich zu reduzieren (z.B. über entsprechende Grafiken).

Die Herstellung eines internen gemeinsamen Verständnisses und eines Commitments ist unbedingte Voraussetzung für einen weiteren Erfolg von wertschöpfungskettenbezogenen Klimaschutzprojekten. Es empfiehlt sich daher, möglichst frühzeitig die internen Kommunikationsexperten in das Projekt einzubeziehen.

*Interne Kommunikationsexperten frühzeitig einbeziehen*

## 4.2 Öffentliche Kommunikation des Bilanzierungsergebnisses

Aus Sicht des PCF-Pilotprojekts war eine möglichst große Transparenz über das Vorgehen in den Bilanzierungen unabdingbare Voraussetzung für die Glaubwürdigkeit in der öffentlichen Diskussion. Daher wurde für alle Bilanzierungen eine einheitliche Kommunikationsweise vereinbart, die im Wesentlichen aus zwei Elementen bestand:

*Einheitliches Vorgehen bei der Kommunikation*

1. **Kurzdarstellung der Bilanzierung als Poster**. Die Poster wurden im Rahmen eines öffentlichen Symposiums am 26.1.2009 vorgestellt und diskutiert. Abbildung 3 zeigt das Poster zur Kaffeebilanzierung.
2. **Veröffentlichung des ausführlichen Ergebnisberichts** über den Internetauftritt des Pilotprojekts (www.pcf-projekt.de).[5] Wesentliche Inhalte sind die methodologischen Vorgehensweisen sowie der Umgang

---

[5] PCF-Pilotprojekt Deutschland (2009a).

mit unterschiedlichen Datenqualitäten und ungeklärten Fragestellungen.

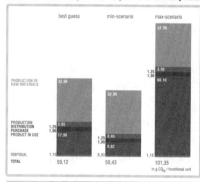

**Abb. 3:** Ergebnisposter der Bilanzierung des Product Carbon Footprint der Privat-Kaffee-Rarität Machare

Dieser Transparenzgrad förderte im Ergebnis die gewünschte Glaubwürdigkeit der Aussagen des PCF-Pilotprojekts. Für Bilanzierungen im Unternehmensrahmen gilt dieser hohe Transparenzanspruch nicht immer. Vor allem, wenn die Bilanzergebnisse hauptsächlich dazu verwendet werden, die Wertschöpfungskette zu optimieren. Falls jedoch werbewirksame Aussagen zu Klimawirkungen eines Produkts getroffen werden sollen, ist Transparenz dringend ratsam.

*Transparenz fördert Glaubwürdigkeit der Aussagen*

Eine vermarktungsbezogene Kommunikation des PCF der Privat-Kaffee-Rarität Machare hat Tchibo nicht in Betracht gezogen. Gründe hierfür waren hauptsächlich der Pilotcharakter des Projekts und die geringe Aussagekraft einer solchen Zahl für Kunden.

## 5 Nutzung des Product Carbon Footprint im strategischen Kontext

Die Nutzung des Tools „Product Carbon Footprint" sollte individuell an das jeweilige Geschäftsmodell angepasst werden. In der Folge wird die bei Tchibo verwendete Systematik zunächst allgemein, dann am Beispiel der Kaffeebilanzierung erläutert.

*Individuelle Anpassung der Nutzung sinnvoll*

### 5.1 Systematik zur Nutzung des PCF bei Tchibo

Aufgrund

- der Vielzahl unterschiedlicher Produkte und Sortimente sowie
- des mit einer Bilanzierung verbundenen (personell und finanziell) hohen Aufwands,

verwendet Tchibo den Product Carbon Footprint zur gezielten Analyse und Steuerung der Klimawirkungen seiner relevanten Wertschöpfungsketten.

Dazu ist die Vorgehensweise wie folgt:

- Durchführen beispielhafter Bilanzierungen für die relevanten Produktgruppen,
- Identifizieren von Handlungsoptionen, um die identifizierten Hot Spots der Emissionen zu reduzieren,
- Überprüfen der herausgearbeiteten Handlungsoptionen auf Umsetzbarkeit und Effektivität,
- bei positivem Ergebnis Umsetzung in konkrete Maßnahmen und Projekte.

## 5.2 Das Beispiel: Klimaschutz im Kaffee

**Zahlreich Folgeprojekte**

Auf Basis der dargestellten Bilanzierung hat Tchibo eine Reihe von Maßnahmen initiiert bzw. umgesetzt. Diese fokussieren auf die beiden Hot Spots der Emissionen „Kaffeeanbau" und „Kaffeezubereitung durch den Endkunden". Im Einzelnen waren dies folgende Maßnahmen:

1. Zum Kaffeeanbau:

   a) Teilnahme an dem übergreifenden Projekt „Coffee and Climate": Erarbeitung und Verbreitung von Wissen zu klimaadaptierten und klimaschonenden Anbaumethoden,

   b) Initiieren von bzw. Teilnahme an dem Projekt „Erarbeitung einer Produktgruppenregel für den Product Carbon Footprint für Rohkaffee",

   c) Unterstützung weiterer regionaler Schulungsprogramme zur Klimawandelanpassung sowie zur Emissionsreduktion in Kaffeeanbau und -verarbeitung.

2. Zur Kaffeezubereitung:

   a) Erarbeiten weiterer Studien zur Emissionsreduktion in der Kaffeezubereitung,

   b) konsequentes Reduzieren des Energieverbrauchs bei den von Tchibo vertriebenen Kaffeemaschinen.

Darüber hinaus unterstützt Tchibo international und national Projekte zur Vereinheitlichung der generellen PCF-Methodologie. Dies geschieht hauptsächlich über die Mitgliedschaft im PCF-Pilotprojekt, heute „Plattform für Klimaverträglichen Konsum Deutschland (PKKD)".

# 6 Gesamtbewertung des Instruments Product Carbon Footprint

**Sehr gutes Analysetool – zur Kundeninformation kaum geeignet**

Der Product Carbon Footprint kann wichtige Hinweise zu Schwerpunkten der Emissionen und zu Reduktionsansätzen geben. Bei zielgerichteter Anwendung bildet er die Basis für eine effiziente Klimaschutzoptimierung von Wertschöpfungsketten und Sortimenten. Zur Produktvermarktung bzw. Kundeninformation eignet er sich aus mehreren Gründen weniger gut:

- Die Berücksichtigung weiterer, ebenfalls relevanter Umweltwirkungen in der Vermarktung wäre erforderlich. Dies hätte eine erhebliche Steigerung von Komplexität und Aufwänden in der Datenerhebung zur Folge.

- Gefahr eines „Information Overkill" beim Verbraucher: Dieser kann in einer klassischen Einkaufssituation die Vielfalt und Komplexität der gegebenen Informationen nicht nachvollziehen. Die Handlungsrelevanz der Information wäre damit nicht gegeben.

# 7 Literaturhinweise

International Center for Tropical Agriculture (CIAT) (Hrsg.), Agriculture and Climate Change: Creating adaptation roadmaps, 2009.

PCF-Pilotprojekt Deutschland [2009a] (Hrsg.), Case Study „Privat Kaffee Rarität Machare" by Tchibo, 2009.

PCF-Pilotprojekt Deutschland [2009b] (Hrsg.), Product Carbon Footprinting – Ein geeigneter Weg zu klimaverträglichen Produkten und deren Konsum?, 2009.

Plattform Klimaverträglicher Konsum Deutschland (Hrsg.), Perspektiven eines klimaverträglichen Konsums jenseits von Konsumverzicht, 2011.

Umweltbundesamt/Institut für Energie- und Umweltforschung (IFEU) (Hrsg.), Die $CO_2$-Bilanz des Bürgers – Recherche für ein internetbasiertes Tool zur Erstellung persönlicher $CO_2$-Bilanzen, 2007.

# Carbon Footprint als Teil des Carbon Accounting – ein Berechnungsbeispiel aus der Luftfahrtindustrie

- Der Carbon Footprint beinhaltet die ökologischen Auswirkungen, insbesondere die Erfassung von Treibhausgasemissionen, von Produkten, Prozessen oder Dienstleistungen. Carbon Accounting dagegen umfasst die Erfassung von Treibhausgas-Emissionen und deren Bewertung in ökologischen **und** ökonomischen Größen.

- Der Beitrag beschreibt im ersten Teil den Carbon Footprint als ökologische, nichtmonetäre Dimension des Carbon Accounting sowie die Grundlagen der Erfassung und Berechnung von THG-Emissionen.

- Im zweiten Teil wird der Carbon Footprint anhand eines Beispiels in der Luftfahrtindustrie ermittelt. Zunächst werden verschiedene Emissionsebenen dargelegt. Anschließend werden die Treibhausgase in $CO_2$-Äquivalenten für das Jahr 2009 berechnet.

- Das vorliegende Berechnungsbeispiel stellt den Weg der Ermittlung des unternehmerischen Carbon Footprint detailliert dar, ist auf andere Unternehmen übertragbar und soll daher andere Unternehmen motivieren, ihren Carbon Footprint zu berechnen.

## ■ Die Autoren

**Kristin Stechemesser**, Wissenschaftliche Mitarbeiterin und Doktorandin am Lehrstuhl für Betriebliche Umweltökonomie der TU Dresden, Fakultät Wirtschaftswissenschaften.

**Prof. Dr. Edeltraud Günther**, Inhaberin des Lehrstuhls für Betriebliche Umweltökonomie an der TU Dresden, Fakultät Wirtschaftswissenschaften und Gastprofessorin an der University of Virginia.

# 1 Relevanz der Erfassung und Bewertung von Treibhausgasen

Die Einführung des europäischen Emissionshandels im Jahr 2005, die Ausführungen des Stern-Reports zu den ökonomischen Konsequenzen des Klimawandels sowie die jüngeren Arbeiten des Weltklimarates (International Panel on Climate Change, IPCC) und des Carbon Disclosure Project (CDP) führten bereits in den vergangenen Jahren zu einer stärkeren Berücksichtigung von Treibhausgas-Emissionen in unternehmerischen Entscheidungen. Infolge des europäischen Emissionshandels sind die $CO_2$-Emissionen bereits in einigen Branchen zu erfassen und nichtmonetär zu bewerten. Dies ist beispielsweise für Anlagen in den Sektoren Energie, Eisenmetallerzeugung und -verarbeitung, mineralverarbeitende Industrie sowie Zellstoff- und Papierindustrie relevant. Eine monetäre Bewertung der $CO_2$-Emissionen erfolgt bei den betroffenen Unternehmen im Rahmen der Bilanzierung der $CO_2$-Emissionszertifikate. Aber auch Unternehmen, die gegenwärtig nicht zur Teilnahme am Emissionshandel verpflichtet sind, beschäftigen sich zunehmend mit der Erfassung der unternehmerischen $CO_2$-Emissionen oder der $CO_2$-Emission eines Produkts und deren nichtmonetärer Bewertung. Dies spiegelt sich beispielsweise in der steigenden Anzahl an Unternehmen wider, die im Rahmen des CDP ihre $CO_2$-Emissionen sowie die weiterer Treibhausgase (THG) angeben. Hinsichtlich der Erfassung und Bewertung von $CO_2$-Emissionen und anderer THG wird häufig der Begriff des Carbon Accounting verwendet, dessen Auslegung jedoch sehr unterschiedlich ist.

*Stärkere Berücksichtigung verursachter THG-Emissionen in der Unternehmenspraxis*

# 2 Carbon Footprint – die ökologische Dimension des Carbon Accounting

## 2.1 Carbon Accounting umfasst ökologische und ökonomische Aspekte

Der Begriff Carbon Accounting ist ein in jüngster Zeit häufig verwendeter Begriff in Wissenschaft und Praxis und findet auf unterschiedlichen Ebenen (nationale Ebene, organisationale Ebene, Projekt- und Produktebene) Anwendung.

*Erfassung und Bewertung von THG-Emissionen*

1. Dabei werden, unabhängig von der Betrachtungsebene, jeweils in einem ersten Schritt die Emissionen als physikalische Größe erfasst, wobei neben $CO_2$-Emissionen auch weitere THG wie Methan ($CH_4$), Distickstoffoxid ($N_2O$), teilhalogenierte Fluorkohlenwasserstoffe (H-FKW/HFCs), perfluorierte Kohlenwasserstoffe (FKW/PFCs) und Schwefelhexafluorid ($SF_6$) von Bedeutung sind.

2. Im zweiten Schritt erfolgt eine Bewertung in monetäre und/oder nichtmonetäre Größen.

- Eine nichtmonetäre Bewertung, d.h., die Gewichtung der verschiedenen THGs bezüglich ihres Treibhausgas-Potenzials (THP) in $CO_2$-Äquivalenten ($CO_2$-eq), erfolgt weitestgehend für Nationen oder für Produkte.
- Für Projekte (z.B. Aufforstungsprojekte oder Projekte zur Verbesserung der Energieeffizienz) und Organisationen werden häufig zusätzlich monetäre Bewertungen vorgenommen.

Diese Informationen können als Grundlage für Entscheidungen herangezogen werden oder zur Information verschiedener Anspruchsgruppen dienen. Auf organisationaler Ebene kann Carbon Accounting definiert werden als

1. die Erfassung direkter und indirekter THG-Emissionen,
2. deren nichtmonetäre und monetäre Bewertung sowie
3. deren Prüfung und Berichterstattung für interne (Carbon Management Accounting) als auch externe Zwecke (Carbon Financial Accounting auf freiwilliger und/oder verpflichtender Basis).[1]

## 2.2 Carbon Footprint konzentriert sich auf ökologische Dimension

### 2.2.1 Ablauf der Treibhausgas-Ermittlung

Ökologische, nicht monetäre Dimension des Carbon Accounting

Im Rahmen der rein ökologischen, nichtmonetären Bewertung wird häufig der Kohlenstoff-Fußabdruck bzw. Carbon Footprint ermittelt, der eine spezifische Methode der Ökobilanzierung (im Englischen: Life Cycle Assessment) darstellt (s. Abb. 1). Eine Ökobilanz beschreibt eine systematische Analyse der Umweltauswirkungen eines Produkts, eines Prozesses oder einer Dienstleistung innerhalb eines Lebenszyklus. Dabei werden alle Inputs (Material- und Energieinputs) sowie Outputs (Produkte und unerwünschte Nebenprodukte) erfasst, die während der Produktion, der Nutzung und der Entsorgung entstehen. Außerdem können alle vor- und nachgelagerten Prozesse integriert werden.[2] Darüber hinaus können Ökobilanzen auch für Organisationen ermittelt werden. Im Rahmen des Carbon Footprint werden ausschließlich die emittierten $CO_2$-Emissionen oder THGs in $CO_2$-eq bewertet.[3] Daher ist er auf eine Wirkungskategorie, das „Global Warming Potential" bzw. THP, beschränkt.[4]

---

[1] Vgl. Stechemesser/Günther (2012).
[2] Vgl. ISO (2006), S. 7–14.
[3] Vgl. Wiedmann/Minx (2007), S. 2.
[4] Vgl. Bala et al. (2010), S. 489.

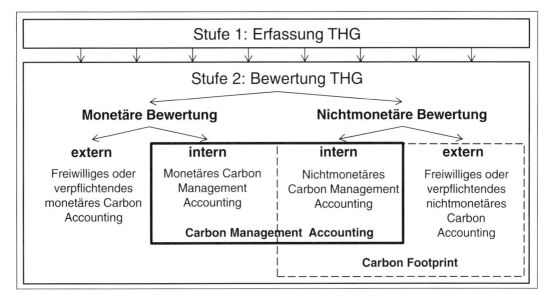

Abb. 1: Der Carbon Footprint als Teil des Carbon Accounting

### 2.2.2 Noch keine gesetzlichen Standards

Bisher fehlen gesetzliche Regelungen, wie die THG-Emissionen auf unternehmerischer Ebene gemessen und bewertet werden sollen. Daher arbeitet eine Reihe von Institutionen an einer standardisierten Vorgehensweise.[5] Zu nennen sind beispielsweise

- das Treibhausgas-Protokoll (THG-Protokoll) des World Resources Institute (WRI) und des World Business Council for Sustainable Development (WBCSD),
- die Richtlinien des Carbon Trust, die Richtlinien des UK Department for the Environment, Food and Rural Affairs (DEFRA) und
- die ISO 14064-1:2006.

Die ISO arbeitet derzeit an der ISO 14067 „Carbon Footprint of Products – Requirements and Guidelines for Quantification and Communication", einer Norm, die sich ausschließlich dem $CO_2$-Fußabdruck von Produkten widmet.

Dem Carbon Footprint kommt seit einiger Zeit mehr Aufmerksamkeit zu, da das öffentliche Bewusstsein hinsichtlich des Klimawandels zunimmt. Dieser Umstand bewirkt, dass Unternehmen ihre Produkte bzw. ihre Dienstleistungen mit der damit verbundenen Klimawirkung deklarieren. Obwohl der Carbon Footprint häufig als zu einseitig

„Türöffner" für die Berücksichtigung ökologischer Größen

---

[5] Eine umfassende Literaturliste stellen die Autoren gerne zur Verfügung.

beschrieben wird, da dieser nur eine Wirkungskategorie abdeckt, kann er dennoch als „Türöffner" dienen, sodass der Ansatz der Lebenszyklus-betrachtung im Rahmen von unternehmerischen Entscheidungen künftig stärker eingesetzt wird.[6]

### 2.2.3 Einordnung der THGs in direkte und indirekte Emissionen

Die von einem Produkt oder einer Dienstleistung über den gesamten Lebenszyklus ausgehenden THGs umfassen im Allgemeinen einerseits die direkten Emissionen, d.h. die Emissionen, die innerhalb eines Unternehmens verursacht werden, und andererseits die indirekten Emissionen, d.h. die Emissionen, die in vor- oder nachgelagerten Wertschöpfungsstufen entstehen.[7] Bezogen auf eine Fluggesellschaft stellen der Betrieb der Flugzeuge, die Passagier- und Gepäckabfertigung am Boden und in der Luft, die Administration sowie das Flugverkehrs-management die klimabezogenen Aktivitäten dar.[8] Für die Kalkulation des Carbon Footprint sind sowohl die organisationalen als auch die operationalen Grenzen des Unternehmens eindeutig festzulegen. Zur die Bestimmung der operationalen Systemgrenzen wird der unternehmerische Einfluss auf eine Aktivität untersucht und damit, welche Material-flüsse und Emissionen im Rahmen der Analyse zu berücksichtigen sind.[9]

Die direkten Emissionen werden als Scope-1-Emissionen bezeichnet. Die indirekten Emissionen werden nochmals in zwei Ebenen (Scope 2, Scope 3) unterteilt. Ziel dieser Einteilung ist das Schaffen von Transparenz, die Vermeidung einer Doppelerfassung und die Anwendbarkeit der Methode in verschiedenen Organisationsformen.[10]

## 3 Ermittlung des Carbon Footprint in der Luftfahrtindustrie: ein Fallbeispiel

*Auch in der Luftfahrtindustrie bislang kein spezifischer Standard*

Seit Beginn des Jahres 2012 ist die Luftfahrtindustrie in das Europäische Emissionshandelssystem (EU ETS) integriert.[11] Das bedeutet, dass an diesem System beteiligte Unternehmen ihre $CO_2$-Emissionen aus dem Flugbetrieb erfassen und entsprechende Emissionszertifikate vorweisen müssen. Bisher existiert noch kein Standard für die Luftfahrtindustrie hinsichtlich der Erfassung und ökologischen Bewertung der Emissionen. Daher arbeiten sowohl europäische als auch internationale Vereinigun-

---

[6] Vgl. Weidema et al. (2008), S. 5–6.
[7] Vgl. Wiedmann/Minx (2007), S. 4.
[8] Vgl. Wood et al. (2010), S. 207–208.
[9] Vgl. WRI/WBCSD (2004), S. 16–33.
[10] Vgl. WRI/WBCSD (2004), S. 25.
[11] Vgl. Directive 2008/101/EC (2008).

gen der Luftfahrtindustrie an einem entsprechenden Standard. Die International Civil Aviation Organization (ICAO) koordiniert den Standardisierungsprozess und die weltweiten Initiativen und entwickelte bereits verschiedene klimabezogene Standards, Richtlinien und Leitlinien, die Verbesserungen in der Technologie und im operativen Betrieb bewirken sollen. Dass eine Emissionsminderung innerhalb der Branche angestrebt wird, zeigen verschiedene Anstrengungen. So entwickelte die International Air Transport Association (IATA) eine Strategie, die zum Ziel hat, dass der Wachstum in der Luftfahrtindustrie ab 2020 $CO_2$-neutral ist und ab 2057 sogar ein Wachstum ohne $CO_2$ stattfinden soll.

Der Carbon Footprint wurde bereits mehrfach in der Luftfahrtindustrie angewendet. Gegenwärtig fokussiert die Forschung auf Effizienzsteigerungen zur Reduktion der Treibhausgase, die Allokation der $CO_2$-Emissionen und spezifische Kalkulationsmethoden. Außerdem werden vergleichende Untersuchungen innerhalb des Transportsektors vorgenommen sowie der Zusammenhang von Flughäfen und Tourismus und Luftfahrt untersucht. Durchschnittliche Carbon-Footprint-Werte für luftfahrtbezogene Prozesse können der „Global Emission Model for Integrated Systems"-(GEMIS-)Datenbank entnommen werden.[12]

## 3.1 Unterscheidung in verschiedene Bereiche

Gemäß dem THG-Protokoll wie auch der ISO 14064 werden die unternehmerischen THG-Emissionen in die bereits angesprochenen drei Bereiche gegliedert: Scope 1, Scope 2, Scope 3.

Scope-1-Emissionen umfassen alle direkten Emissionen, d.h. alle Emissionsquellen, die sich im Besitz des Unternehmens befinden oder über die das Unternehmen die Kontrolle hat. Dazu zählen die Strom-, Wärme-, Dampferzeugung, physikalische oder chemische Prozesse, aber auch der Transport von Materialien, Produkten, Abfall und Mitarbeitern.[13]

### 3.1.1 THG-Emissionen aus dem Flugzeugbetrieb

Typische Scope-1-Emissionen in der Luftfahrtindustrie sind die aus dem Betrieb der Flugzeuge resultierenden THG-Emissionen, wobei $CO_2$ und $N_2O$ von größter Bedeutung sind. Der Kerosinverbrauch und die damit verbundenen Emissionen sind vom Flugzeugtyp und der speziellen Nutzung abhängig sowie von der Flugdistanz, der Flughöhe und dem Flugzyklus. Die Länge des Flugzyklus ist wiederum abhängig von der Flugstrecke. Kürzere Routen sind mit geringeren Flughöhen verbunden.

*Kerosinverbrauch als relevante Messgröße in der Luftfahrtindustrie*

---

[12] Vgl. Öko-Institut (2010).
[13] Vgl. WRI/WBCSD (2004), S. 25.

Jeder Flug lässt sich in zwei Phasen einteilen: Start- und Landephase *(Landing/Take-off (LTO) cycle)*, d.h. (taxi-in and -out[14], take-off, climb-out[15], descent[16], landing), sowie die Flugphase *(Cruise Flight)*.[17]

**Kerosinverbrauch im LTO-Zyklus zwischen 850 kg und 2.500 kg**

Der Kerosinverbrauch innerhalb des LTO-Zyklus kann auf zwei Wegen ermittelt werden: Erstens über den spezifischen Verbrauch des Flugzeugs pro LTO-Zyklus oder zweitens über den Durchschnittsverbrauch eines durchschnittlichen Flugzeugs.[18] Im Rahmen des zweiten Ansatzes bietet es sich an, eine Unterteilung in Inlandsflüge und internationale Flüge vorzunehmen sowie zu unterscheiden, ob die Fahrzeugflotte eher älter ist (Kerosinverbrauch pro LTO-Zyklus: 1.000 kg nationaler Flugverkehr, 2.400 kg internationaler Flugverkehr[19]) oder dem Durchschnitt (Kerosinverbrauch pro LTO-Zyklus: 850 kg nationaler Flugverkehr, 2.500 internationaler Flugverkehr[20]) entspricht. Darüber hinaus wird vom IPCC für einen durchschnittlichen internationalen Flug ein durchschnittlicher Kerosinverbrauch in Höhe von 1.675 kg pro LTO-Zyklus[21] angegeben.[22] Der Kerosinverbrauch während der Cruise-Phase ist von der Länge des Fluges abhängig, wobei der konkrete Verbrauch dadurch bestimmt wird, dass vom Gesamtverbrauch der Verbrauch des Kerosins innerhalb des LTO-Zyklus abgezogen wird, separiert nach Inlandsflügen und internationalen Flügen.[23]

**Betrieb der Flugzeuge verursacht vor allem $CO_2$, $CH_4$ und $N_2O$**

Bei der Verbrennung von Kerosin entstehen neben $CO_2$ und Wasserdampf auch Schwefeldioxid ($SO_2$), flüchtige Kohlenwasserstoffe ohne Methan (non-methane volatile organic compounds (NMVOC)), $CH_4$, Kohlenmonoxid (CO), Kohlenwasserstoffe (HC), Stickoxide ($NO_x$) und $N_2O$. Auf den konkreten Umfang der Emissionen haben sowohl die spezifischen Eigenschaften des Kerosins einen Einfluss als auch die Maschinenleistung, die Flughöhe und die Flugphase. Im Rahmen des Carbon Footprint werden jedoch nur die drei Emissionen $CO_2$, $CH_4$ und $N_2O$ berücksichtigt. Da die Emissionsfaktoren, speziell für $CH_4$ und $N_2O$, in den einzelnen Flugphasen (LTO-Zyklus und Cruise-Zyklus) voneinander abweichen, ist der Kerosinverbrauch sowohl für die Inlandsflüge und die internationalen Flüge separat zu erfassen.[24] Gemäß den Berechnungen nach Graichen et al.

---

[14] Rollen zur Startbahn beim Start und Rollen zum Terminal nach Landung.
[15] Steigflug.
[16] Sinkflug.
[17] Vgl. Rypdal (2002), S. 94–97.
[18] Vgl. Rypdal (2002), S. 94–95.
[19] Der höhere Kerosinverbrauch ist damit zu begründen, dass unterstellt wird, dass für internationale Flüge größere Maschinen eingesetzt werden.
[20] Der Kerosinverbrauch bezieht sich auf eine sehr große Maschine.
[21] Der Kerosinverbrauch bezieht sich auf eine durchschnittliche Maschine, die im internationalen Flugverkehr eingesetzt wird.
[22] Vgl. IPCC (2006).
[23] Vgl. Graichen et al. (2010), S. 11.
[24] Vgl. Graichen et al. (2010), S. 12–14.

(2010) werden für alle Variationen $CO_2$-Emissionen in Höhe von 3.150 kg pro t Kerosin angenommen (s. Tab. 1).

| | National, LTO [kg/t Kerosin] | National, Cruise [kg/t Kerosin] | International, LTO [kg/t Kerosin] | International, Cruise [kg/t Kerosin] |
|---|---|---|---|---|
| $CO_2$ | 3.150 | 3.150 | 3.150 | 3.150 |
| $CH_4$ | 0,35 | 0,00 | 0,13 | 0,00 |
| $N_2O$ | 0,12 | 0,1 | 0,09 | 0,1 |

**Tab. 1:** Emissionsfaktoren für $CO_2$, $CH_4$, $N_2O$[25]

### 3.1.2 Emissionen im Bodenbereich

Neben den aus dem Flugbetrieb resultierenden Emissionen können Emissionen auch durch die Fahrzeugflotte am Boden verursacht werden. Der konkrete Kraftstoffverbrauch und die damit verbundenen Emissionen werden durch den Fahrzeugtyp und sein Fahrzeuggewicht, den Hubraum des Motors, die Fahrzeugnutzung, die Fahrdistanz und das Fahrverhalten bestimmt. Die Kalkulation der THG-Emissionen erfolgt, indem die gefahrenen Kilometer mit den fahrzeugspezifischen Emissionen in g $CO_2$/km multipliziert werden. Die im Rahmen des Verbrennungsprozesses entstehenden Emissionen sind, unabhängig von der Motorenart, $CO_2$, $NO_X$, $SO_2$, NMHC (non-methane hydrocarbons) und Feinstaub. Für die Kalkulation des Carbon Footprint werden ausschließlich die $CO_2$-Emissionen berücksichtigt. Die spezifischen Daten eines jeden Fahrzeugtyps können bei den Fahrzeugherstellern abgerufen oder aus Datenbanken entnommen werden.[26]

*Fuhrpark verursacht vor allem $CO_2$*

### 3.1.3 Emissionen aus sonstigen Quellen

Scope-2-Emissionen umfassen diejenigen THG-Emissionen, die durch die Produktion von Strom, Wärme oder Dampf entstehen, jedoch eingekauft werden, um diese in unternehmensbezogenen Prozessen einzusetzen.[27] Strom wird gewöhnlich im Bürogebäude und durch Instandhaltungsanlagen verbraucht, aber auch durch die Flugzeuge im Rahmen der Bereitstellung am Boden. Die spezifischen $CO_2$-Emissionen sind abhängig von der Energieintensität, der Betriebsart, dem Kohlenstoffgehalt des Brennstoffes und dem Verbrennungsgrad.[28] Abweichende Emissionsfaktoren entstehen, sofern die Energie durch Kernkraft oder

*Scope-2-Emissionen entstehen durch Bezug von Strom, Wärme und Dampf*

---

[25] Vgl. Graichen et al. (2010), S. 20.
[26] Vgl. DAT (2010).
[27] Vgl. WRI/WBCSD (2004), S. 25.
[28] Vgl. Goessling (2002), S. 289.

erneuerbare Quellen wie Wind oder Solarkraft erzeugt werden. Laut dem THG-Protokoll sind die THG-Emissionen durch Multiplikation von Aktivitätsrate (z. B. Elektrizitätsverbrauch in MWh) mit einem spezifischen Emissionsfaktor zu ermitteln.[29]

**Scope-3-Emissionen werden alle übrigen indirekten Emissionen zugerechnet**

Gemäß dem THG-Protokoll zählen zu den Scope-3-Emissionen alle anderen indirekten Emissionen des gesamten Lebenszyklus, wie sie beispielsweise bei der Gewinnung gekaufter Materialien und Brennstoffe oder der Produktion der Flugzeuge entstehen. Emissionen, die durch Transporte mit Fahrzeugen, die nicht dem Unternehmen gehören bzw. nicht durch das Unternehmen gesteuert werden können, fallen ebenfalls in diesen Bereich. Weiterhin sind unter diese Kategorie die elektrizitätsbezogenen Aktivitäten, die nicht unter die Scope-2-Emissionen fallen (z. B. Übertragungs- und Verteilungsverluste), die ausgelagerten Aktivitäten sowie die Müllentsorgung zu fassen.[30]

**Weitere Untergliederung von Scope-3-Emissionen**

Dieser Typ an Emissionen lässt sich wiederum in drei Kategorien gliedern: Vorgelagerte Scope-3-Emissionen aus dem Kauf von Produkten, nachgelagerte Scope-3-Emissionen aus dem Verkauf von Produkten und „andere Scope-3-Emissionen". Die erste Kategorie umfasst diejenigen Emissionen, die die Inputs (z. B. eingekaufte Produkte, Dienstleistungen, Materialien und Kraftstoffe) bis zum Eingang beim Unternehmen verursachen. Nachgelagerte Emissionen schließen die Emissionen ein, die bei den Produkten und Dienstleistungen nach dem Verkauf entstehen. Sind die Emissionen weder der ersten noch der zweiten Kategorie zuordenbar, dann werden diese der Gruppe „andere Scope-3-Emissionen" zugerechnet. Dazu zählen Mitarbeiteraktivitäten wie das Pendeln zum und vom Arbeitsplatz.[31]

## 3.2 Methodisches Vorgehen

### 3.2.1 Annahme: Flugbetrieb nur in Europa

**Fallbeispiel einer fiktiven europäischen Fluglinie „Aircarbon"**

Im weiteren Verlauf wird auf eine fiktive europäische Fluglinie „Aircarbon" Bezug genommen. Diesem Fallbeispiel liegen reale Daten zugrunde, die in Abstimmung mit dem Unternehmen verfremdet wurden. Die Flugziele von Aircarbon liegen ausschließlich in Europa, sodass seit Beginn des Jahres 2012 für jeden Flug entsprechende Emissionszertifikate vorliegen müssen.

**Ermittlung des Carbon Footprint durch selbst entwickelte Erfassungsbögen**

Ziel dieses Fallbeispiels ist auf der einen Seite, den unternehmerischen Carbon Footprint von Aircarbon für das Jahr 2009, einschließlich der vorgelagerten und nachgelagerten Stufen, zu ermitteln und auf der

---

[29] Vgl. WRI/WBCSD (2007a), S. 3.
[30] Vgl. WRI/WBCSD (2007b), S. 21.
[31] Vgl. WRI/WBCSD (2010), S. 14.

anderen Seite einen standardisierten Ansatz darzustellen, der auch von anderen Fluggesellschaften zur Ermittlung ihres unternehmerischen Carbon Footprint genutzt werden kann. Dazu werden verschiedene Erfassungsbögen erstellt, die der Datensammlung der Emissionen dienen. Dabei richtet sich die Ausgestaltung dieser Bögen sowohl nach den Vorgaben des THG-Protokolls als auch nach industriespezifischen Vorgaben. Die organisationale Grenze umfasst alle Flüge.

### 3.2.2 Die Datenerhebung

Die mittels der Fragebögen erhobenen Emissionsdaten werden in $CO_2$-eq umgerechnet, wobei die jeweiligen Emissionsintensitäten jeder einzelnen Emissionsquelle berücksichtigt werden. Für die ökologische Bewertung werden die Gewichtungsfaktoren des IPCC herangezogen, d.h., $CO_2$-Emissionen werden mit 1 gewichtet, $CH_4$-Emissionen mit 25 und $N_2O$-Emissionen mit 298.[32] Sind spezifische Emissionsfaktoren nicht verfügbar, werden anstelle derer standardisierte Werte herangezogen. Die aggregierte Menge an $CO_2$-eq bildet den unternehmerischen Carbon Footprint der Fluggesellschaft Aircarbon.

*Ökologische Bewertung der THG nach den Gewichtungs-faktoren des IPCC*

Im Einzelnen erfasst der Scope-1-Fragebogen Daten zum Luftverkehr und zur Fahrzeugflotte. Für die Emissionsermittlung der Flugzeugflotte sind Flugzeugtyp, Anzahl der Flüge, getrennt nach Inlandsflügen und internationalen Flügen, durchschnittlicher Kraftstoffverbrauch, getrennt nach LTO-Zyklus und Cruise, aufzunehmen. Die Emissionsfaktoren werden bei Graichen et al. (2010) entnommen.[33] Für die Erfassung der durch die Fahrzeugflotte verursachten Emissionen sind die gefahrenen Kilometer für jeden Fahrzeugtyp und die spezifischen $CO_2$-Emissionsfaktoren zu ermitteln.

*Scope-1-Fragebogen erfasst Emissionsdaten zum Luftverkehr und zur Fahrzeugflotte*

Der Scope-2-Fragebogen erfasst separat die aus Strom, Wärme und Dampf resultierenden Emissionen. Für eine genaue Emissionsberechnung sind die Eigentumsverhältnisse und der Betriebszustand der Bürogebäude zu ermitteln, da auf dieser Ebene lediglich diejenigen Emissionen erfasst werden, über die das Unternehmen die Kontrolle hat. Sofern spezifische Daten bezüglich der Stromversorgung nicht verfügbar sind, ist auf Verbrauchswerte, die für ein vergleichbares Gebäude typisch sind, zurückzugreifen. Für die Bestimmung der Emissionsfaktoren ist der Energiemix des lokalen Energieanbieters zu erörtern. Vergleichbare Daten sind für den Wärmeverbrauch zu erfassen. Dampf wird gewöhnlich für die Stromproduktion oder als Prozesswärme aufgewendet. Es ist zu erwarten, dass Letzteres bei einer Fluggesellschaft nicht von Relevanz

*Scope-2-Fragebogen erfasst Emissionsdaten aus Strom-, Wärme- und Dampfverbrauch*

---

[32] Vgl. IPCC (2007), S. 33.
[33] Vgl. Graichen et al. (2010), S. 20.

ist. Alternativ können Emissionsfaktoren der „ProBas"-Datenbank des Umweltbundesamtes entnommen werden.[34]

Scope-3-
Fragebogen
umfasst
insgesamt fünf
Kategorien

Für die Erfassung und Bewertung der Scope-3-Emissionen von Aircarbon werden folgende Unterkategorien gebildet: gekaufte Güter und Dienstleistungen (z. B. Flugzeugflotte, Lebensmittel und Getränke für das Bordcatering, Reinigungsprodukte), Transport und Verteilung gekaufter Produkte, Geschäftsreisen der Mitarbeiter, Entsorgung bzw. Behandlung des Abfalls, verursacht durch den Betrieb (z. B. Verkauf eines Flugzeugs), Hin- und Rückweg der Mitarbeiter zur Arbeit.

Pendlerverhalten
der Mitarbeiter
wird über Online-
Befragung
ermittelt

Um das Pendlerverhalten der Mitarbeiter zu erfassen, wurde ein Online-Fragebogen entwickelt, wobei folgende Aspekte abgefragt wurden: Pendlerart (Transportart/Kraftstoffart), Anzahl der Pendlertage nach Pendlerart, Pendlerstrecke nach Pendlerart und, sofern vorhanden, Kraftstoffverbrauch pro 100 km.[35] Von Bedeutung ist, dass nicht das Pendlerverhalten von 2009 erfasst wurde, sondern das aktuelle Pendlerverhalten zum Zeitpunkt der Befragung (2010). Damit sollen Verzerrungen vermieden werden. Für die Kalkulation der Gesamtemissionen für das Jahr 2009 wird ein vergleichbares Verhalten bei den Mitarbeitern unterstellt. Dieser Fragebogen wurde mit Mitarbeitern des Unternehmens auf seine Funktionsfähigkeit getestet. Abschließend wurde der Fragebogen durch die Institution GESIS (The Leibniz Institute for Social Sciences) geprüft. Für die Kalkulation der Emissionen wird auf verschiedene Datenquellen zurückgegriffen.[36]

## 3.3 Ergebnisse

### 3.3.1 Scope-1-Emissionen

Die Fluggesellschaft Aircarbon setzt in ihrem Flugbetrieb lediglich einen Flugzeugtyp ein (Airbus A 319). Ein durchschnittlicher Flug hatte im Jahr 2009 eine Gesamtlänge von 849 km und einen Kerosinverbrauch von 3.486 kg. Der Gesamtkerosinverbrauch über alle 62.740 Flüge lag bei 218.711,64 t. Eine Unterscheidung in internationale und innerdeutsche Flüge wurde seitens des Unternehmens nicht vorgenommen. Basierend auf der Kürze der Durchschnittsstrecke werden vor allem nationale Flüge unterstellt. Für nationale Flüge wird ein Kerosinverbrauch von 850 kg pro LTO-Zyklus angenommen. Daraus resultiert, dass für den LTO-Zyklus über alle Flüge ein Kerosinverbrauch von 53.329 t ermittelt werden kann und für die Cruise-Phase ein Verbrauch in Höhe von 165.382,64 t. Wie Tab. 2 zeigt, verursacht das $CO_2$ über beide Phasen

---

[34] http://www.probas.umweltbundesamt.de/php/index.php.
[35] Vgl. Erickson (2003), S. 3–4.
[36] Vgl. DEFRA 2008; Johänning 2010; US EPA 2008.

688.941,67 t$CO_2$-eq[37], gefolgt von den $N_2O$-Emissionen in Höhe von 6.835,45 t$CO_2$-eq[38]. Die $CH_4$-Emissionen sind vergleichsweise gering mit 466,63 t$CO_2$-eq. Daraus ergeben sich Gesamtemissionen von 696.243,74 t$CO_2$-eq, wobei die $CO_2$-Emissionen einen Anteil von ca. 99 % ausmachen. Der Kraftstoffverbrauch der Pkw-Flotte wurde seitens des Unternehmens nicht geführt, sodass diese Emissionen nicht in die Kalkulation der Scope-1-Emissionen einbezogen wurden.

| Kerosin-verbrauch [t] | THG | Emissionsfaktoren[39] [in kg/tKerosin] | | | Emissionen [kg THG] | Gewich-tung | Emissionen [kg $CO_2$-eq] |
|---|---|---|---|---|---|---|---|
| | | National | Inter-national | Durch-schnitt | | | |
| LTO-Phase: 53.329 | | | | | | | |
| | $CO_2$ | 3.150,00 | (3.150,00) | (3.150,00) | 167.986.350,00 | 1 | 167.986.350,00 |
| | $CH_4$ | 0,35 | (0,13) | (0,24) | 18.665,15 | 25 | 466.628,75 |
| | $N_2O$ | 0,12 | (0,09) | (0,105) | 6.399,48 | 298 | 1.907.045,04 |
| Cruise-Phase: 165.382,64 | | | | | | | |
| | $CO_2$ | 3.150,00 | (3.150,00) | (3.150,00) | 520.955.316,00 | 1 | 520.955.316,00 |
| | $CH_4$ | 0,00 | (0,00) | (0,00) | 0,00 | 25 | 0,00 |
| | $N_2O$ | 0,10 | (0,10) | (0,10) | 16.538,26 | 298 | 4.928.402,67 |

Tab. 2: Berechnung der Scope-1-Emissionen von „Air Carbon"

### 3.3.2 Scope-2-Emissionen

Der erfasste Stromverbrauch bemisst sich auf 1.297 MWh. Nicht enthalten sind die Energieverbrauchsdaten von den Flughäfen, wo lediglich ein Check-In existiert. Für die Emissionskalkulation wurde ein Energie-Mix für die Stromproduktion des Untersuchungslandes zugrunde gelegt (s. Tab. 3). Der Wärmeverbrauch in Höhe von 154,5 MWh wurde ebenfalls mit landestypischen Emissions-Durchschnittswerten multipliziert.

---

[37] 167.986,35 + 520.955,32 = 688.941,67 t$CO_2$-eq.
[38] 1.907,05 + 4.928,40 = 6.835,45 t$CO_2$-eq.
[39] Vgl. Graichen et al. (2010), S. 20.

| Strom | | | Wärme | | | Summe Scope 2-Emissionen [tCO$_2$-eq] |
|---|---|---|---|---|---|---|
| Jährlicher Verbrauch [MWh] | kg CO$_2$-eq/1 TJ Elektrizität[40] | Emissionen [tCO$_2$-eq] | Jährlicher Verbrauch [MWh][41] | kg CO$_2$-eq/1 TJ Warmwasser | Emissionen [tCO$_2$-eq] | |
| 1.297 | 171*10$^3$ kg CO$_2$-eq/1 TJ Elektrizität | 798,4 | 154,5 | 51,9*10$^3$ kg CO$_2$-eq/1 TJ Warmwasser | 28,9 | 827,6 |

Tab. 3: Berechnung der Scope-2-Emissionen von „Air Carbon"

### 3.3.3 Scope-3-Emissionen

In die Kalkulation der Scope-3-Emissionen von Aircarbon fließen lediglich die geschätzten Emissionen aus dem Pendlerverhalten der Mitarbeiter ein.[42] Für die übrigen Scope-3-Gruppen konnten keine Daten erfasst werden. Für die Bewertung der Emissionen werden verschiedene Werte herangezogen. Basierend auf den Befragungsdaten und den entnommenen Emissionswerten konnten durchschnittliche Emissionen pro Mitarbeiter von 7[43], 7,5 kg[44] oder 8,1 kg[45] CO$_2$ pro Tag ermittelt werden. Legt man den mittleren Wert von 7,5 kg CO$_2$ zugrunde, resultiert daraus eine jährliche Gesamtmenge von 1.553 kg CO$_2$ für jeden einzelnen Mitarbeiter und 1.575.787,5 kg CO$_2$ bzw. 1575,79 t CO$_2$ über alle Mitarbeiter des Unternehmens. Es ist jedoch zu beachten, dass diese Emissionsfaktoren auf aggregierten Werten beruhen und dass beispielsweise das Fahren innerhalb einer Stadt zu einem höheren Verbrauch führt als das Fahren außerhalb der Stadtgrenzen.

### 3.3.4 Gesamtergebnis von Air Carbon

Carbon Footprint beträgt für 2009 698.647,13 tCO$_2$-eq

Basierend auf den Emissionen der einzelnen Ebenen ergibt sich ein Carbon Footprint in Höhe von 698.647,13 tCO$_2$-eq. Hervorzuheben ist, dass die Scope-1-Emissionen am unternehmerischen Carbon Footprint für die gewählte Systemgrenze einen Anteil von 99,66 % verursachen und damit sehr dominant sind. Und dies, obwohl nur nationale Flüge angenommen wurden, die einen geringeren Kerosinverbrauch in der LTO-Phase haben. Würde man eher internationale Flüge ansetzen, würde sich der Kerosinverbrauch in Richtung LTO-Phase verschieben.

---

[40] http://www.probas.umweltbundesamt.de/php/index.php.
[41] http://www.probas.umweltbundesamt.de/php/index.php.
[42] Ein durchschnittlicher Mitarbeiter des betrachteten Unternehmens arbeitet 207 Tage. Feiertage, durchschnittlicher Urlaubsanspruch, durchschnittliche Anzahl Krankheitstage sind abgezogen.
[43] Vgl. DEFRA (2008).
[44] Vgl. Johänning 2010).
[45] Vgl. US EPA (2008).

Der Emissionsfaktor in der LTO-Phase für CH$_4$ ist dabei höher als in der Cruise-Phase, jedoch geringer als für nationale Flüge (s. Tab. 2).

Grundsätzlich ist festzuhalten, dass aufgrund fehlender Inputdaten auf den Ebenen 2 und 3 die Emissionen geringer ausfallen, als diese in der Realität sind. Es ist allerdings zu vermuten, dass selbst bei vollständiger Datenlage die Scope-2-Emissionen von Aircarbon nicht wesentlich steigen würden. Anders verhält es sich mit den Scope-3-Emissionen. Hier ist zu erwarten, dass eine vollständige Erfassung den Anteil deutlich erhöhen würde. Um jedoch die erhobenen Daten zu reflektieren, werden die Daten von Aircarbon im weiteren Verlauf mit anderen Unternehmen der Branche verglichen.

> Vollständige Input-Daten würde vor allem Scope-3-Emissionen deutlich erhöhen

## 3.4 Emissionen im Branchenvergleich

### 3.4.1 Vergleich der absoluten Werte

Wie in Tab. 4 dargestellt, machen alle aufgeführten Unternehmen Angaben zu den Scope-1-Emissionen.[46] Ähnlich wie bei Aircarbon dominieren die Scope-1-Emissionen deutlich (mindestens 96 %) die übrigen Emissionen. Aus den zur Verfügung stehenden Daten ist jedoch nicht ableitbar, welche Geschäftsbereiche in die Kalkulation miteinbezogen werden. So ist das Unternehmen E beispielsweise nicht nur im Bereich der Personenförderung tätig, sondern auch im Transport von Frachtgütern. Das Unternehmen A bietet darüber hinaus Taxi-Dienstleistungen an.

> Scope-1-Emissionen dominieren bei allen Fluggesellschaften

Alle betrachteten Unternehmen berichten ebenfalls die Scope-2-Emissionen, jedoch sind Abweichungen hinsichtlich der eingeschlossenen Aktivitäten zu beobachten. So berücksichtigen die Unternehmen C, E und F nur die Emissionen aus dem Stromverbrauch. Bei den übrigen Unternehmen ist anzunehmen, dass auch die Emissionen aus Wärme und Dampf berücksichtigt werden. Auffällig ist der niedrige Wert der Scope-1-Emissionen des Unternehmens B im Vergleich zu den übrigen Unternehmen. Die Scope-2-Emissionen von Aircarbon erscheinen ebenfalls sehr gering. Von Bedeutung ist außerdem, dass sowohl Unternehmen D und E ihre Angaben in CO$_2$-Emissionen und nicht in CO$_2$-eq tätigen, wodurch geschlussfolgert werden kann, dass andere THG-Emissionen in der Kalkulation nicht berücksichtigt worden sind.

> Variable Scope-2-Berichterstattung führt zu stark abweichenden Angaben

Nur drei der betrachteten Wettbewerbsunternehmen berücksichtigen Scope-3-Emissionen, wobei die konkrete Zahl sehr stark variiert. Letztlich wird aus den Berichten nicht deutlich, wo diese Emissionen entstehen. Ein Auslassen dieser Kategorie kann zu einer deutlichen Verbesserung des

> Scope-3-Emissionen werden kaum berichtet

---

[46] Die Daten sind der CDP-Datenbank, dem Nachhaltigkeitsbericht oder dem Umweltbericht der Unternehmen entnommen.

unternehmerischen Carbon Footprint führen, insbesondere dann, wenn eine Vielzahl an Aktivitäten eines Unternehmens ausgegliedert ist.

| Unternehmen (Jahr) | Scope 1 | Scope 2 | Scope 3 | Summe THG | PKT [Mio.] | THG pro PKT |
|---|---|---|---|---|---|---|
| Aircarbon (2009) | 696.244 tCO$_2$-eq | 828 tCO$_2$-eq | 1.576 tCO$_2$-eq | 698.648 tCO$_2$-eq | 6.240 | 112,0 gCO$_2$-eq |
| A (2008) | 16.840.627 tCO$_2$-eq | 105.781 tCO$_2$-eq | 639.113 tCO$_2$-eq | 17.585.521 tCO$_2$-eq | 114.346 | 153,8 gCO$_2$-eq |
| B (2009) | 4.307.000 tCO$_2$-eq | 2.000 tCO$_2$-eq | k. A. | 4.309.000 tCO$_2$-eq | 50.566 | 85,2 gCO$_2$-eq |
| C (2009) | 2.246.271 tCO$_2$-eq | 34.900 tCO$_2$-eq (nur Strom[47]) | k. A. | 2.281.171 tCO$_2$-eq | 19.935 | 114,4 gCO$_2$-eq |
| D (2009) | 5.688.709 tCO$_2$-eq | 26.391 tCO$_2$ | 28.324 tCO$_2$ | 5.743.424 tCO$_2$ | 62.158 | 92,4 gCO$_2$ |
| E (2009) | 24.228.134 tCO$_2$ | 305.947 tCO$_2$ (nur Strom) | k. A. | 24.534.081 tCO$_2$ | 166.371 | 147,5 gCO$_2$ |
| F (2009) | 3.203.956 tCO$_2$ | 127.429 tCO$_2$-eq (nur Strom[48]) | k. A. | 3.331.385 tCO$_2$-eq | 25.228 | 132,1 gCO$_2$-eq |
| G (2009) | 6.297.794 tCO$_2$-eq | 104.408 tCO$_2$-eq | 45.167 tCO$_2$-eq | 6.447.369 tCO$_2$-eq | 82.553 | 78,1 gCO$_2$-eq |

k. A. – keine Angabe.

Tab. 4: Vergleich der Scope-1-, -2- und -3-Emissionen, der Gesamt-THG und der Gesamt-THG pro PKT zwischen europäischen Unternehmen der Luftfahrtindustrie[49]

### 3.4.2 Vergleich auf Basis von Passagierkilometern

Funktionelle Einheit Passagierkilometer unterstützt Unternehmensvergleich

Ein stichhaltigerer Vergleich zwischen Unternehmen wird nur dann möglich, wenn ein geeigneter Vergleichsmaßstab bzw. eine sinnvolle funktionelle Einheit herangezogen wird. Dafür eignen sich in der Luftfahrtindustrie die Passagierkilometer (PKT).[50] Das betrachtete Fallunternehmen Aircarbon erreichte im Jahr 2009 insgesamt 6.240 Mio. PKT. Wird dieser Wert ins Verhältnis zu den ausgestoßenen CO$_2$-eq gesetzt, ergibt sich ein Wert von 112,0 gCO$_2$-eq pro PKT. Im Vergleich zu den übrigen Unternehmen liegt damit Aircarbon im Mittelfeld. Das Unter-

---

[47] CO$_2$-eq abgeleitet aus dem Stromverbrauch von 56.693 MWh.

[48] CO$_2$-eq abgeleitet aus dem Stromverbrauch von 207.000 MWh.

[49] Die Daten sind der CDP-Datenbank, dem Nachhaltigkeitsbericht oder dem Umweltbericht der Unternehmen entnommen.

[50] Passagierkilometer = Zahl der Passagiere * Flugstrecke.

nehmen G weist mit 78,1 $gCO_2$-eq pro PKT den geringsten Wert auf und Unternehmen A mit 153,8 $gCO_2$-eq pro PKT den höchsten Wert.

Wie bereits erwähnt, sind die in Tab. 4 dargestellten absoluten und relativen Werte eingeschränkt zu betrachten, da die Unternehmen einen unterschiedlichen Umfang an Emissionen in den unternehmerischen Carbon Footprint einkalkulieren. In diesem Zusammenhang kann die angewendete Kalkulationsmethode Aufschluss bringen und Abweichungen begründen. Basis der Kalkulation für Aircarbon bildete das THG-Protokoll, worauf sich ebenfalls Unternehmen E bezieht. Im Gegensatz dazu nutzt Unternehmen C die Richtlinien der Global Reporting Initiative (GRI). Für die übrigen Unternehmen konnte kein konkreter Ansatz identifiziert werden. Diese unterschiedlichen Ansätze in Kombination mit einer Bandbreite verschiedener zu berücksichtigender Emissionen resultieren in Ergebnissen, die einen Vergleich kaum zulassen.

*Benchmarking gegenwärtig nur eingeschränkt möglich*

Resümierend ist festzuhalten, dass innerhalb dieser Branche eine standardisierte Methode zur Kalkulation des unternehmerischen Carbon Footprint dringend notwendig ist. Das THG-Protokoll bietet diesbezüglich entsprechende Voraussetzung zur Identifikation, Determination und Berichterstattung von THG-Emissionen für Unternehmen aus der Luftfahrtbranche.

*Standardisierte Methode unerlässliche Voraussetzung für Benchmarking*

## 3.5 Lessons learned

Die Ermittlung des Carbon Footprint von Aircarbon verdeutlicht, dass eine Erfassung der THG bzw. die dahinterstehenden Inputdaten die größte Schwierigkeit darstellt. In der Regel sind die Scope-1-Emissonen einfach zu erfassen, da der Kerosinverbrauch sehr hohe Kosten verursacht und daher im Controlling geführt wird. Ähnlich liegt der Fall bei den Scope-2-Emissionen. Dennoch erwies es sich im Rahmen der Fallstudie als schwierig, Strom- und Wärmeverbrauchsdaten für Standorte zu erhalten, wo kein Büro- oder Verwaltungsgebäude besteht. Häufig wird hier eine Pauschale an die Flughäfen für den Check-In gezahlt, die verschiedene Posten (Strom, Wärme, Reinigung etc.) abdeckt.

*Scope-1- und Scope-2-Daten einfacher zu erheben*

Die Erfassung der Scope-3-Emissionen erwies sich am schwierigsten. Bereits die Auflistung der Lieferanten und Dienstleister bzw. des Produkts und der Dienstleistung war beschwerlich und zeitintensiv. Dennoch war das Ergebnis bescheiden, da diese keine Angaben zu den Emissionen machen konnten. Häufig wurden sie zum ersten Mal auf THG-Emissionen angesprochen. Einzig die Erhebung des Pendlerverhaltens konnte einen Beitrag zu den Scope-3-Emissionen leisten.

*Inputdaten für Scope-3-Emissionen beschwerlicher zu erheben*

Anfang bei der Ermittlung des Carbon Footprint ist gemacht

Auch wenn die Erfassung der THG-Emissionen mit Hemmnissen verbunden und zeitaufwendig war, ist nun jedoch ein Anfang gemacht. Die Fallstudie bewirkte den Anstoß bei Aircarbon, die unternehmerischen $CO_2$-Emissionen langfristig zu ermitteln. In Vorbereitung auf den nächsten Carbon Footprint ist auf Ebene der Scope-1-Emissionen zu empfehlen, den Verbrauch und auch die Emissionen, getrennt nach Flugziel und Flugphasen, zu erfassen. Dies ist relativ leicht durch die Controlling-Abteilung zu steuern und zu realisieren. Des Weiteren sind die gefahrenen Kilometer und der dazugehörige Kraftstoffverbrauch nach Fahrzeug aufzulisten. Zur Verbesserung der Daten bei den Scope-2-Emissionen ist beim Flughafenbetreiber bzw. Vermieter des Büro- und Verwaltungsgebäudes zu erfragen, welcher konkrete Strom-Mix am jeweiligen Standort vorliegt bzw. wie die verbrauchte Wärme erzeugt wird.

Scope-3-Emissionen bergen immense Unsicherheiten, aber auch große Potenziale

Dem Unternehmen Air Carbon wird empfohlen, die Befragung zum Pendlerverhalten zu wiederholen, um noch einen größeren Pool an Mitarbeitern zu erreichen. Es ist jedoch zu vermuten, dass diese Emissionen im Vergleich zu den übrigen Scope-3-Emissionen marginal sind. Daher ist vornehmlich auf die übrigen Kategorien zu fokussieren. Das gilt vor allem für die einzukaufenden Flugzeuge. Gegenwärtig existiert keine Ökobilanz zur Flugzeugproduktion, sodass eine Abschätzung der davon ausgehenden THG-Emissionen nicht möglich ist. Damit kann ebenfalls keine Aussage zum prozentualen Anteil der Scope-3-Emissionen an den Gesamtemissionen getroffen werden. Einzelne Hersteller von Flugzeugkomponenten erstellen jedoch bereits Ökobilanzen, sodass für die Zukunft absehbar ist, dass diese Emissionen ermittelbar sind. Dass die Scope-3-Emissionen nicht zu vernachlässigen sind, zeigt z.B. die jüngst erschienene Umwelt-Gewinn- und Verlust-Rechnung von PUMA, aus der hervorgeht, dass ca. sechs Siebtel aller THGs den Emissionen der Scope-3-Ebene zuzurechnen sind.[51]

Sicherlich werden auch im nächsten Jahr nicht die Scope-3-Emissionen beim Unternehmen Aircarbon vollständig vorliegen, doch ein regelmäßiges Nachfragen bei Lieferanten und Dienstleistern oder eventuell eine Verpflichtung dieser zur Vorlage der von den Produkten bzw. Dienstleistungen ausgehenden Emissionen kann bewirken, dass diese Kategorie immer vollständiger berichtet werden kann.

Erfassungsbögen bieten Basis für eine einheitliche THG-Berichterstattung

Die im Rahmen dieser Fallstudie entwickelten Erfassungsbögen basieren auf den gleichen Ansprüchen wie das THG-Protokoll, allerdings mit dem spezifischen Fokus auf die Luftfahrtindustrie. Daher können diese Fragebögen einen standardisierten Prozess unterstützen und somit eine weite Anwendung ermöglichen. Da ein umfassender Carbon Footprint eine Vielzahl von Prozessen und Subprozessen einschließt, ist es

---

[51] Vgl. PUMA (2011), S. 8.

unumgänglich, verschiedene Anspruchsgruppen des Unternehmens wie Lieferanten oder Dienstleistungsanbieter in den Prozess mit einzubeziehen. Für einen erfolgreichen Prozess ist daher eine enge Kommunikation zu den betreffenden Unternehmen Voraussetzung.

Der unternehmerische Carbon Footprint und selbst der Weg dahin ermöglicht dem Management, fundierter strategische und operative Entscheidungen bezüglich möglicher Maßnahmen zur Senkung von THG und damit dem Carbon Footprint zu treffen, denn „What you don't measure, you can't control". Außerdem kann mit einem umfassenden Carbon Footprint den Stakeholdern oder der interessierten Öffentlichkeit eine „true and fair view" hinsichtlich der THG-Emissionen des Unternehmens vermittelt werden. Letztlich ist auch ein Vergleich zu Unternehmen der Branche möglich.

*Unternehmerischer Carbon Footprint bietet Mehrwert für Unternehmen*

## 4   Literaturhinweise

Bala et al., Simplified tools for global warming potential evaluation: when ‚good enough' is best, International Journal of Life Cycle Assessment, 15. Jg., H. 5/2010, S. 489–498.

Carbon Trust (Hrsg.), Carbon footprinting. An introduction for organization, 2007.

DAT Deutsche Automobil Treuhand GmbH (Hrsg.), Leitfaden zu Kraftstoffverbrauch und $CO_2$-Emissionen aller neuen Personenkraftwagenmodelle, die in Deutschland zum Verkauf angeboten werden, Ausgabe 2010, 4. Quartal.

DEFRA (Hrsg.), Guidelines to Defra's GHG Conversion Factors: Methodology Paper for Transport Emission Factors, 2008.

Directive 2008/101/EC of the European Parliament and of the Council, November 2008.

Duckett/Ormrod, Counting carbon, The Chemical Engineer, 806. Jg., 2008, S. 39–41.

Erickson, Employee Commutes: Baseline information to enable cities to reduce GHG emissions and save money, GHG Inventory Project, 2003.

Goessling, Global environmental consequences of tourism, Global Environmental Change, 12. Jg, H. 4/2002, S. 283–302.

Graichen et al., Überarbeitung des Emissionsinventars des Flugverkehrs, in: Umweltbundesamt (Hrsg.), Texte, 32/2010, 2010.

IPCC (Hrsg.), Datenbank für Emissionsfaktoren vom IPCC, 2006.

IPCC (Hrsg.), Aviation and the Global Atmosphere, in Contribution of Working Group I to the Fourth Assessment Report of the Intergovernmental Panel on Climate Change, 2007.

ISO (Hrsg.), ISO 14040:2006: Umweltmanagement – Ökobilanz – Grundsätze und Rahmenbedingungen, 2006.

Johänning, Mobilitätsumfrage des Umweltbundesamtes 2009. Aktualisierung und Modifizierung der Mobilitätsumfrage aus dem Jahr 2006, in Umweltbundesamt (Hrsg.), Texte, 31/2010, 2010.

Öko-Institut e.V. (Hrsg.), Globales Emissions-Modell Integrierter Systeme (GEMIS), Version 4.5., 2010.

PUMA, PUMA's Environmental Profit and Loss Account for the year ended 31 December 2010, 2011.

Rypdal, Aircraft Emission, in IPCC (Hrsg.), Good Practice Guidance and Uncertainty Management in National Greenhouse Gas Inventories, 2002.

Stechemesser/Günther, Carbon Accounting. A systematic literature review, Journal of Cleaner Production, accepted.

US Environmental protection agency (US EPA), Climate leaders. Greenhouse gas inventory protocol core module guidance: optional emissions from commuting, business travel and product transport.

Weidema et al., Carbon footprint, Journal of Industrial Ecology, 12. Jg., H. 1/2008, S. 3–6.

Wiedmann/Minx, A definition of ‚Carbon footprint‘, ISA UK Research Report, 07–01, 2007.

Wood et al., Apportioning aviation $CO_2$ emissions to regional administrations for monitoring and target setting, Transport Policy, 17. Jg., H. 4/2010, S. 206–215.

WRI/WBCSD (Hrsg.), The greenhouse gas protocol. A Corporate Accounting and Reporting Standard, 2004.

WRI/WBCSD [2007a] (Hrsg.), Indirect CO2 Emissions from the Consumption of Purchased Electricity, Heat, and/or Steam. Guide to calculation worksheets, 2007.

WRI/WBCSD [2007b] (Hrsg.), The greenhouse gas protocol. Measuring to Manage: A Guide to Designing GHG Accounting and Reporting Programs, 2007.

WRI/WBCSD/(Hrsg.), The greenhouse gas protocol. Scope 3 Accounting and Reporting Standard, Supplement to the GHG Protocol, Corporate Accounting and Reporting Standard. Draft for road testing, 2010.

# Strategisches Kosten- und CO$_2$-Management in der Produktentwicklung – ein „grüner" Target Costing-Ansatz

- Eine „grüne" Produktentwicklung ermöglicht, frühzeitig einen Großteils der ökologischen und ökonomischen Auswirkungen eines Produkts zu beeinflussen. Die mit der Entwicklung „grüner" Produkte einhergehenden Herausforderungen, wie das Vereinbaren von Kosten- und CO$_2$-Zielen über den gesamten Produktlebenszyklus, können grundsätzlich durch das Target Costing gelöst werden.

- Die Ausrichtung des Target Costing auf ökologische Sachverhalte erfordert die Erweiterung zu einem „grünen" Target Costing. Grünes Target Costing ermöglicht die gleichberechtigte Betrachtung und Beeinflussung von Kosten und Emissionen in der Produktentwicklung. „Grünes" Kaizen-Costing unterstützt daran anknüpfend die langfristige Implementierung von Reduktionszielen im Unternehmen.

- Eine Fallstudie, in der eine grüne Logistikdienstleistung entwickelt wurde, verdeutlicht das Vorgehen in der Praxis und zeigt, wie Kosten- und CO$_2$-Ziele langfristig erreicht werden können.

## ■ Der Autor

**Sebastian Berlin**, Wissenschaftlicher Mitarbeiter am International Performance Research Institute (IPRI) und Doktorand an der Universität Stuttgart.

# 1 Grüne Produktentwicklung

Die gesellschaftlich auf allen Ebenen geführte Nachhaltigkeitsdiskussion führt dazu, dass sowohl die Anforderungen an die Ökologieorientierung von Unternehmen als auch das Bewusstsein in den Unternehmen, ökologieorientiert zu handeln, steigen. Aus Sicht der Unternehmen umfasst die ökologieorientierte Unternehmensausrichtung neben der ökologieorientierten Gestaltung der Unternehmensprozesse die öko-logieorientierte Produkt- und Dienstleistungsgestaltung.[1] Vor dem Hintergrund der „Low-Carbon Economy" werden „grüne" Produkte und Dienstleistungen insbesondere im Hinblick auf die Verminderung von $CO_2$-Emissionen über den gesamten Produktlebenszyklus hinweg entwickelt.

## 1.1 Herausforderungen der grünen Produktentwicklung

Die Produktentwicklung besitzt sowohl ökonomisch als auch ökologisch eine Hebelwirkung. Vergleichbar mit den über den Lebenszyklus des Produkts verursachten Kosten wird auch der größte Teil der durch das Produkt verursachten $CO_2$-Emissionen bereits in dieser Phase festgelegt.[2] Die Entwicklung eines grünen Produkts i.S. verminderter $CO_2$-Emissionen macht es daher erforderlich, $CO_2$-Emissionen als gleichberechtigte Zielgröße, vergleichbar mit Vorgaben zu Kosten, Funktionalität und Qualität, in die Produktentwicklung einzubeziehen.[3]

*Übereinbringen von Kosten- und $CO_2$-Zielen notwendig*

Für die Verminderung von $CO_2$-Emissionen akzeptieren Kunden nur in Ausnahmefällen Preisaufschläge. Vor allem im Business-to-Business-Bereich kommt eine Umlage dieser Kosten auf den Kunden daher nicht infrage. Vielmehr sind die Kosten, die durch die Emissionsminderung verursacht werden, in die allgemeine Kostenbetrachtung innerhalb der Produktentwicklung zu integrieren. Aus Kundensicht ist es zudem erforderlich, Kosten- und $CO_2$-Ziele gleichermaßen in ein angemessenes Verhältnis zu bringen, sodass sich der vom Kunden wahrgenommene Nutzen des grünen Produkts auch in den Kostenstrukturen wider-spiegelt.[4] Ein in der traditionellen Produktentwicklung etablierter Ansatz, den Ausgleich mehrerer Zielgrößen aus Kundensicht zu gestalten, ist das Target Costing.

*Keine Preis-aufschläge für grüne Produkte*

---

[1]   Vgl. Schaltegger et al. (2010), S. 50.
[2]   Vgl. Günther (2008), S. 189 ff.
[3]   Vgl. Kaebernick et al.(2003), S. 463.
[4]   Vgl. Dangelico/Pujari (2010), S. 480.

## 1.2 Ziele und Verbreitung des Target Costing

Target-Costing-Ziele

Target Costing ist ein Ansatz des strategischen Kostenmanagements, der es ermöglicht, einen geplanten Gewinn über den Produktlebenszyklus zu realisieren und gleichzeitig die Kundenanforderungen an ein Produkt zu erfüllen.[5] Die kalkulatorische Grundlage bilden der Zielpreis, den die Kunden bereit sind zu zahlen, und eine Zielgewinnmarge. Durch Abzug der Gewinnmarge vom Zielpreis ergeben sich die erlaubten Kosten des Produkts. Diese bilden die Obergrenze für alle durch das Produkt im Lebenszyklus verursachten Kosten.

Die Zielkostenlücke umfasst den Betrag, um den die erlaubten Kosten die Standardkosten unterschreiten, die auf Grundlage der derzeitigen Produktionstechnologien ermittelt wurden. Die Zielkostenlücke wird nicht durch schlichtes „Costcutting" verringert, sondern vielmehr durch umfassende Kostenmanagement-Maßnahmen und deren langfristige Implementierung.

Target-Costing-Verbreitung

Target Costing hat seit seiner Einführung Ende der 1980er Jahre inzwischen einen breiten Anwendungsstand erreicht. Studien kamen durchweg zu dem Ergebnis, dass mindestens 50 % der Unternehmen in Deutschland Target Costing anwenden.[6] In einigen Branchen, wie der Automobilindustrie oder der Elektrotechnik, ist Target Costing mittlerweile ein Quasistandard mit einem Verbreitungsgrad von 100 % der Unternehmen.

Trotz der weiten Verbreitung in der Unternehmenspraxis gilt Target Costing in der Wissenschaft weiterhin als neues Controlling-Instrument. Dies erklärt auch, weshalb es bislang nur punktuell und nicht in einem durchgängigen Ansatz an die beschriebenen Herausforderungen der Entwicklung $CO_2$-armer Produkte angepasst worden ist.[7]

## 2 Grünes Target Costing

Der hier vorgestellte grüne Target-Costing-Ansatz wurde im Rahmen eines Forschungsprojekts zusammen mit der TU Hamburg-Harburg, Institut für Logistik und Unternehmensführung, entwickelt. Der Ansatz richtet sich vorrangig an mittelständische Unternehmen, die bislang noch keine oder wenige Erfahrungen mit dem Target Costing sammeln konnten.[8]

---

[5] Nachfolgende Ausführungen vgl. Horváth (2011), S. 472 ff., sowie Friedl/Hoffmann/Pedell, S. 487 ff.

[6] Vgl. Held et al. (2009) sowie Kajüter(2005).

[7] Als Beispiele seien Herbst (2001) und Rünger et al. (2011) genannt.

[8] Für einen Ansatz, der sich speziell an Unternehmen richtet, die bereits ein Target Costing implementiert haben und dieses im Hinblick auf eine grüne Produktentwicklung anpassen wollen, vgl. Horváth/Berlin (2012).

## 2.1 Kurzvorstellung des Ansatzes

Nachfolgend wird das entwickelte grüne Target-Costing-Konzept erläutert (s. Abb. 1). Der Fokus liegt dabei insbesondere auf den innovativen Elementen, die vom traditionellen Target Costing abweichen.

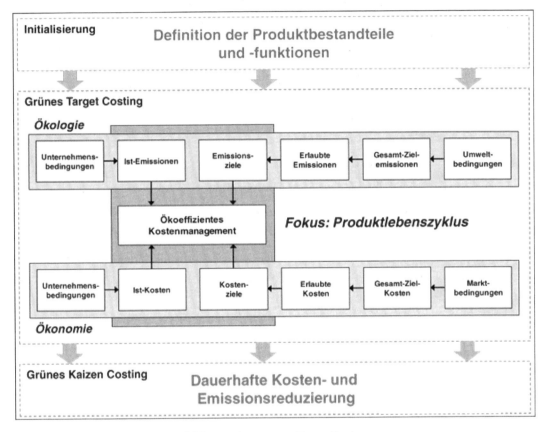

**Abb. 1:** Vorgehensmodell zur Durchführung eines grünen Target Costings

Die dem Vorgehen vorgelagerte Initialisierungsphase dient dazu, das zu entwickelnde Produkt näher zu beschreiben. Daran anschließend werden die Emissions- und Kostenziele der Produktentwicklung konkretisiert und in einem „ökoeffizienten Kostenmanagement" zusammengeführt. Die einzelnen Schritte werden nachfolgend ausführlich erläutert.

## 2.2 Initialisierungsphase

Zunächst ist das zu entwickelnde Produkt, bestehend aus Produktkomponenten und verbundenen Prozessen, zu definieren. Im Rahmen einer grünen Produktentwicklung sind insbesondere die Produktbestandteile zu spezifizieren, die im Sinne reduzierter Produktemissionen gestaltet werden sollen.

Bei Definition der Produktbestandteile und -funktionen Kundensicht beachten

Zentral für das Target Costing ist die Kundenorientierung und damit die Sicht des Kunden auf ein Produkt. Aus Kundensicht besteht ein Produkt nicht aus Komponenten und Prozessen, sondern aus Produkteigenschaften und -funktionen. Bereits in der Initialisierungsphase ist daher zu konkretisieren, welche zusätzliche(n) grüne(n) Produktfunktion(en) umgesetzt werden soll(en). Im Hinblick auf die Verminderung von $CO_2$-Emissionen könnten die resultierenden Produktfunktionen beispielsweise „$CO_2$-verminderte Produktion" oder „$CO_2$-verminderte Nutzung" lauten.

## 2.3 Ermitteln der Emissionsziele

### 2.3.1 Ermitteln der Ist-Emissionen

Ökobilanzierung als Ausgangspunkt

Die Ausgangsbasis, um grüne Produkte und Dienstleistungen zu gestalten, ist die Ermittlung der Ist-Emissionen. Um die mit den Produktkomponenten verbundenen $CO_2$-Emissionen zu bestimmen, ist eine Ökobilanzierung durchzuführen. Mithilfe der Ökobilanzierung werden sämtliche Umweltwirkungen, die von einem Produkt während seines gesamten Lebenszyklus ausgehen, analysiert und quantifiziert.

Eine Ökobilanzierung durchzuführen, erfordert umfangreiche physikalische Grundlagendaten und ist in der Praxis sehr aufwendig. Außer der Unterstützung durch spezialisierte Dienstleister empfiehlt sich für Unternehmen daher, eine vereinfachte Ökobilanzierung durchzuführen oder spezielle IT-Lösungen einzusetzen, die ein vorhandenes Enterprise-Resource–Planning-(ERP-)System erweitern (z. B. GaBi).

### 2.3.2 Bestimmen der erlaubten Emissionen anhand der Umweltbedingungen

Wichtigstes Merkmal des traditionellen Target Costing ist die Marktorientierung bezogen auf die Produktkosten. Dieser Ansatz wurde auf die Bestimmung der erlaubten $CO_2$-Emissionen im Sinne einer Umweltorientierung übertragen. Es wurden verschiedene Vorgehensweisen entwickelt, die sich an den Verfahren des traditionellen Target Costing orientieren.

Markt- und unternehmensorientierte Herleitung von Emissionszielen

Bei der marktorientierten Herleitung werden die erlaubten $CO_2$-Emissionen aus den am Markt (bei Wettbewerbern und in der Branche) üblichen $CO_2$-Emissionen ermittelt. Bei der unternehmensorientierten Herleitung werden die erlaubten $CO_2$-Emissionen auf der Grundlage

bestehender Technologien, Erfahrungswerte und/oder der Produktionsbedingungen berechnet.

Für das folgende Vorgehen wird die kombinierte Herleitung empfohlen
(s. Abb. 2). Innerhalb dieses Ansatzes werden die Anforderungen des
Marktes gezielt mit den Möglichkeiten des Unternehmens unter Berücksichtigung bestehender und künftiger Emissionsvorschriften verglichen.
Die kombinierte Herleitung verknüpft damit das marktorientierte und
das unternehmensorientierte Vorgehen in Form eines Gegenstromver-
fahrens. Der Marktbezug des Vorgehens ist weniger stark ausgeprägt.
Aufgrund fehlender Standards zur $CO_2$-Berechnung stellt dies jedoch für
die praktische Anwendung keinen Nachteil dar.

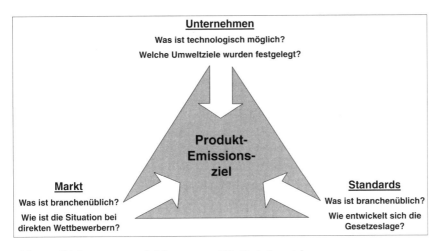

**Abb. 2:** Ableitung von produktbezogenen $CO_2$-Emissionszielen

### 2.3.3 Herleiten von Emissionszielen für einzelne Produktbestandteile

Um die $CO_2$-Emissionen komponenten- und prozessorientiert im
Rahmen eines $CO_2$-Managements steuern zu können, ist es notwendig,
die erlaubten Gesamtemissionen herunterzubrechen. Um aus den für das
Produkt erlaubten $CO_2$-Emissionen zu Emissionszielen für einzelne
Komponenten zu gelangen, wurden mehrere Ansätze entwickelt:[9]

Verschiedene Ansätze

- Gleichverteilung über alle Komponenten (Gleichverteilungsansatz),
- Verteilung entsprechend des Kundennutzens (Kundennutzen-Ansatz),
- Verteilung entsprechend der Höhe der durch die Komponenten
  verursachten Emissionen (Verursachungsansatz),
- Verteilung entsprechend möglicher Reduktionspotenziale (Redukti-
  onsansatz),

---

[9] In Anlehnung an Rünger et al. (2011), S. 6, und Monden (1999), S. 144 ff.

- Verteilung entsprechend der Ist-Emissionen vergleichbarer Produkte (Vergleichsansatz),
- Verteilung entsprechend der theoretisch minimalen Emissionsverursachung (theoriebasierter Ansatz).

Theoriebasiertes Herunterbrechen des $CO_2$-Gesamtziels

Im Folgenden wird der theoriebasierte Ansatz empfohlen. Da es sich bei den Umweltwirkungen um physikalische Prozesse mit eindeutigen Ursache-Wirkungs-Beziehungen handelt, lässt sich die Beziehung zwischen Eigenschaften einer Komponente und den verursachten Emissionen häufig unkompliziert herstellen. Die Nachteile des Ansatzes liegen in der fehlenden Marktorientierung der Komponentenvorgaben und darin, dass die Potenziale zur Emissionsminderung nicht berücksichtigt werden. Dies ist jedoch vor dem Hintergrund fehlender Standards und der häufig fehlenden Erfahrungen in Bezug auf Reduktionspotenziale in den Unternehmen zunächst vernachlässigbar.

## 2.4 Ermitteln der Kostenziele

### 2.4.1 Ermitteln der Ist-Kosten

Die Ist-Kosten (Standardkosten) eines Produkts umfassen die Kosten, die zur Herstellung des neuen Produkts auf Basis bestehender Verfahren und Technologien gegenwärtig im Unternehmen anfallen.

Notwendigkeit zur Umweltkostenerfassung

Die Entwicklung $CO_2$-armer Produkte erfordert, Umweltkosten gesondert zu erfassen. Diese u.a. durch die Verminderung der Emissionen verursachten Kosten werden häufig nur im Rahmen einer Gemeinkostenbetrachtung erfasst.[10] Die Grundlage für die Ermittlung der Umweltkosten ist, die Umweltwirkungen des Produkts möglichst vollständig zu erfassen, beispielsweise mithilfe einer Produkt-Ökobilanz. Die Erstellung einer Ökobilanz ist jedoch mit den bereits genannten Herausforderungen verbunden, die sich nachteilig auf die verursachungsgerechte Kostenzurechnung auswirken. In diesem Zusammenhang wird erneut deutlich, dass die verursachungsgerechte Erfassung und Zurechnung der Umweltwirkungen eines Produkts die unbedingte Grundlage für eine Entwicklung $CO_2$-armer Produkte darstellen.

### 2.4.2 Berücksichtigung der Marktbedingungen durch Kundennutzen- und Zielpreisermittlung

Die Marktbedingungen werden im Target Costing durch den Kundennutzen, der durch ein Produkt geschaffen wird, und den am Markt ermittelten Zielpreis einbezogen.

---

[10] Vgl. ICV (2011), S. 22 ff.

Um den Kundennutzen für die definierten Funktionen eines Produkts zu ermitteln, wird üblicherweise eine Kundenbefragung im Rahmen einer Conjoint-Analyse durchgeführt.[11] Dabei sind die mangelnde Erfahrung der Kunden mit diesen Produkten und ihr vom tatsächlichen Kaufverhalten abweichendes Antwortverhalten zu berücksichtigen.[12]

*Anpassungen der Conjoint-Analyse*

Die Erkenntnisse zur Zielpreisbestimmung sind mit Blick auf grüne Produkte widersprüchlich. Einige Studien betonen die Bereitschaft der Kunden, einen Preisaufschlag für grüne Produkte zu bezahlen.[13] Andere Studien lassen vermuten, dass Preisaufschläge nur unter bestimmten Bedingungen realisierbar sind.[14] Mit der weiteren Verbreitung grüner Produkte ist jedoch davon auszugehen, dass Preisaufschläge voraussichtlich nur in Ausnahmefällen zu realisieren sind. Künftig ist der Zielpreis eines grünen Produkts folglich vergleichbar mit dem eines traditionellen Produkts.

*Zielpreis grüner Produkte*

### 2.4.3 Kalkulation der erlaubten Kosten (Gesamtzielkosten)

Die erlaubten Kosten werden ermittelt, indem alle nicht durch das Target Costing beeinflussbaren Größen (Zielgewinn, Steuern, Rabatte und Provisionen, produktferne Gemeinkosten) vom Zielpreis abgezogen werden.

Bezüglich der Entwicklung $CO_2$-armer Produkte ist eventuell ein Risikozuschlag einzukalkulieren. Sowohl markt- als auch unternehmensseitig gibt es meist wenige Informationen und Erfahrungen mit diesen Produkten, sodass ein zusätzliches Markt- und Entwicklungsrisiko entsteht. Dieses fließt unter Umständen durch die Berücksichtigung eines Zuschlags in die Kalkulation der erlaubten Gesamtkosten ein.

*Risikozuschlag für $CO_2$-arme Produkte berücksichtigen*

Die in der Kalkulation abgezogenen Gemeinkosten enthalten häufig Umweltkosten, die für eine Emissionsminderung verursacht werden. Dies gilt beispielsweise für die Kosten zur Minderung der $CO_2$-Emissionen in der Produktion in einem Mehrprodukt-Unternehmen. Um die Umweltkosten über den Produktlebenszyklus durch das Target Costing steuern zu können, ist es jedoch notwendig, eine Umweltkostenrechnung auf der Grundlage der Stoff- und Energieströme zu implementieren. Aus Sicht der Produktentwicklung ist dabei nicht nur die Ist-Erfassung der Umweltkosten notwendig, sondern auch deren Integration in die Planungssysteme des Unternehmens.

*Integration der Umweltkosten in die Planungssysteme notwendig*

---

[11] Vgl. Horváth (2011), S. 477.
[12] Vgl. Günther (2008), S. 136 ff.
[13] Beispielsweise Longsworth et al. (2011).
[14] Vgl. Peattie(2001).

### 2.4.4 Herleitung von Kostenzielen (Zielkostenspaltung)

Bei der Zielkostenspaltung handelt es sich darum, Detailvorgaben für die kundenorientierte Gestaltung des Produkts zu ermitteln. Je Produktkomponente wird der Anteil bestimmt, den diese an der Erfüllung der Produktfunktionen (= Kundennutzen) hat. Durch dieses Vorgehen können granulare Kostenziele auf Komponenten- und Prozessebene bestimmt werden.

**Unterstützung durch Ökobilanzen und Umweltmanagement**

Auf der Grundlage der subjektiven Einschätzung des Produktentwicklungsteams werden die Funktionen den Komponenten zugeordnet. Für die Entwicklung $CO_2$-armer Produkte ist dies als kritisch einzustufen, da den Produktentwicklern häufig nicht die notwendigen Informationen über die $CO_2$-Emissionen der einzelnen Produktbestandteile vorliegen. Diese Informationen werden erst durch eine umfassende Produkt-Ökobilanz transparent. Im Sinne von Ökobilanzierungsstandards wie dem Greenhouse Gas Protocol sind darüber hinaus Informationen der (Komponenten-)Zulieferer in das Target Costing zu integrieren. Um eventuelle Erfahrungsdefizite des Produktentwicklungsteams auszugleichen, ist es darüber hinaus empfehlenswert, Experten wie den Umweltbeauftragten oder Mitarbeiter des Umweltmanagements einzubeziehen.

## 2.5 Ökoeffizientes Kostenmanagement

Der grüne Target-Costing-Ansatz erweitert das traditionelle Target Costing um die Ist- und Zielemissionen des zu entwickelnden Produkts. Die $CO_2$-Emissionen gehen dabei als gleichberechtigte Zielgröße in das Vorgehen ein. Konkret bedeutet dies, dass Kosten- und Emissionsabweichungen innerhalb eines ökoeffizienten Kostenmanagements überein gebracht werden müssen.

**Bildung von Kosten- und Emissionsindizes**

Neben der Bildung von Zielkostenindizes sieht das Konzept zur Abweichungsanalyse zusätzlich vor, Emissionsindizes je Komponente zu berechnen. Der Zielkostenindex einer Komponente ergibt sich aus dem Verhältnis von Standardkostenanteil zu erlaubtem Kostenanteil. Der Emissionsindex berechnet sich als Quotient aus Standardemissionen und erlaubten Emissionen der Komponente oder des Prozesses.

**Darstellung in Kontrolldiagrammen**

Beide Indizes werden jeweils in Kontrolldiagrammen abgetragen, um Optimierungsmaßnahmen identifizieren zu können. Die Notwendigkeit für Maßnahmen besteht, wenn die Ist-Kosten die erlaubten Kosten und die Ist-Emissionen die Ziel-Emissionen überschreiten.

**Handlungsempfehlungen**

Der Logik des Target Costings folgend, werden durch die Kombination beider Indizes Handlungsempfehlungen für das Kostenmanagement abgeleitet (s. Abb. 3).

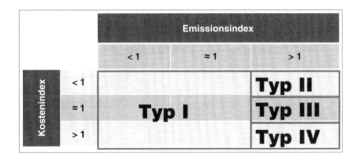

Abb. 3:   Handlungsempfehlungen im ökoeffizienten Kostenmanagement

Die Maßnahmen des traditionellen Target Costing sind als Typ-I-Maß- | **Maßnahmen zur Kostensenkung**
nahmen zusammengefasst. Die Ausrichtung der Maßnahmen betreffen
in diesem Fall folglich nur die Kosten. Nebenbedingung zur Ausführung
der Maßnahmen ist die Neutralität bzgl. der verursachten $CO_2$-Emis-
sionen. Das heißt, selbst wenn die Standardemissionen die Zielemissionen deutlich unterschreiten (Zielemissionsindex < 1), ist im Hinblick
auf die grünere Gestaltung der Logistik auf Maßnahmen zu verzichten,
die die Standardemissionen erhöhen könnten.

Eine Erhöhung der $CO_2$-Emissionen ist nicht das Ziel einer grünen
Produktentwicklung.

Typ-II-, -III- und -IV-Maßnahmen sind charakteristisch für ein ökoeffizientes Kostenmanagement. Die Maßnahmen zielen alle auf die
Senkung der $CO_2$-Emissionen.

Typ-II-Maßnahmen beschreiben kostenwirksame Maßnahmen, die im | **Maßnahmen zur Senkung der $CO_2$-Emissionen**
ökoeffizienten Kostenmanagement auf die Senkung der $CO_2$-Emissionen
zielen, beispielsweise durch den Ersatz von Rohstoffen durch häufig
teurere zertifizierte Rohstoffe.

Typ-III-Maßnahmen zielen darauf, $CO_2$-Emissionen kostenneutral (Zielkostenindex $\approx$ 1) zu senken. Ein Beispiel ist die Umsetzung nichtmonetärer Anreize („grüner Mitarbeiter des Monats") für ökologisches
Handeln.

Typ-IV-Maßnahmen (ökoeffiziente Maßnahmen) zielen sowohl auf | **Maßnahmen zur Kosten- und Emissionssenkung**
Kosten- als auch auf Emissionssenkungen. In diesem Fall wird von
ökoeffizienten Maßnahmen gesprochen. Die Identifikation dieser Maßnahmen erfordert häufig, umfangreiche Kreativitätstechniken einzusetzen. Als Beispiel sei die elektronische Bereitstellung von Transport-
unterlagen genannt. Durch den Verzicht auf „Transportpapiere" werden
Druckkosten eingespart und die Daten werden elektronisch und emis-
sionsgemindert übermittelt.

Allgemein stehen umfangreiche Möglichkeiten zur Emissionsminderung zur Verfügung, die aktuell in großer Anzahl branchenspezifisch veröffentlicht werden und innerhalb des ökoeffizienten Kostenmanagements eingesetzt werden können.

## 2.6 Grünes Kaizen-Costing

Überwachen und Steuern der Maßnahmen

Bei den durch das grüne Target Costing ermittelten Zielkosten und Zielemissionen handelt es sich um Durchschnittswerte des gesamten Lebenszyklus, die erst im Laufe der Zeit erreicht werden (können). Der erstmaligen Definition von Maßnahmen folgt daher deren kontinuierliche Überwachung und Steuerung durch grünes Kaizen-Costing.

Aufgabe des grünen Kaizen-Costing ist es zunächst, die sich im Produktlebenszyklus kontinuierlich verändernden Kosten- und Emissionsparameter sowie die Veränderung der Planungsprämissen zu überwachen. Gegebenenfalls muss daraufhin die Allokation der Ist- und Zielwerte verändert werden und neue Strategien und Maßnahmen zur Zielerreichung müssen gefunden werden.

Anhand der nachfolgend erläuterten Bestandteile werden Abweichungen erkannt und Gegenmaßnahmen eingeleitet (s. Abb. 4).

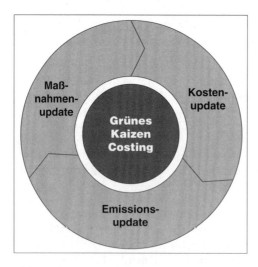

**Abb. 4:** Grünes Kaizen-Costing

Kosten-Update

Erster Bestandteil des grünen Kaizen-Costing ist ein regelmäßiges (monatliches) Kosten-Update. Veränderungen der Ist-Kosten müssen erkannt und abgeschätzt werden, damit deren Ist-Situation aktualisiert und für den nächsten Monat festgehalten werden kann.

Gleiches gilt für die $CO_2$-Emissionen. Ein permanentes Emissionsupdate muss für jede Komponente durchgeführt werden. Veränderungen der Emissionsmenge müssen ständig beobachtet und für die nahe Zukunft festgeschrieben werden.

Emissionsupdate

Der dritte Teil des grünen Kaizen-Costing ist das Maßnahmen-Update. Darin werden alle Maßnahmen in der Prozessgestaltung regelmäßig auf ihre Kosten- und $CO_2$-Wirkungen hin untersucht und entsprechend angepasst.

Maßnahmen-Update

Alle Updates sind in einen einzigen Bericht zu integrieren. Dies setzt die Anpassung der Reportingprozesse und -strukturen voraus und erfordert, die verantwortlichen Unternehmensbereiche einzubeziehen.

## 3 Fallstudie: Entwicklung einer grünen Logistikdienstleistung

Die Entwicklung einer grünen Dienstleistung für einen mittelständischen Logistikdienstleister ermöglichte, das Vorgehen zu validieren und dient nachfolgend dazu, das grüne Target und Kaizen-Costing zu illustrieren.

Innerhalb der Initialisierungsphase wurde die geplante Logistikdienstleistung spezifiziert. Dazu wurden die einzelnen Teilprozesse bestimmt und die Dienstleistung aus Kundensicht definiert. Grundsätzlich besteht die Dienstleistung aus einem ca. 600 Kilometer umfassenden Transport von 10 Tonnen Ware inklusive Vor- und Nachlauf, den entsprechenden Umschlägen und einem Aufliegertausch in der Mitte der Strecke (Begegnungsverkehr).

Initialisierung

Die Kundenwünsche wurden im Rahmen eines Workshops ermittelt. Als Ergebnis konnten die Funktionen

- Lieferzeit,
- Beschädigungen,
- Service der Mitarbeiter,
- $CO_2$-Emissionen je Tonnenkilometer und
- das $CO_2$-Reporting

identifiziert werden.

Um die Ist-Emissionen zu bestimmen, wurde das von der TU Hamburg-Harburg entwickelte $CO_2$-Kalkulationstool eingesetzt. Die Ist-Emissionen umfassen demnach 215 kg $CO_2$ je Prozessdurchführung. Ziele waren, die $CO_2$-Emissionen um 25 % zu senken und die Emissionen auf den Transportpapieren auszuweisen ($CO_2$-Reporting). Die Ziel-Emissionen je Prozess wurden auf der Grundlage der Ist-Emissionen bestimmt. Basierend auf den Ist-Emissionen von 215 kg $CO_2$ und dem Reduktionsziel von 25 % ergaben sich erlaubte Emissionen in Höhe von 161 kg $CO_2$.

Bestimmung der Ist- und Ziel-Emissionen

**Bestimmung der Ist-Kosten**

Um die Ist-Kosten der Prozesse zu bestimmen, wurde eine Prozesskostenrechnung durchgeführt. Als Ist-Kosten der Dienstleistung wurden 1.400 EUR ermittelt.

Für die kundenorientierte Gestaltung von Dienstleistungen gründet sich das grüne Target Costing – neben der Bestimmung des Nutzens einzelner Dienstleistungsfunktionen – auf die Ermittlung des Zielpreises der Dienstleistung.

**Ermittlung des Kundennutzens**

Zur Nutzenermittlung wurden daher je Funktion drei Ausprägungen (Minimum/Standard/Begeisterung) bestimmt und durch drei marktnahe Unternehmensvertreter im Rahmen einer Conjoint-Analyse bewertet. Die Bewertung ergab die nachfolgende Verteilung des gesamten Kundennutzens (= 100 %):

- Umfang schwerer Beschädigungen (58 %),
- Service der Mitarbeiter (17 %),
- Lieferzeit (15 %),
- $CO_2$-Reporting (7 %),
- $CO_2$-Emissionen je Tonnenkilometer (3 %).

**Ermittlung des Zielpreises**

Der Zielpreis wurde durch Marktstudien ermittelt. Zahlreiche Studien und im Rahmen des Projekts durchgeführte Interviews haben jedoch gezeigt, dass es sich bei einem emissionsarmen Transport um eine Mindestanforderung aus Kundensicht handelt. Aufpreise sind damit nicht möglich. In der Fallstudie wurde daher ein Zielpreis in Höhe von 1.500 EUR auf Grundlage von Erfahrungswerten des Unternehmens mit traditionellen Dienstleistungen festgelegt.

**Kalkulation der erlaubten Kosten**

Im Anschluss an die Zielpreisbestimmung wurde der Zielgewinn auf Grundlage der angestrebten Umsatzrendite festgelegt. Zielgewinn, Steuern, Rabatte und Provisionen wurden vom Zielpreis abgezogen. Dadurch ergaben sich die erlaubten Kosten. Diese betrugen für die Fallstudie 1.133 EUR. Diese Kosten bilden das Ziel des ökoeffizienten Kostenmanagements, das durch die Gegenüberstellung von erlaubten Kosten (1.133 EUR) und Standardkosten (1.400 EUR) notwendig wird.

**Ökoeffizientes Kostenmanagement**

Um die Kostenmanagement-Aktivitäten und die $CO_2$-Senkungsmaßnahmen je Prozess steuern zu können, wurden die Zielkosten- und Emissionsindizes berechnet. Beide Indizes wurden jeweils in Kontrolldiagrammen abgetragen, um so den Handlungsbedarf je Prozess zu visualisieren (s. Abb. 5).

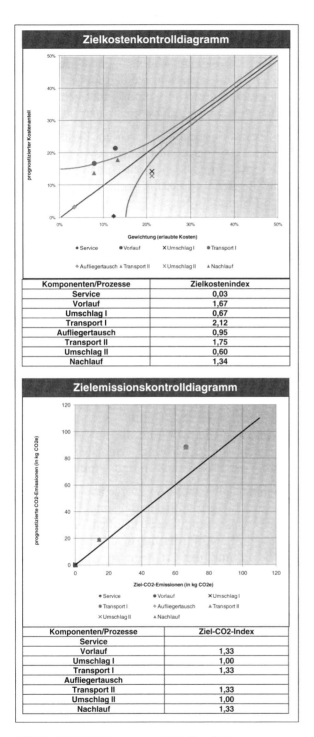

**Abb. 5:** Kontrolldiagramme und Indizes je Prozess

Durch die kombinierte Betrachtung beider Indizes je Prozess werden ökoeffiziente Maßnahmen empfohlen. Diese Empfehlungen bildeten im Folgenden die Grundlage dafür, geeignete Maßnahmen auszuwählen, damit erlaubte Kosten und Emissionen erreicht werden können. In der Fallstudie wurden eine Routenoptimierung und Fahrerschulungen beschlossen, um die erlaubten Kosten und Emissionen zu erreichen.

**Weiter-entwicklung** Im Rahmen regelmäßiger Teambesprechungen werden Kosten- und Emissionsupdates ausgewertet. Dazu wurde das Berichtssystem um die Erfassung der Emissionen erweitert. Das Kosten-Update ergab im Beispiel, dass die Effekte der Routenoptimierung niedriger als erwartet ausgefallen sind. Aus diesem Grund wurden weitere emissionssenkende Maßnahmen beschlossen.

# 4 Fazit

**Einbeziehen der $CO_2$-Emissionen in Entwicklungs-prozess** Wie im Beitrag deutlich wurde, erfordert die Entwicklung emissions-armer Produkte, die $CO_2$-Emissionen in den Entwicklungsprozess gleichberechtigt einzubeziehen. Neben Kosten, Funktionalität und Qua-lität des Produkts gewinnen die Umweltwirkungen der einzelnen Produktbestandteile damit an Bedeutung.

Vor dem Hintergrund einer weiteren Verbreitung grüner Produkte und der sinkenden Bereitschaft der Kunden, Preisaufschläge für emissions-mindernde Maßnahmen zu bezahlen, eignet sich insbesondere das grüne Target Costing zur gemeinsamen Betrachtung dieser Größen. Die Implementierung eines grünen Kaizen-Costing ermöglicht darüber hinaus die dauerhafte Senkung der Produktkosten und -emissionen.

**Grünes Target Costing auch für Dienstleistungen** Wie die Fallstudie gezeigt hat, eignet sich das Vorgehen des grünen Target Costing dabei nicht nur für grüne Produkte, sondern auch für grüne Dienstleistungen. In der Anwendung wurde deutlich, dass sich bei der Durchführung vor allem hohe Anforderungen an die Datenbasis einerseits sowie an das Wissen und die Erfahrungen der beteiligten Mitarbeiter andererseits stellen. Nur

- die umfängliche Erfassung der produkt- und unternehmensorientier-ten Stoff- und Energieströme,
- deren Zusammenführung in einer Ökobilanz und
- deren Bewertung mit Kosten

ermöglicht ein Management der Umweltkosten und $CO_2$-Emissionen aus Produktentwicklungsperspektive.

**Mitarbeiter einbeziehen** Darüber hinaus sind die Mitarbeiter im Umgang mit umweltrelevanten Größen zu schulen und die im Unternehmen vorhandenen Experten, beispielsweise aus dem Umweltmanagement, sind in die Entscheidungsprozesse mit einzubeziehen.

Die Vorstellung des entwickelten grünen Target Costing sollte vor allem eines verdeutlichen: „grün" lässt sich mit den klassischen ökonomischen Unternehmenszielen vereinbaren. Die Forschung ist in diesem Zusammenhang dazu aufgerufen, (weitere) Lösungen zu entwickeln, die sich an den in Unternehmen verbreiteten Instrumenten orientieren. Aus Sicht der Praxis wiederum bedarf es häufig eines Fürsprechers, der grüne Initiativen im Unternehmen gegenüber dem Management anregt und vorantreibt. Diese Rolle könnte im Rahmen der Funktion als Business Partner des Managements dem Nachhaltigkeitscontrolling zukommen.

Chance für das Nachhaltigkeits-Controlling

## 5 Förderhinweis

Dieser Beitrag entstand im Rahmen des Projekts „Green Logistics Target Costing". Das Vorhaben wurde über die Forschungsvereinigung Bundesvereinigung Logistik e.V. – BVL – und die Arbeitsgemeinschaft industrieller Forschungsvereinigungen „Otto von Guericke" (AiF) e.V. im Rahmen des Programms zur Förderung der industriellen Gemeinschaftsforschung und -entwicklung (IGF – 16474 N) vom Bundesministerium für Wirtschaft und Technologie aufgrund eines Beschlusses des Deutschen Bundestags gefördert. Den Förderern sei für ihre Unterstützung gedankt.

## 6 Literaturhinweise

Dangelico/Pujari, Mainstreaming green product innovation – Why and how companies integrate environmental sustainability, Journal of Business Ethics, 95. Jg., H. 3/2010, S. 471–486.

Friedl/Hofmann/Pedell, Kostenrechnung – Eine entscheidungsorientierte Einführung, 2010.

Günther, Ökologieorientiertes Management, Um-(weltorientiert) Denken in der BWL, 2008.

Held/Kijak-Kolesnik/Uhlenbroch, Strategisches Kostenmanagement – Anwendungsstand bei den 500 umsatzstärksten deutschen Unternehmen, Beiträge zur Umweltwirtschaft und zum Controlling Nr. 35, Universität Duisburg-Essen, Lehrstuhl für Betriebswirtschaftslehre, insb. Umweltwirtschaft und Controlling, 2009.

Herbst, Umweltorientiertes Kostenmanagement durch Target Costing und Prozesskostenrechnung in der Automobilindustrie, 2001.

Horváth, Controlling, 12. Aufl. 2011.

Horváth/Berlin, Green Target Costing – Getting Ready for the Green Challenge!, in: Cost Management, 26. Jg., H. 3/2012, im Druck.

Internationaler Controller Verein e.V. (ICV), Green Controlling, eine (neue) Herausforderung für den Controller? Ergebnisse einer Studie im Internationalen Controllerverein (ICV) durch die Ideenwerkstatt, 2011.

Kaebernick/Kara/Sun, Sustainable product development and manufacturing by considering environmental requirements, Robotics and Computer-Integrated Manufacturing, 19. Jg., H. 6/2003, S. 461–468.

Kajüter, Kostenmanagement in der deutschen Unternehmenspraxis – Empirische Befunde einer branchenübergreifenden Feldstudie, Zeitschrift für betriebswirtschaftliche Forschung, 57. Jg., H. 1/2005, S. 79–100.

Longsworth/Longsworth/Meyer/Hughes, ImagePower Green Brands Survey – Green Brands, Global Insights 2011, Research Report, 2011.

Monden, Wege zur Kostensenkung – Target Costing und Kaizencosting, 1999.

Peattie, Golden goose or wild goose? The hunt for the green consumer, in: Business Strategy and the Environment, 10. Jg., H. 4/2001, S. 187–199.

Rünger/Götze/Putz/Bierer/Lorenz/Reichel, Development of energy-efficient products: Models, methods and IT support, CIRP Journal of Manufacturing Science and Technology, 2011.

Schaltegger/Windolph/Harms, Corporate Sustainability Barometer – Wie nachhaltig agieren Unternehmen in Deutschland?, 2010.

# Steuerung von Corporate Responsibility mit Key-Performance-Indikatoren bei der Deutschen Telekom AG

■ Neue Einflussgrößen auf die unternehmerische Wertschöpfung erfordern eine Anpassung der etablierten Steuerungsmodelle. Neben Finanzkennzahlen und den gängigen Vertriebs- und Personalkennzahlen gewinnen weitere nichtfinanzielle Kennzahlen an Bedeutung: Key-Performance-Indikatoren für Corporate Responsibility (CR-KPIs).

■ Der Beitrag erläutert zunächst allgemeine Anforderungen, um CR-KPIs zu etablieren. Dazu gehören beispielsweise wichtige Aspekte bezüglich der zu erhebenden Basisdaten, der zugrunde liegenden Datenprozesse und der systemseitigen Einbindung. Bei der Auswahl der relevanten Kennzahlen ist der direkte Bezug zum Kerngeschäft wesentlich.

■ Im zweiten Teil des Beitrags wird die Implementierung der heutigen CR-KPIs bei der Deutschen Telekom beschrieben. Es werden die einzelnen erfolgreichen Prozessschritte und die damit verbundenen Erfahrungen erläutert sowie ein Ausblick auf weitere geplante Maßnahmen und Entwicklungen gegeben.

## ◼ Der Autor

**Silke Thomas**, Senior-Expertin Corporate Responsibility bei der Deutschen Telekom AG in Bonn.

# 1 Relevanz einer nachhaltigen Unternehmensausrichtung

Die Einflussgrößen auf die unternehmerische Wertschöpfung sind heute andere als noch vor wenigen Jahrzehnten. Neben OPEX, CAPEX und EBITDA sind neue Lenkungs- und Entscheidungsparameter hinzugekommen. Die „Triple Bottom Line", das Zusammenwirken zwischen den bekannten ökonomischen, aber auch ökologischen und sozialen Kriterien, entscheidet über den langfristigen Erfolg eines Unternehmens.

*Unternehmens-steuerung um Nachhaltigkeits-kennzahlen erweitert*

Vermehrt definieren, messen und berichten Unternehmen daher relevante Basisdaten im Feld der Corporate Responsibility (CR), die die drei Dimensionen der Nachhaltigkeit abbilden. Aufbauend auf diesen ESG-Basisdaten (ESG: Ecological, Social, Governance) und abhängig vom jeweiligen Geschäftsmodell konzipieren Unternehmen steuerungsrelevante Nachhaltigkeitskennzahlen. Bei der deutschen Telekom heißen diese Kennzahlen „Corporate Responsibility Key Performance Indicators" („CR-KPIs").

In diesem Beitrag wird erläutert, wie die Entwicklung der CR-KPIs bei der Deutschen Telekom ablief und zu welchem Zweck und mit welcher Perspektive die CR-KPIs heute unternehmensintern und -extern genutzt werden.

*Corporate Responsibility Key Performance Indicators*

# 2 Corporate Responsibility bei der Deutschen Telekom AG

Die Deutsche Telekom ist eines der führenden Dienstleistungsunternehmen in der Telekommunikations- und Informationstechnologie. Sie ist international in rund 50 Ländern vertreten und bietet den Millionen Kunden ein breites Portfolio an Produkten und Diensten in den Bereichen Festnetz/Breitband, Mobilfunk, Internet und Internet-TV sowie weitere innovative Lösungen für vernetztes Leben und Arbeiten an. Im Geschäftsjahr 2011 hat die Deutsche Telekom mit weltweit rund 235.000 Mitarbeitern einen Umsatz in Höhe von 58,7 Mrd. EUR erwirtschaftet.

*Unternehmens-profil*

Unter dem Leitsatz „Wir leben Verantwortung" verfolgt die Deutsche Telekom das Ziel, als international erfolgreicher Konzern weltweit Vorreiter im Bereich CR zu werden. Mit der konzernweiten CR-Strategie bekennt sich die Deutsche Telekom ausdrücklich zu einer nachhaltigen Unternehmensführung. Die CR-Strategie steht im Einklang mit der Konzernstrategie und gibt auch den internationalen Landesgesellschaften einen Handlungsrahmen für die Umsetzung von CR in ihren Einflussbereichen vor.

*Corporate-Responsibility-Strategie*

## 2.1 Handlungsfelder der CR-Strategie

Mit nachhaltigen Produkten, Lösungen und Initiativen trägt die Deutsche Telekom zu einer besseren Vernetzung von Leben und Arbeiten, einer chancengerechten Teilhabe an der Informationsgesellschaft und zum Klimaschutz bei. Daher gliedert sich die CR-Strategie in die folgenden drei Handlungsfelder (s. Abb. 1):

- „**Connect Life and Work**": Vernetzung von Leben und Arbeiten
- „**Connect the Unconnected**": Anschluss an die Informations- und Wissensgesellschaft
- „**Low Carbon Society**": Wege zu einer klimaschonenden Gesellschaft

**Wir leben Verantwortung...**

| **... für vernetztes Leben und Arbeiten.** | **...für eine aktive, chancengleiche Teilhabe an der Informations- und Wissensgesellschaft.** | **... für eine klimafreundliche Gesellschaft.** |
|---|---|---|
| Wir gestalten den Wandel in der Lebenswelt positiv mit. Die Deutsche Telekom setzt sich mit innovativen Produkten und Lösungen für einen Kulturwandel ein, hin zu mehr Selbstbestimmung und Lebensqualität in Freizeit und Beruf. Unser Ziel ist es, treibende Kraft für nachhaltiges Leben und Arbeiten zu sein. | Unabhängig von ihren sozialen oder wirtschaftlichen Chancen sichern wir möglichst vielen Menschen den Anschluss an die gesellschaftliche Entwicklung. Mit diesem Ziel fördern wir zahlreiche soziale Initiativen und unterstützen Projekte zur Entwicklung von Medienkompetenz. | Eine der größten Herausforderungen für die Menschheit ist die globale Erwärmung und ihre Folgen. Mit umfassenden Initiativen reduzieren wir unsere eigene Emissionen nachhaltig. Gleichzeitig befähigen wir mit unseren Lösungen auch unsere Kunden und Partner dazu, ihren Beitrag zum Klimaschutz zu leisten. |

**Abb. 1:** CR-Strategie der Deutschen Telekom AG[1]

Bedürfnisse der Anspruchsgruppen berücksichtigen

Die konkrete Ausprägung der CR-Strategie orientiert sich stark an den Bedürfnissen der internen und extern Interessen- und Anspruchsgruppen („Stakeholder") der Deutschen Telekom. Vor einigen Jahren genügten noch offizielle Vereinbarungen, Maßnahmenpläne und die Erfassung von Basisdaten, um die Ansprüche interner und externer Stakeholder zufriedenzustellen. Heute sind qualitativ hochwertige, transparente und nachvollziehbare Prozesse, Ziele und Ergebnisse sowie dazugehörige messbare und überprüfbare Erfolge notwendig, um den gestiegenen Ansprüchen innerhalb und außerhalb des Unternehmens gerecht zu werden. Zunehmender Fokus liegt daher auf der Messung, Nutzung und Kommunikation von quantitativen Ergebnissen – und damit auf dem Weg zu einem „CR-Controlling".

---

[1]  Deutsche Telekom AG (2012), S. 113.

## 2.2 Organisatorische Verankerung

Die Telekom hat eine integrierte Governance-Struktur für CR geschaffen, um eine enge Verzahnung der strategischen Steuerung mit der operativen Umsetzung im gesamten Konzern zu gewährleisten. Das sog. „CR-Board" erarbeitet für den Vorstand Empfehlungen bezüglich der Umsetzung und zukünftigen Ausrichtung der CR-Strategie. In den Sitzungen des Gremiums wurden z. B. auch die CR-KPIs diskutiert.

CR-Board entwickelt Strategie

Für das strategische CR-Management und die CR-Kommunikation ist der zentrale CR-Bereich zuständig. Er koordiniert und steuert die operative Umsetzung der CR-Strategie in allen Geschäftsfeldern und in den internationalen Landesgesellschaften. Auf Konzernebene nimmt der CR-Bereich eine Schnittstellenfunktion bei der Zusammenarbeit mit allen relevanten Bereichen ein. So führte er beispielsweise Gespräche mit den wichtigsten Konzerneinheiten (z. B. Bereiche Technik, Energie, Reise-, Gebäude- und Flottenmanagement, Einkauf, Markenmanagement), um die CR-Performance gemeinsam voranzutreiben.

CR-Bereich koordiniert alle Maßnahmen

Für die operative Umsetzung der CR-Strategie sind die CR-Manager der jeweiligen Geschäftsfelder und Landesgesellschaften verantwortlich. Sie berichten regelmäßig dem zentralen CR-Bereich über ihre Fortschritte und Aktivitäten. Um die konzernweite Zusammenarbeit zu intensivieren, wurde das „Internationale CR-Manager-Netzwerk" ins Leben gerufen.

CR-Manager verantworten operative Umsetzung

## 2.3 Relevanz für das Kerngeschäft

Wesentliches Augenmerk und Erfolgskriterium für CR bei der Deutschen Telekom ist die Integration in das Kerngeschäft. Die CR-Strategie deckt bewusst Elemente der gesamten Wertschöpfungskette des Kerngeschäfts ab. Nur eine direkte Verknüpfung mit der Wertschöpfungskette kann die strategischen Themen zu einem langfristigen Erfolg führen.

Integration in die Wertschöpfungskette

Sobald die relevanten Treiber im Kerngeschäft identifiziert sind, können ökologische und soziale Aspekte sinnvoll in bestehende Prozesse integriert werden. Aufgrund des technologischen Wandels in der Telekommunikations- und Informationstechnologie sind sowohl interne Treiber wie extern geprägte Fokusthemen der Nachhaltigkeit dynamisch und bedürfen eines regelmäßigen Reviews.

Gelingen kann die Implementierung nur, wenn sie einen Mehrwert für das Kerngeschäft der Deutschen Telekom darstellt und sich somit für alle Prozessbeteiligten nachvollziehbar auf den Unternehmenserfolg, d.h. positiv auf die langfristige finanzielle Wertschöpfung auswirkt.

# 3 Corporate-Responsibility-KPIs bei der Deutschen Telekom

## 3.1 Allgemeine Anforderungen und Rahmenbedingungen

Bedeutung nicht-
finanzieller und
qualitativer
Kennzahlen
für CR

Nichtfinanzielle und qualitative Kennzahlen werden bereits länger in Unternehmen genutzt – sowohl im klassischen externen Reporting wie z.B. im Geschäftsbericht (Kunden- und Mitarbeiterbestand) als auch in der operativen Geschäftssteuerung (Absatzdaten, Verbindungsdaten, Servicekennzahlen, Kundenzufriedenheit) und im Personalbereich (Beschäftigungsdaten, Gesundheitsquote, Mitarbeiterzufriedenheit).

In diesem Beitrag wird der Begriff „non-financials" als Synonym für solche Kennzahlen genutzt, die über dieses bisherige Spektrum hinausgehen. Grund dafür ist insbesondere die Steuerungsrelevanz von „non-financials" für Entscheidungsprozesse – ergänzend zu Personal- und Kundenthemen – entlang der gesamten Wertschöpfungskette. Die „non-financials" sollen dabei stärker ökologische und soziale Aspekte berücksichtigen und transparent machen. Insgesamt wird ein Gleichgewicht zwischen ökonomischen, ökologischen und sozialen Messgrößen angestrebt.

### 3.1.1 Anforderungen an CR-Daten und -Prozesse

Grundvoraussetzung, um jede Art eines quantitativen Reportings zu implementieren ist, dass die relevanten Daten regelmäßig, transparent und nachvollziehbar in hoher Qualität erhoben werden können. Sie müssen verständlich, klar abgrenzbar und in Bezug auf das Geschäft aussagekräftig sein.

Sustainability
Reporting
Guidelines
der GRI

Damit einhergeht die wichtigste externe Anforderung an alle Daten im CR-Reporting: die Einhaltung des weltweit führenden Reporting-Standards im Bereich Nachhaltigkeit, die „Sustainability Reporting Guidelines" der Global Reporting Initiative (GRI). Diese „GRI-Kriterien" sehen vor, dass Daten für das CR-Reporting präzise, zeitnah, verlässlich, eindeutig und vollständig sein müssen.[2] Dass dieser Standard eingehalten wird, ist auch die Voraussetzung für eine erfolgreiche Datenprüfung durch Wirtschaftsprüfungsunternehmen.

Je nach intendierter Nutzung der Daten (externes Reporting vs. internes Controlling) können unterschiedliche Erfassungszyklen – z.B. jährlich vs. quartalsweise – sinnvoll und notwendig sein.

In einem internationalen Unternehmen wie der Deutschen Telekom beruhen die Konzerndaten auf den Werten der einzelnen Unternehmensgesellschaften. Qualität und Transparenz von konzernweit, dezen-

---

[2] Vgl. Global Reporting Initiative (2011).

tral erhobenen CR-Daten müssen sichergestellt sein. Dafür bedarf es eines geeigneten Prozesses („Workflow") mit den nötigen Regeln für Kontrollen und Freigaben. Zudem sollen diese Daten nach Abschluss der Datenerfassung auch weiterhin sicher gespeichert und dezentral zugänglich sein. Um diese Anforderungen zu erfüllen, bedarf es – wie auch seit Langem gängig für Finanzdaten – einer IT-gestützten Lösung.

Es gibt auf dem Markt mehrere, speziell auf die CR-Datenerfassung zugeschnittene Softwarelösungen. Die Nutzung solcher Software ist insbesondere bei der ersten Implementierung von IT-gestützten CR-Datenprozessen sinnvoll. Mit fortschreitender Professionalität des CR-Datenmanagements und meist gleichzeitig zunehmender Einbettung der dazugehörigen Prozesse in die unternehmensspezifischen Reports ist die Integration der CR-Datenerfassung in bestehende Erfassungssysteme für Finanzdaten eine sinnvolle Weiterentwicklung.

*Integration der CR-Daten in bestehende Systeme*

### 3.1.2 Von Rohdaten zu relevanten Entscheidungsgrößen

Die Grundvoraussetzung, um CR-KPIs zu implementieren ist die Erfüllung der bereits erwähnten internen und externen Anforderungen an Daten und KPIs sowie die Verfügbarkeit der dazugehörigen IT-Systeme.

*Verhältnisgrößen definieren*

Im Gegensatz zu einfachen Roh- bzw. Basisdaten sollen KPI innerhalb des Unternehmens Relationen verdeutlichen und außerhalb des Unternehmens Vergleiche zu Wettbewerbern ermöglichen. Daher ist es sinnvoll, KPIs nicht als absolute Werte, sondern als Verhältnisgrößen zu definieren.

Die Entwicklung der CR zu einem Thema mit Relevanz für das Kerngeschäft bringt mit sich, dass dieses Thema bei den Entscheidungsprozessen im Unternehmen eine wachsende Rolle spielt. Um tatsächlich in der Unternehmenssteuerung eine Rolle zu spielen, müssen die in den KPIs verwendeten Basisdaten

- einen direkten Bezug zum Geschäft haben,
- in den Zielsystemen des Managements verankert sein und
- durch geeignete Maßnahmen vom Management auch direkt beeinflusst werden können.

In den vergangenen Jahren wurden von unterschiedlichen Organisationen und Unternehmen einige Kennzahlenstandards vorgeschlagen, die genau diesen Anforderungen gerecht werden sollen. Die erwähnten „GRI-Kriterien" und auch die nationalen Vorgaben des „Deutschen Nachhaltigkeitskodex"[3] betreffen partiell auch die zugrunde liegenden Basisdaten und lassen zum Teil einen hohen Interpretationsspielraum bezüglich der tatsächlich verwendeten Kennzahlen.

---

[3]  Vgl. Rat für Nachhaltige Entwicklung (2012).

Daneben gibt es auch sehr konkrete Vorschläge für CR-Kennzahlen, die z.T. auch branchenspezifisch aufbereitet werden. In der aktuellen Diskussion oft aufgegriffen werden z.B. das Kennzahlenset „KPIs for ESG 3.0" der EFFAS/DVFA[4] und auch der „SD-KPI-Standard 2010–2014" von SD-M[©5]. Die Anwendbarkeit auf ein spezifisches Unternehmen muss jedoch auch bei branchenspezifischen Vorschlägen im Einzelfall überprüft werden.

### 3.1.3 Implementieren von Zielen

Um die geeignete Messgröße in einem Unternehmen zu bestimmen, bedarf es sowohl eines genauen Verständnisses des Geschäftsmodells als auch der Kenntnis der dahinterliegenden Steuerungsprozesse. Denn nur so können später durch Zielvereinbarungen, die auf den KPIs basieren, Managementanreize an den richtigen Hebeln gesetzt werden. Dies gilt natürlich sowohl für finanzielle als auch für nichtfinanzielle Daten und KPI.

Realistische Zielwerte formulieren

Es muss daher der Anspruch sein, verständliche und realistische Zielwerte für diese Messgrößen zu formulieren. Eine Steuerung nach Zielen kann nur erfolgreich sein, wenn die Zielerreichung direkt durch das Management der relevanten Bereiche beeinflusst werden kann.

Akzeptanz der CR-KPIs sicherstellen

Um an den entscheidenden Managementpositionen im Unternehmen Kenntnis über die KPIs erreichen zu können, ist es notwendig, sie in die etablierten Unternehmensreports einzubetten. Das kann, muss aber nicht direkt mit der bereits erwähnten Einbettung der Datenerfassungsprozesse in die Finanzdatenprozesse einhergehen. Die Expertise der Finanzabteilungen in Daten- und Reporting-Prozessen ist eine wertvolle Unterstützung beim Implementieren konzernweiter CR-KPIs. Nur wenn die CR-KPIs von den traditionellen Accounting- und Controlling-Bereichen akzeptiert werden, ist deren Beitrag zur Unternehmenssteuerung sichergestellt.

Durch die Aufnahme von CR-Daten und CR-KPIs in die Standardberichte des Finanzbereichs wird die Bedeutung nachhaltiger Aspekte in der Unternehmensführung betont und das Bewusstsein für neue Entscheidungsparameter geschärft – sogar in Bereichen, die keinen direkten Einfluss auf die Entwicklung spezifischer CR-KPIs haben.

---

[4] Vgl. EFFAS (2010).
[5] Vgl. Hesse (2010).

## 3.2 Der Implementierungsprozess

### 3.2.1 Reporting-Grundlagen

Bereits seit 1996 informiert die Deutsche Telekom im Rahmen von CR-Berichten ihre Stakeholder und die interessierte Öffentlichkeit jährlich über ihre Ziele, entsprechende Aktivitäten und erreichte Fortschritte in relevanten ökonomischen, ökologischen und gesellschaftlichen Bereichen. Seit dieser Zeit werden auch die dazugehörigen, meist ökologischen Kerndaten für die wichtigsten Konzerngesellschaften jährlich erfasst. Dazu gehörten z.B. Energie- und Kraftstoffverbrauch, darauf basierend berechnete Emissionen, weitere Fuhrparkdaten sowie Daten über Abfallaufkommen und Wasserverbrauch.

Um die Verbindlichkeit dieser Daten auch nach außen zu dokumentieren, werden Daten für Energie, Emissionen, Fuhrpark und Abfall seit dem Berichtsjahr 2008 durch unabhängige Wirtschaftsprüfer bestätigt.

*Externe Prüfung*

Um weiterhin den erwähnten Anforderungen an ein transparentes, dezentrales CR-Datenmanagement gerecht zu werden, werden alle CR-Daten seit dem Berichtsjahr 2009 IT-gestützt erfasst. Nach einem gründlichen Auswahlverfahren beschaffte die Deutsche Telekom dafür die CR-Software der englischen Firma „CRedit 360" – ein Nischenanbieter, dessen Fokus auf der Erfassung und Verarbeitung von CR-Daten liegt. Auch der neu implementierte Datenerfassungsprozess der Deutschen Telekom mit „CRedit360" wurde von unabhängiger Stelle extern überprüft.

Damit waren die notwendigen Voraussetzungen für die erfolgreiche Einführung von konzernweiten CR-KPIs bei der Deutschen Telekom geschaffen.

### 3.2.2 Festlegen der CR-KPIs

Vor der Festlegung der heute genutzten CR-KPIs gab es umfangreiche Beratungen des Bereichs CR mit Experten und Führungskräften der relevanten Fachbereiche. Neben der unternehmensinternen Steuerungsrelevanz wurden auch Vergleiche zu bereits existierenden CR-Kennzahlen anderer Unternehmen angestellt und externe Kennzahlenstandards auf ihre Anwendbarkeit in einem internationalen Unternehmen der Telekommunikations- und Informationstechnologie überprüft.

Die daraus resultierenden Erkenntnisse wurden dann bei der Entwicklung der CR-KPIs der Deutschen Telekom berücksichtigt. Ziel war es dabei, sowohl für den ökonomischen als auch für den ökologischen und sozialen Aspekt der Corporate Responsibility geeignete Messgrößen zu definieren und damit die drei strategischen Handlungsfelder der CR-Strategie der Deutschen Telekom abzudecken.

*Messgrößen für strategische Handlungsfelder definieren*

Verpflichtende
und optionale
CR-KPI

Um die Umsetzbarkeit der CR-KPIs der Deutschen Telekom sicherzustellen, wurde in einem zweiten Schritt die Einschätzung der größten Landesgesellschaften eingeholt. Der Entwurf der CR-KPIs wurde auch im bereits erwähnten zentralen Governance-Gremium „CR Board" diskutiert. Daraufhin wurden die CR-KPIs an einigen Stellen noch leicht modifiziert und dann abschließend von der Leitung des CR-Bereichs beschlossen – mit einer Unterteilung in „verpflichtende" und zunächst „optionale" CR-KPIs. Die Basisdaten zur Berechnung der „verpflichtenden" CR-KPIs werden bereits seit mehreren Jahren bereitgestellt und beruhen daher auf lang etablierten Datenerfassungsprozessen. Die Prozesse zur Erhebung der Basisdaten für die „optionalen" CR-KPIs werden seit deren Definition Schritt für Schritt etabliert, sodass sie erstmalig im Berichtsjahr 2012 in allen Landesgesellschaften berichtet werden können.

Die Definitionen der einzelnen CR-KPIs der Deutschen Telekom, gegliedert in die ökonomische, ökologische und soziale Dimension der Nachhaltigkeit, stellt Abb. 2 vor.

| Ökonomische / Übergreifende CR-KPIs (übergreifende Messung Konzernwert) | |
| --- | --- |
| CR-KPIs „Nachhaltiges Investment (SRI)" | Anteil an Aktien der Deutschen Telekom AG, der von Investoren gehalten wird, deren Anlagestrategie auch ökologische, soziale und Governance-Kriterien („ESG") berücksichtigt. |
| CR-KPIs „Nachhaltiger Einkauf" | Anteil des Beschaffungsvolumens durch per Audit bzw. über E-TASC risikogeprüften Lieferanten am Gesamtbeschaffungsvolumen. |
| CR-KPIs „Nachhaltige Produkte" | Messung der Nachhaltigkeitsperformance unseres Produktportfolios. Der Indikator wird im Projekt „Nachhaltiges Produktportfolio" entwickelt. |
| **Ökologische CR-KPIs (alle mit gesellschaftsspezifischer Erfassung)** | |
| CR-KPIs „Energieverbrauch" | Menge an Stromverbrauch in Bezug zum Umsatz, basierend auf dem Monetary Power Efficiency Indicator (MPEI). |
| CR-KPIs „$CO_2$-Emissionen" | Entwicklung $CO_2$-Emissionen (in Tsd. t $CO_2$ und in %). Besonderheit: dieser CR-KPIs wird immer bezogen auf das Basisjahr 2008 gemessen. |
| CR-KPIs „Handyrücknahme" | Gesammelte Mobilfunkgeräte, gemessen in Stückzahl oder dem äquivalenten Wert in Kilogramm im Verhältnis zur Kundenzahl einer Konzerngesellschaft. |
| **Gesellschaftliche CR-KPIs (alle mit gesellschaftsspezifischer Erfassung)** | |
| CR-KPIs „Gesellschaftliches Engagement" | Differenz zwischen Relevanz des „Gesellschaftlichen Engagements" in der Öffentlichkeit und der Wahrnehmung der Nachhaltigkeitsaktivitäten der Deutschen Telekom. Der Wert basiert auf einer Marktforschungsstudie. |
| CR-KPIs „Mitarbeiterzufriedenheit CR" | Prozentualer Wert bzgl. Identifikation unserer Mitarbeiter sowie ihre Zufriedenheit mit unserem CR-Engagement. Die Messung findet im Rahmen der Mitarbeiterbefragung im zweijährigen Zyklus statt. |

**Abb. 2:** Übersicht CR-KPIs der Deutschen Telekom[6, 7]

---

[6] E-TASC (Electronics-Tool for Accountable Supply Chains) ist ein branchenweit eingesetztes Online-Informationssystem zur Quantifizierung des Risikos unserer Lieferanten bezüglich Nachhaltigkeit. Als Mitglied der Global e-Sustainability Initiative (GeSI) hat die Deutsche Telekom dieses System federführend mitentwickelt.

[7] Das zusätzlich bereits kommunizierte Klimaschutzziel des Konzerns in Deutschland bezieht sich auf das Basisjahr (1995).

Die einzelnen CR-KPIs unterscheiden sich in der Erfassungstiefe: Während die „ökonomischen CR-KPIs" mit einem zentralen Konzernwert erfasst werden, gilt für die ökologischen und sozialen CR-KPIs eine gesellschaftsspezifische Messung. Im Fall des CR-KPI „Gesellschaftliches Engagement" darf – auf Basis nationaler Gegebenheiten – sogar die genaue Messgröße variieren. Die für das Berichtsjahr 2011 noch optionalen CR-KPIs „Handyrücknahme" und „Gesellschaftliches Engagement" werden bereits in mehreren Landesgesellschaften berichtet.

Aktuell findet das Reporting der CR-KPIs im jährlichen bzw. in einem Fall im zweijährigen Rhythmus statt. Für einzelne CR-KPIs wird mittelfristig eine quartalsweise Berichterstattung angestrebt, um die Steuerungswirkung zu erhöhen.

### 3.2.3 Ökonomische CR-KPIs

Der CR-KPI „$CO_2$-Emissionen" ist eine ökologische Kennzahl, die die Entwicklung der $CO_2$-Emissionen des Konzerns Deutsche Telekom misst. Um die Entwicklung in Bezug auf einen festen Zeitpunkt zu beobachten, wird dieser CR-KPI immer bezogen auf das Basisjahr 2008 gemessen – und zwar sowohl prozentual (%) als auch absolut (Tsd. t $CO_2$). Um diesen CR-KPI zu berechnen, sind umfangreiche Basisdaten notwendig. So wird in allen Landesgesellschaften der Gesamtenergieverbrauch abgefragt. Dazu gehören neben dem Stromverbrauch auch der Verbrauch von Heizöl, Fernwärme und der Kraftstoffverbrauch für die Fahrzeugflotte. Basierend auf diesen Verbrauchsdaten werden die Emissionen in $CO_2$-Werten berechnet (s. Abb. 3).

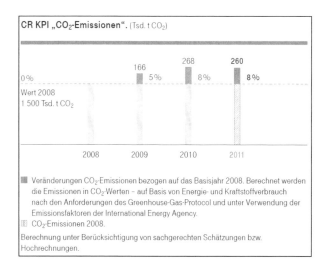

**Abb. 3:** CR-KPI „$CO_2$-Emissionen", Deutsche Telekom Konzern

### 3.2.4 Gesellschaftliche CR-KPIs

Der CR-KPI „Gesellschaftliches Engagement" gehört zu den gesellschaftlichen Kennzahlen. Er wird durch eine Befragung der Bevölkerung im Rahmen einer regelmäßigen Marktforschungsstudie erhoben. In dieser Studie wird sowohl danach gefragt, wie wichtig gesellschaftliches Engagement von Unternehmen eingeschätzt wird („Wichtigkeit"), als auch, ob die Deutsche Telekom als gesellschaftlich engagiertes Unternehmen wahrgenommen wird („Leistung"). Die Differenz zwischen der prozentual erhobenen Wichtigkeit und der Leistung ergibt den CR-KPI. Damit die Leistung der Deutschen Telekom die Erwartungshaltung der Bevölkerung bestmöglich abdeckt, soll der Wert des CR-KPI möglichst gering sein (s. Abb. 4).

Diese spezifische Ausprägung des CR-KPI wird aktuell für Deutschland erhoben. Auch in anderen Landesgesellschaften wird bereits der CR-KPI „Gesellschaftliches Engagement" erhoben und auch im CR-Bericht veröffentlicht. Die genaue Messgröße kann allerdings dabei variieren, um den unterschiedlichen nationalen Voraussetzungen und Schwerpunkten im gesellschaftlichen CR-Engagement gerecht zu werden.

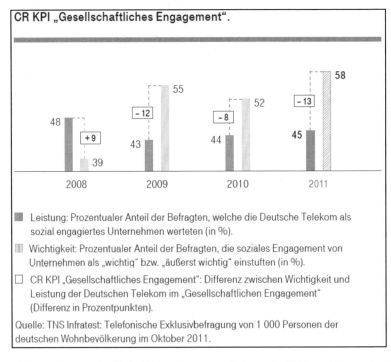

**Abb. 4:** CR-KPI „Gesellschaftliches Engagement", Deutsche Telekom Konzern in Deutschland

### 3.2.5 Externes Reporting und interne Steuerung

Die meisten externen Berichte mit Relevanz für CR-Daten erscheinen – orientiert am Informationsbedarf der externen Stakeholder – im jährlichen Zyklus. Dabei ist der Zeitraum zur Erfassung von Vorjahresdaten für den Geschäftsbericht meist früher und begrenzter als für andere Berichtsformate, wie z.B. für den CR-Bericht. Erstmals wurden die wichtigsten CR-KPIs des Berichtsjahres 2011 im Geschäftsbericht der Deutschen Telekom ausgewiesen: Die relevanten Basisdaten wurden dafür bereits bis Mitte Januar erfasst – anstatt zuvor bis Ende Februar. Die Integration der CR-KPIs in den Geschäftsbericht signalisiert, dass Nachhaltigkeit fester Bestandteil des Kerngeschäfts der Deutschen Telekom ist.

*Jährliches externes Reporting*

Der jährliche Erfassungszyklus gilt auch für die – besonders in Bezug auf finanzielle Stakeholder relevanten – verschiedenen Nachhaltigkeitsratings.

Anders als für externe Publikationen bedarf es zur unternehmensinternen Steuerung einer höheren Berichtsfrequenz. Eine quartalsweise Berichterstattung ist ein sinnvoller Ansatzpunkt. In Abstimmung mit dem Finanzbereich ist der geeignete Bericht zu bestimmen, in den die CR-KPIs neben Finanzkennzahlen und seit Langem gängigen „non-financials" (wie Kunden-, Verbindungs- und Absatzdaten für ein Telekommunikationsunternehmen) aufgenommen werden können. Nur im Rahmen eines geeigneten Reportings können die Entscheidungsträger erreicht werden. Daher ist bei der Deutschen Telekom die Pilotierung von CR-KPIs in den internen Controlling-Berichten mit Quartalsdaten geplant.

*Quartalsweises internes Reporting*

### 3.2.6 Herausforderungen und Erkenntnisse

Allgemein gilt: Bei der Implementierung neuer Prozesse und Inhalte können wertvolle Erfahrungen gesammelt werden. Einige Projektschritte dauern länger als geplant, an anderen Stellen kommt man schneller voran. Wichtige Erkenntnisse lassen sich nach erfolgreichen Projektergebnissen gut zusammenfassen. Dieses gilt auch für die Implementierung von CR-KPIs bei der Deutschen Telekom.

*Lessons learned*

So war z.B. der Zeitraum zur Implementierung des systemgestützten Datenerfassungsprozesses auf Basis eines Best-Practice-Austauschs mit anderen Unternehmen bereits großzügig kalkuliert. Trotz bereits mehrjähriger Routine in den Datenprozessen war die Überleitung der Strukturdaten und der etablierten Prozessschritte in eine neue Software mit einem hohen zeitlichen Aufwand verbunden – sodass der Zeitrahmen wider Erwarten voll ausgeschöpft wurde. Der zeitliche Aufwand zur späteren Überleitung in ein weiteres systemgestütztes Tool kann im Vergleich dazu kurz ausfallen – da die Grundstruktur von Regionen, Indikatoren, Rollen und Rechten sowie Benutzern bereits stringent vorliegt.

Um sich auf CR-KPIs zu verständigen, bedarf es der Unterstützung und Zustimmung des Managements – insbesondere die Festlegung auf Zielwerte der CR-KPIs ist sehr komplex.

Eine Anpassung des Zeitpunkts (Mitte Januar statt Ende Februar) bzw. der Frequenz der Datenerfassung (d. h. quartalsweise statt jährlich) stellt die CR-Datenlieferanten häufig vor erhebliche Herausforderungen. Daten werden oft nicht direkt in den Fachbereichen erhoben. In vielen Fällen werden diese Daten von externen Dienstleistern (z. B. Energieversorger, Stadtwerke etc.) geliefert und erst im Unternehmen zu den späteren Dateneingaben konsolidiert. Die Steuerung dieser externen Dienstleister und deren Abrechnungszyklen ist zeit- und abstimmungsintensiv. Während dieses Prozesses ist die Bereitschaft, geschätzte und hochgerechnete Daten zu erheben und zu kommunizieren, notwendig.

Bei zunehmender Integration von CR-Daten in bestehende Finanzdatenprozesse ist eine wechselseitige hohe Bereitschaft zum Lernen und Verstehen bei Experten und Führungskräften in den jeweiligen Teams für Nachhaltigkeit und Finanzen elementar. Spezifischen Anforderungen an CR-Daten und an die dahinterliegenden Prozesse unterscheiden sich an einigen Stellen deutlich von den Finanzdatenprozessen.

Liegen die Kennzahlen – wie die CR-KPIs – dann wie gewünscht final in den angestrebten Berichtsformaten vor, ist regelmäßig die Nutzung der Kennzahlen zur internen Steuerung zu evaluieren. Nicht alle CR-KPIs können von jedem Fachbereich direkt beeinflusst werden – auf Dauer erfüllen nur solche CR-KPIs ihren Steuerungszweck, die auf die persönliche Verantwortung des dafür relevanten Managements kaskadiert werden können. Für alle anderen Fachbereiche erfüllt die Aufnahme der CR-KPIs in interne Berichtsformate jedoch trotzdem den Zweck, das Bewusstsein für die Wichtigkeit von CR-Themen in der Unternehmenssteuerung zu stärken.

Im externen Reporting ist darüber hinaus stetig zu überprüfen, welche aktuellen Berichtsanforderungen auf nationaler bzw. internationaler Ebene empfohlen oder gar vorgegeben werden. Dieser kontinuierliche Review-Prozess bedarf einer hohen Aufmerksamkeit und hoher Priorität aller Prozessbeteiligten, um den langfristigen Erfolg der Steuerung durch CR-Kennzahlen sicherzustellen.

## 4 Blick in die Zukunft

Viele Einzelschritte waren erforderlich

Es waren viele einzelne Schritte von anfänglich qualitativ orientierten CR-Berichten zum erstmaligen Erfassen und zum Reporting quantitativer Kerndaten, dann darauf aufbauend zur externen Datenprüfung, zur

Einführung geeigneter systemgestützter Prozesse und noch weiter zur Definition von vergleichbaren Kennzahlen, den heutigen CR-KPIs.

Dieser erfolgreiche Weg soll weiter fortgesetzt werden – einige notwendige und wünschenswerte Schritte sind dabei schon konkret im Fokus, andere werden extern forciert bzw. lassen sich zumindest von Unternehmensseite mit gestalten.

Weitere Schritte folgen

Allgemeine Trends sind z.B. die Standardisierung und der zunehmend verpflichtende Charakter der externen Berichterstattung über Themen der Corporate Responsibility. Dafür spricht z.B. der bereits erwähnte „Deutsche Nachhaltigkeitskodex". Während das Reporting zu den Kriterien des Nachhaltigkeitskodex freiwillig ist, wird auf EU-Ebene zurzeit eine verpflichtende Richtlinie zur nicht finanziellen Berichterstattung diskutiert und voraussichtlich noch im Jahr 2012 verabschiedet. Als Modell für die EU könnte ein Abschnitt in der Bilanzrichtlinie von Dänemark – das die EU-Ratspräsidentschaft im 1. Halbjahr 2012 innehat – gelten: Dort müssen Unternehmen gemäß dem „Comply-or-Explain-Prinzip" („Regeln einhalten oder Abweichungen erklären") über ihr CR-Engagement berichten.

Gleichzeitig ist sowohl auf Unternehmensseite als auch bei unterschiedlichen Stakeholdern der Wunsch gewachsen, die verschiedenen Berichtsstandards im Bereich der Nachhaltigkeit zusammenzuführen und die finanziellen und nichtfinanziellen Berichtsvorgaben zu integrieren. Eine darauf basierende Entwicklung ist das Konzept des „Integrated Reporting"[8] – die schrittweise Integration der unterschiedlichen Unternehmenspublikationen zu einem verdichteten Gesamtbericht. Dieser Gesamtbericht soll jedoch nicht nur die Interessen externer Stakeholder bedienen. Er soll auch integrierte Denk- und Entscheidungsprozesse innerhalb des Unternehmens spiegeln. Ein erster Schritt der Deutschen Telekom auf dem Weg zum „Integrated Reporting" stellt die erstmalige Integration von CR-KPIs in den Geschäftsbericht der Deutschen Telekom 2011 dar.

Integrated Reporting als Zukunftsvision

Darüber hinaus ist, wie bereits erwähnt, die Pilotierung von CR-KPI in den internen Controlling-Berichten mit Quartalsdaten geplant. Ein weiterer notwendiger Schritt für die Integration der CR-KPIs in den regulären Controlling- und Zielerreichungsprozess ist die durchgehende Definition von Zielen für die verschiedenen CR-KPIs. Diese Ziele müssen jedoch die unterschiedlichen Ausgangssituationen der Landesgesellschaften berücksichtigen, um durchgehend vom Management akzeptiert zu werden. Die Zielfestlegungen für die bestehenden CR-KPIs werden voraussichtlich Ende 2012 abgeschlossen sein.

Integration der CR-KPIs in Controlling-Prozess

---

[8] Vgl. IIRC (2011).

Entscheidend ist und bleibt auch zukünftig für die externe Bericht-erstattung der Informationsbedarf der relevanten Stakeholder sowie für die interne Steuerung die Identifikation der Entscheidungshebel im Kerngeschäft des Unternehmens.

# 5 Literaturhinweise

Deutsche Telekom AG (Hrsg.), Geschäftsbericht 2011, Bonn, 2012.

EFFAS (The European Federation of Financial Analysts), KPIs for ESG – A Guideline for the Integration of ESG into Financial Analysis and Corporate Valuation, Version 3.0, 2010.

Global Reporting Initiative (GRI) (Hrsg.), RG Sustainability Reporting Guidelines, Version 3.1, 2011.

Hesse, SD-KPI Standard 2010–2014 – Sustainable Development Key Performance Indicators (SD-KPIs): Mindestberichtsanforderung für bedeutende Nachhaltigkeitsinformationen in Lageberichten von 68 Branchen, 2010.

IIRC (International Integrated Reporting Committee), Towards Integrated Reporting – Communicating Value in the 21st Century, Discussion Paper, 2011.

Rat für Nachhaltige Entwicklung (Hrsg.), Der Deutsche Nachhaltigkeits-kodex (DNK) – Empfehlungen des Rates für Nachhaltige Entwicklung und Dokumentation des Multistakeholderforums am 26.09.2011, Texte Nr. 41, 2012.

# Kapitel 4: Organisation & IT

# Climate & Carbon Calculator for Companies (CliCCC) – mit wenigen Kennzahlen zur Emissionsbilanz

- Die Berechnung, welche Menge an Emissionen ein Unternehmen verursacht, ist nicht einfach und stellt speziell kleine und mittlere Unternehmen vor Probleme. Besonders die indirekten Emissionen, die mit den Vorleistungen und Vorprodukten verbunden sind, sind nur unter großem Aufwand zu ermitteln.

- Vereinfachte Ansätze, die teilweise auf Branchenwerten und der umweltökonomischen Gesamtrechnung basieren, ermöglichen einen schnellen und einfachen Überblick über die Emissionsbilanz eines Unternehmens.

- Mit dem Climate & Carbon Calculator for Companies (CliCCC) liegt ein webbasierter Klimaschutzrechner für Unternehmen vor, mit dem die Emissionsbilanz mithilfe weniger Kennzahlen ermittelt werden kann. Die Ergebnisse sind für viele Zwecke ausreichend genau. Aufwendige Recherchen in der Lieferkette sind nicht notwendig.

■ **Die Autoren**

**Prof. Dr. Mario Schmidt** leitet das Institut für Industrial Ecology an der Hochschule Pforzheim.

**Clemens Raqué** ist Wissenschaftlicher Mitarbeiter am Institut für Industrial Ecology der Hochschule Pforzheim.

# 1 Emissionsermittlung als Herausforderung

Der Klimawandel ist zentrales Thema der globalen Umweltpolitik und erfasst weite Bereiche des gesellschaftlichen und wirtschaftlichen Lebens. Es werden auf allen Ebenen Anstrengungen unternommen, die Emission von Treibhausgasen (THG), allen voran Kohlendioxid ($CO_2$), zu mindern. Auch die Unternehmen werden durch die ordnungsrechtliche oder marktpolitische Einflussnahme der Staaten gefordert. Ein Beispiel ist der Handel mit Emissionszertifikaten.

*Klimaschutz als ein zentrales Thema*

## 1.1 Lieferkette und Lebenswegbilanzen

Es ist allerdings längst nicht mehr ausreichend, nur die *direkten* Emissionen der Unternehmen zu messen, also jene $CO_2$- oder THG-Emissionen, die durch Produktions- oder Feuerungsanlagen direkt freigesetzt werden. Die voranschreitende Arbeitsteilung in der Supply Chain bedingt, dass nur ein kleiner Teil der Emissionen von einem einzelnen Unternehmen stammt. Die Lieferkette spielt eine zunehmend wichtige Rolle. Daraus folgt, dass auch die *indirekten* Emissionen, die mit den Vorprodukten verbunden sind, berücksichtigt werden müssen.

*Direkte und indirekte Emissionen berücksichtigen*

Die Auswahl von Lieferanten und die Frage nach den Emissionsruck-säcken der Werkstoffe und Vorprodukte entscheidet über den Carbon Footprint der eigenen Produkte und gibt Aufschluss darüber, wo Minderungsmaßnahmen angesetzt werden können. Dies wird von den Kunden und von der Öffentlichkeit zunehmend nachgefragt – besonders auch im internationalen Kontext. Große Konzerne, etwa aus dem Automobilbe reich, verlangen eine entsprechende Auskunft von ihren Lieferanten. Unternehmen müssen darauf reagieren und erklären können, wo sie stehen, welche Ziele sie sich im Umweltschutz gesetzt haben und welche Maßnahmen sie planen oder durchführen.

Vor einer Emissionsminderung steht die Erfassung der Emissionen, in deren Rahmen auch die Anteile der Lieferkette an den Gesamtemissionen berücksichtigt werden müssen. Möglichkeiten hierzu gibt es viele, doch sie sind teilweise sehr aufwendig. So kann man beispielsweise eine Art Ökobilanz (auf Englisch: Life Cycle Assessment, LCA) oder einen Carbon Footprint für die Produkte erstellen:[1] Jedes Produkt wird entlang seines Lebenswegs von der Rohstoffgewinnung über die Herstellung und Nutzung bis zur Entsorgung hinsichtlich seiner Emissionsbeiträge analysiert. Methoden und internationale Standards hierfür liegen zwar vor,[2] doch die Bilanz eines einzelnen Produkts hängt von einer immer

*Lebensweg-bilanzen sehr aufwendig*

---

[1] Vgl. Schmidt (2011), S. 1541 ff.
[2] Vgl. ISO 14040.

komplexer und dynamischer werdenden Lieferkette ab. Dieser Aufwand schreckt viele Anwender aus der Wirtschaft ab.

## 1.2 Direkte und indirekte Emissionen

Andere Ansätze gehen von den Emissionen eines ganzen Unternehmens oder eines einzelnen Betriebsstandorts aus.[3] Neue internationale Bilanzierungs- und Berichterstattungsstandards fordern auch in diesem Zusammenhang eine angemessene Einbeziehung der indirekten Emissionen. Unter dem Titel „The Greenhouse Gas Protocol Initiative – A Corporate Accounting and Reporting Standard" hat eine Initiative des World Business Council for Sustainable Development (WBCSD) und des World Resources Institute (WRI) Richtlinien für die Erstellung von THG-Bilanzen auf Unternehmensebene veröffentlicht. Dabei wird unterschieden nach:

- Scope 1: direkte THG-Emissionen des Unternehmens,
- Scope 2: indirekte THG-Emissionen aus der benötigten Elektrizität,
- Scope 3: sonstige indirekte THG-Emissionen.

Scope-3-Emissionen sind entscheidend

In ihrem jüngsten Bericht werden die sog. Scope-3-Emissionen nun weiter spezifiziert und ihre Erfassung gefordert.[4] Damit wird die Frage relevant, ob es Möglichkeiten gibt, die Scope-3-Emissionen eines Unternehmens mit vertretbarem Aufwand zu ermitteln. Die Bedeutung der Scope-3-Emissionen wird am Beispiel eines durchschnittlichen deutschen Unternehmens aus der Mess- und Regeltechnikbranche deutlich (s. Tab. 1). Das Unternehmen verursacht direkt nur 10 % der THG-Emissionen. Von den 90 % der indirekten Emissionen stammt die eine Hälfte aus dem Inland und die andere Hälfte aus dem Ausland. Doch ihre Ermittlung stellt die Unternehmen vor große Herausforderungen.

---

[3]  Vgl. Schmidt (2010), S. 32 ff.
[4]  Vgl. WBCSD/WRI (2011), S. 5 ff.

| Emissionsbeiträge durch | Anteil an den Gesamt- emissionen |
|---|---|
| **direkt** | **10 %** |
| Erdgas | 5 % |
| Heizöl | 2 % |
| Kraftstoffe | 2 % |
| Kohlenwasserstoffe und andere THG | 1 % |
| **indirekt** | **90 %** |
| – Vorleistungen im Inland | 46 % |
| – Vorleistungen im Ausland | 44 % |
| Bauteile aus der Mess- und Regelungstechnik | 10,3 % |
| NE-Metalle/Halbzeuge | 10,3 % |
| elektronische Bauteile | 9,3 % |
| Elektrizität | 9,1 % |
| Metallerzeugnisse | 8,3 % |
| Glas | 5,9 % |
| chemische Erzeugnisse | 5,0 % |
| Kunststoffe | 4,7 % |
| Lufttransporte | 4,1 % |
| PCs u. Ä. | 2,8 % |
| Maschinen | 1,8 % |
| Papier/Pappe | 1,8 % |
| Straßentransporte | 1,2 % |
| etc. (jeweils < 1 %) | |

Tab. 1: THG-Bilanz eines typischen produzierenden Unternehmens in Deutschland mit Produkten aus der Mess- und Regeltechnik

## 2 Emissionsrechner für Unternehmen

Privatpersonen können seit einiger Zeit sog. $CO_2$-Rechner nutzen. Mithilfe eines internetbasierten Tools kann jeder Bürger auf der Grundlage einfacher Angaben über seine Lebensweise die durch ihn verursachten $CO_2$-Emissionen abschätzen. Die Berechnungen sind zwar nicht

Hotspots der persönlichen Emissionsbilanz

exakt, liefern aber wichtige Anhaltspunkte, wo die großen Beiträge, d.h. die „Hotspots", der Emissionen liegen: bei der Mobilität, der Raumwärme, der Ernährung oder den Flugreisen.

Da konkrete Angaben, z.B. der persönliche Stromverbrauch, die Heizungsart oder die jährlichen Flugkilometer, in die Rechnung einfließen, liefert ein solcher Rechner einen guten Überblick. Der Einzelne kann daraus ersehen, wo er ansetzen muss, wenn er klimafreundlicher handeln will und an welchen Stellen er seine persönliche Bilanz verbessern kann. Ferner besteht die Möglichkeit, mit verschiedenen Optionen zu spielen und die Konsequenzen zu untersuchen: Austauschen der Heizung, Umstellen auf „grünen" Strom, Ersetzen der Flugreise durch eine Zugreise etc.

### Tipp: Online-Rechner für private Treibhausbilanz

Wer seine private Treibhausgasbilanz ermitteln möchte, kann diese kostenlos auf der Webseite des INEC berechnen. Ferner wird dort auch ein Link zur Berechnung des individuellen Water Footprints angeboten (http://umwelt.hs-pforzheim.de/co2-und-wasserechner/).

Diese persönlichen $CO_2$-Rechner lassen sich allerdings nicht ohne Weiteres auf den Einsatz in Unternehmen übertragen. Entsprechende Instrumente wären aber auch für Unternehmen sehr hilfreich, um eine erste Einschätzung zu bekommen, wo sie mit ihren Emissionen stehen.

Mit CLiCCC eine einfache Bilanz

Die Hochschule Pforzheim hat deshalb zusammen mit dem IFU-Institut für Umweltinformatik Hamburg und Partnern aus der Wirtschaft, darunter die Industrie- und Handelskammer Südlicher Oberrhein in Freiburg, in einem Forschungsprojekt untersucht, mit welchen Methoden ein solcher $CO_2$-Rechner für Unternehmen belastbare Zahlen mit vertretbarem Aufwand liefern kann. Das Projekt wurde vom Bundesministerium für Bildung und Forschung (BMBF) gefördert (FKZ: 01LY0903A). Das Ergebnis ist ein Ansatz, der unter dem Namen CLiCCC firmiert: Climate & Carbon Calculator for Companies. Er ist Grundlage eines $CO_2$-Rechners, der insbesondere kleinen und mittleren Unternehmen eine einfache und schnelle Hilfestellung beim Erstellen eines „Corporate Carbon Footprint" geben soll.

Zielsetzung des Projekts war, dass die Ergebnisse nicht nur $CO_2$, sondern auch die anderen wesentlichen Treibhausgase (THG) umfassen sollten. Die Angabe erfolgt dann in $CO_2$-Äquivalent, d.h., die anderen THGs werden in $CO_2$-Emissionen umgerechnet. Weitere Entwicklungsziele waren eine leichte Bedienbarkeit sowie die wissenschaftliche Nachvollziehbarkeit und Belastbarkeit der Berechnungsergebnisse. Durch die Berücksichtigung der „Emissionsrucksäcke" und Vorketten aus dem

Scope-3-Bereich wurde dies im Vergleich zu anderen existierenden $CO_2$-Rechnern erreicht.

# 3 Methodischer Ansatz

## 3.1 Berücksichtigung von Branchenwerten für Scope-3-Emissionen

Jedes Unternehmen hat spezifische Informationen zu den eigenen Emissionen oder zum Energieverbrauch, die als sehr genaue Grundlage für die Ermittlung der Scope-1- und Scope-2-Emissionen dienen können. Beispiele hierfür sind die Produktionsdaten und der Verbrauch an fossilen Energieträgern. Allerdings besteht hier oftmals das Problem, dass die Unternehmen nicht wissen, wie sie die Emissionen berechnen können.

Zur Berechnung gibt es jedoch etablierte Verfahren, die mit IT-Einsatz sehr einfach bereitgestellt werden können. Je nach Energieträger können spezielle Emissionsfaktoren eingesetzt werden. Die Herausforderung besteht hier darin, die aktuellen Sätze an Emissionsfaktoren zu nutzen und die richtige Berechnung zu gewährleisten. Insbesondere muss berücksichtigt werden, wo sich der Standort befindet und ob der elektrische Strom z.B. in Deutschland oder in Frankreich bezogen wurde. Dies wirkt sich erheblich auf die Emissionsbilanz aus.

### 3.1.1 Probleme beim Berechnen

Schwierig wird es bei den Scope-3-Emissionen. Hierzu müssen die Lieferketten und teilweise auch die Nutzungsphase und andere indirekte Beiträge berücksichtigt werden. Allerdings ist es praktisch ausgeschlossen, die Lieferketten für viele Hunderte oder oft Tausende Vorprodukte zu erfassen und Werte zu recherchieren. Zudem stellt sich in diesem Zusammenhang sehr schnell die Frage, ob der Aufwand in Relation zum Ergebnis steht. Es ist nicht einfach, hier eine ausgewogene Balance zwischen Aufwand und Nutzen zu erreichen.

Lieferketten sind das Problem

Lieferketten sind prinzipiell beliebig lang und oftmals miteinander verschränkt. Um nicht unendlich lange recherchieren zu müssen, lösen Ökobilanzen und Product Carbon Footprints das Aufwandsproblem durch Abschneidekriterien und Systemgrenzen. Nichtsdestotrotz sind diese Methoden sehr aufwendig, da viele spezifische Daten von den Lieferanten und Vorlieferanten erhoben werden müssen. Nur wenn keine Daten vorliegen, kann auf Standardwerte, sog. generische Daten aus großen Datenbanken, ausgewichen werden. Die Aufwandsfrage ist also das zentrale Problem der produktbezogenen Ökobilanz.

### 3.1.2 Lösungsmöglichkeit: Hybridmodelle

**Der Hybridansatz hilft weiter**

Doch es gibt einen weiteren Lösungsansatz. Schon seit längerer Zeit werden in der Fachwelt sog. Hybridmodelle diskutiert. Dies bedeutet, dass zunächst für zentrale und leicht recherchierbare Emissionsbeiträge mit konkreten Daten, z.B. der Menge an eingesetztem elektrischen Strom und dem dazugehörigen Emissionsfaktor für das System der Energiebereitstellung (Stromnetze, Kraftwerke etc.), gerechnet wird. Diese Emissionsfaktoren können verhältnismäßig einfach angegeben werden, da sie Bestandteil großer Datenbanken sind, wie z.B. der Ökobilanz-Datenbank ECOINVENT aus der Schweiz.[5]

Konkrete Angaben können zudem für wichtige Werkstoffe gemacht werden, wenn sie mengenmäßig relevant sind und vom Lieferanten entsprechende Daten über den Klimarucksack vorliegen. Auch hier können generische Daten aus den großen Datenbanken verwendet werden, sofern es sich um Standardwerkstoffe handelt.

**Branchenzugehörigkeit ist entscheidend**

Für die sonstigen eingesetzten Vorprodukte geht man beim Hybridansatz dann nicht von dem einzelnen spezifischen Vorprodukt, sondern von der Branchenzugehörigkeit aus. Die eingesetzten Vorprodukte werden dann in geeignete Gruppen zusammengefasst. Für die jeweiligen Branchen liegen Daten aus der umweltökonomischen und volkswirtschaftlichen Gesamtrechnung (UGR und VGR) des Statistischen Bundesamts vor. Hieraus ist ersichtlich, welche Mengen bzw. welcher Wert von den einzelnen Branchen geliefert wurde und welche THG-Emissionen in der Branche insgesamt freigesetzt wurden. Allerdings ist dies alleine nicht ausreichend, denn auch die Branchen haben das Problem der direkten und indirekten Emissionen. Jede Branche ist mit anderen Branchen über die Vorleistungen verbunden und trägt damit auch einen Emissionsrucksack über die bezogenen Vorprodukte und Vorleistungen.

**Input-Output-Analyse als Grundlage**

An dieser Stelle hilft die sog. Input-Output-Analyse, die der Wirtschaftswissenschaftler und spätere Nobelpreisträger *Wassily Leontief* eingeführt hat. Mit ihr lässt sich berechnen, welche Emissionen in der gesamten Vorkette der Produkte auftreten, die eine Branche schließlich liefert. Dazu werden die Branchen miteinander verknüpft und die Lieferrelationen zwischen den Branchen untereinander berücksichtigt. Beispielsweise verursacht ein Erzeugnis aus dem Bereich „NE-Metalle" im Wert von 1.000 EUR bis zu seiner Bereitstellung an den Kunden THG-Emissionen in Höhe von 870 kg $CO_2$-Äquivalent.

---

[5]  Vgl. Hischier (2011), S. 1590 ff.

## 3.2 Rückgriff auf die umweltökonomische Gesamtrechnung

Für die deutsche Wirtschaft liegen hierfür Daten aus 68 Wirtschaftssektoren vor. In Tab. 2 sind als Beispiel die Werte für die Erzeugnisse und Dienstleistungen aus ausgewählten Bereichen zusammengestellt. Sie beziehen sich auf deutsche Branchendaten aus dem Jahr 2007.

| Produkte aus den Bereichen: | Emissionen |
|---|---|
| Roheisen, Stahl, Rohre und Halbzeuge daraus | 2.070 kg/TEUR |
| Glas und Glaswaren | 1.080 kg/TEUR |
| NE-Metalle und Halbzeuge daraus | 870 kg/TEUR |
| Textilien | 780 kg/TEUR |
| Holz, Holz-, Kork-, Flechtwaren (ohne Möbel) | 670 kg/TEUR |
| Kraftwagen und Kraftwagenteile | 460 kg/TEUR |
| Maschinen | 360 kg/TEUR |
| Bauinstallations- und sonstige Bauarbeiten | 320 kg/TEUR |
| Nachrichtenübermittlungsdienstleistungen | 250 kg/TEUR |

**Tab. 2:** THG-Emissionen in kg $CO_2$-Äquivalent pro 1.000 EUR für Produkte aus bestimmten Sektoren

Diese Kennwerte beziehen sich auf den monetären Wert in Euro und nicht auf das Gewicht (in kg) der Waren. Es erleichtert den Unternehmen die Datenrecherche, da sie die Wertangabe einfach aus ihrem Rechnungswesen auslesen können, z.B. aus den Einkaufsdaten eines Jahres. Wichtig ist hierbei, dass die Posten nach den jeweiligen Sektoren oder Branchen gegliedert und zusammengefasst werden.

*Wertbezug der Angaben*

Auch Dienstleistungen können auf diese Weise hinsichtlich ihrer THG-Emissionen bewertet werden. Selbst wenn sie nicht direkt $CO_2$ emittieren, so erfordern Dienstleistungen doch typischerweise Vorleistungen aus anderen Branchen, die mit THG-Emissionen verbunden sind. Beansprucht man beispielsweise Dienstleistungen des Gesundheits-, Veterinär- und Sozialwesens, so sind solche Leistungen im Wert von 1.000 EUR mit THG-Emissionen in Höhe von 170 kg $CO_2$-Äquivalent verbunden.

*Auch Dienstleistungen verursachen Emissionen*

Trotz dieser Aggregation ist damit eine lange Liste an notwendigen Eingaben erforderlich: Die Vorprodukte und Vorleistungen aus 68 verschiedenen Branchen müssen eingegeben werden. Hierzu müssen im Vorfeld die eigenen Einkaufslisten gegliedert, sortiert und wertmäßig konsolidiert werden. Erfahrungsgemäß bezieht ein Unternehmen einer bestimmten Branche die meisten Vorprodukte und Vorleistungen nur aus einer begrenzten Anzahl anderer Branchen. In der Regel reichen die Vorprodukte aus zehn Branchen aus, um damit etwa 85 % der Scope-3-Emissionen abzudecken. Der Erfassungsaufwand kann dadurch erheblich reduziert werden.

## 3.3 Weitere kalkulatorische Anpassungen

### 3.3.1 Auslandswerte anpassen

Vorprodukte aus dem Ausland

Die Erzeugnisse oder Dienstleistungen können ferner auch aus anderen Ländern stammen. In diesem Fall müssen die Werte entsprechend angepasst werden, da in anderen Ländern andere Emissionsbedingungen herrschen, z.B. besteht ein anderes Stromversorgungsnetz oder es herrschen andere Produktionsbedingungen vor etc. Diesbezüglich gibt es mehrere methodische Möglichkeiten, solche internationalen Verflechtungen und länderspezifischen Emissionsbedingungen abzubilden. Sehr aufwendig und bei der derzeitigen globalen Datenlage nur begrenzt belastbar sind sog. Multi-Regional-Input-Output-Modelle. Allerdings wären diese theoretisch betrachtet ideal.

Da aber inzwischen für nahezu alle Länder nationale THG-Bilanzen vorliegen, lassen sich die Emissionsfaktoren für andere Lieferländer darüber anpassen und es können gute Durchschnittswerte erzielt werden. Solche Berechnungen können allerdings nicht vom Anwender in einem Unternehmen erwartet werden. Diese Daten müssen extern bereitgestellt werden und der Anwender sollte nur angeben müssen, ob es sich um Erzeugnisse aus Deutschland oder aus einem anderen Land handelt.

### 3.3.2 Berechnungen auf Wertangaben aufbauen

Ein wesentlicher Ansatzpunkt ist, die Scope-3-Emissionsberechnung bei den Unternehmen nicht auf physischen Mengenangaben, sondern auf Wertangaben aufzubauen. Diese sind für eingekaufte Materialien, Waren und Dienstleistungen in den Unternehmen besser verfügbar als Mengenangaben. Das ökologisch erweiterte Input-Output-Modell basiert auf den deutschen Input-Output-Tabellen des Statistischen Bundesamts, die zu *Herstellungspreisen* bewertet sind.[6] Die Einkaufsdaten in Unternehmen spiegeln hingegen abweichende Preiskonzepte wider. Aufgrund dessen ist es nötig, die Emissionsdaten anzupassen.

---

[6]  Vgl. Raqué (2011).

### 3.3.3    Standarddaten verwenden

In den Konten und Standardtabellen der Volkswirtschaftlichen Gesamt-rechnungen (VGR) gilt der vom Produzenten je Einheit eines Guts erhaltene Betrag als *Herstellungspreis*. Dagegen gilt der vom Käufer tatsächlich bezahlte Preis zum Zeitpunkt des Kaufs als *Anschaffungspreis*. Anstelle von Herstellungs- und Anschaffungspreisen werden auch die Begriffe Produzenten- und Käuferpreise verwendet. Im Anschaffungs-preis sind sämtliche Gütersteuern abzüglich Gütersubventionen enthal-ten – mit Ausnahme der abziehbaren Umsatzsteuer. Letztere macht nur dann einen Unterschied, wenn kein Recht auf Vorsteuerabzug besteht. Die sonstigen Gütersteuern und -subventionen stellen allerdings ein Problem dar.

*Herstellungs-oder Anschaffungs-preise?*

Hinzu kommt, dass die VGR aus systematischen Gründen die Handels-spanne aus Handelsdienstleistungen nicht in den Herstellungspreisen berücksichtigt, sondern nur explizit beim Bezug vom Handel. Im betrieblichen Rechnungswesen werden dagegen Ausgaben für Einkäufe, sofern ein Vorsteuerabzug berechtigt ist, in die Bestandteile „effektiv bezahlter Wert" und „Vorsteuer" aufgeteilt. Somit liegen die Einkäufe bei Bezügen über den Handel zu *Anschaffungspreisen*, bei Einkäufen von Produzenten zu *Herstellungspreisen vor*. Die Abweichungen können im Einzelfall beträchtlich sein (s. Tab. 3) und müssen deshalb berücksichtigt werden.

Verwendet man also die Daten aus der UGR und VGR für Emissions-berechnungen in Unternehmen, in denen auf die Einkaufsdaten aus dem betrieblichen Rechnungswesen zurückgegriffen wird, sind entsprechende Anpassungen der Faktoren erforderlich. Dies ist grundsätzlich möglich, kann aber keinem Anwender im Unternehmen zugemutet werden. Es ist vielmehr Aufgabe eines Instruments oder einer Software, solche ange-passten Faktoren bereitzustellen. Dabei muss entsprechendes Know-how aus der UGR und VGR mit einfließen.

*Anpassungs-faktoren erforderlich*

| Lfd. Nr. | Gegenstand des Nachweises | Produktionswerte der Wirtschaftsbereiche zu Herstellungspreisen | | | | Importe, cif | Aufkommen zu Herstellungspreisen (Sp. 4 + Sp. 5) | Handelsspannen | Gütersteuern abzüglich Gütersubventionen | Aufkommen zu Anschaffungspreisen (Sp. 6 + Sp. 7 + Sp. 8) |
| | | primärer Bereich[1] | sekundärer Bereich[2] | tertiärer Bereich[3] | zusammen | | | | | |
| | | 1 | 2 | 3 | 4 | 5 | 6 | 7 | 8 | 9 |
| | Güter aus inländischer Produktion und Importe | | | | | | | | | |
| 1 | primärer Bereich[1] | 49,9 | – | – | 49,9 | 23,0 | 72,9 | 14,9 | 3,6 | 91,3 |
| 2 | sekundärer Bereich[2] | 0,5 | 1921,9 | 13,6 | 1936,0 | 780,7 | 2716,7 | 342,5 | 188,5 | 3247,7 |
| 3 | tertiärer Bereich[3] | 0,8 | 95,1 | 2413,0 | 2508,9 | 108,4 | 2617,2 | –357,4 | 59,6 | 2319,5 |
| 4 | alle Gütergruppen | 51,2 | 2016,9 | 2426,7 | 4494,8 | 967,8 | 5462,6 | – | 251,6 | 5714,2 |
| 5 | cif/fob-Korrektur | – | – | – | – | –2,4 | –2,4 | – | – | –2,4 |
| 6 | Konsumausgaben von Gebietsansässigen in der übrigen Welt | – | – | – | – | 58,1 | 58,1 | – | – | 58,1 |
| 7 | insgesamt | 51,2 | 2016,9 | 2426,7 | 4494,8 | 967,8 | 5462,6 | – | 251,6 | 5714,2 |

1) Land- und Forstwirtschaft, Fischerei. – 2) Produzierendes Gewerbe. – 3) Private und öffentliche Dienstleistungen.

Tab. 3:  Aufkommenstabelle 2007 zu Herstellungspreisen mit Übergang auf Anschaffungspreise (in Mrd. EUR)[7]

---

[7]  Eigene Darstellung in Anlehnung an Bleses (2007).

# 4 Umsetzung in der CLiCCC-Software

Diese Berechnungsmethoden wurden im Rahmen des CLiCCC-Projekts bereits prototypisch in ein Software-Tool umgesetzt. Die Idee war es, insbesondere kleinen und mittleren Unternehmen einen einfachen Zugang zu einer $CO_2$-Berechnung für ihren Betrieb zu liefern. Hierbei sollten

KMU Berechnungen vereinfachen

- die wesentlichen Anforderungen aus den üblichen Standards, wie beispielsweise der Greenhouse Gas Protocol Initiative, berücksichtigt werden,
- übliche Emissionsfaktoren für Scope-1- und Scope-2-Emissionen einfließen und
- die Daten aus der UGR und VGR für die Scope-3-Emissionen in geeigneter Weise aufbereitet werden.

Die besondere Herausforderung bestand darin, den Unternehmen eine Eingabeoberfläche zu bieten, mit der sie relativ einfach die Daten aus ihrem betrieblichen Rechnungswesen übertragen können. Dies ist grundsätzlich über IT-Schnittstellen möglich. Allerdings müssen dann individuell – je nach eingesetzter Unternehmenssoftware – die Schnittstellen angepasst und vor allem die Unternehmensdaten geeignet strukturiert und gruppiert werden.

Weiterhin ist zu berücksichtigen, dass sich nicht nur die Unternehmensdaten von Jahr zu Jahr ändern, sondern auch die Emissionsfaktoren und die Daten aus der UGR und VGR neu aufbereitet werden müssen. Die Situation ist also nicht unähnlich jener aus dem Bereich der Steuersoftware, wo auch regelmäßig verschiedene Aktualisierungen vorgenommen werden müssen. Um den Aufwand begrenzt zu halten, wurde die Software vorerst als webbasierte Stand-alone-Software konzipiert (s. Abb. 1), die Jahr für Jahr aktualisiert werden kann und in die das Unternehmen eine begrenzte Anzahl von Daten über eine Eingabemaske manuell eingeben muss. Dies ist auch deshalb angemessen, weil viele Unternehmen solche Bilanzen nur einmalig nutzen, um die Relevanz ihres betrieblichen Carbon Footprint zu prüfen. Davon zu unterscheiden ist die Aufgabe, ein kontinuierliches Berichtswesen aufzubauen, bei dem regelmäßig und desaggregiert nach Bereichen, Abteilungen etc. die THG-Emissionen ausgewiesen werden. Hierfür wären dann entsprechende Schnittstellen oder erweiterte Softwarelösungen notwendig, was grundsätzlich kein Problem darstellt und teilweise auch vorbereitet ist.

Jährliche Aktualisierung notwendig

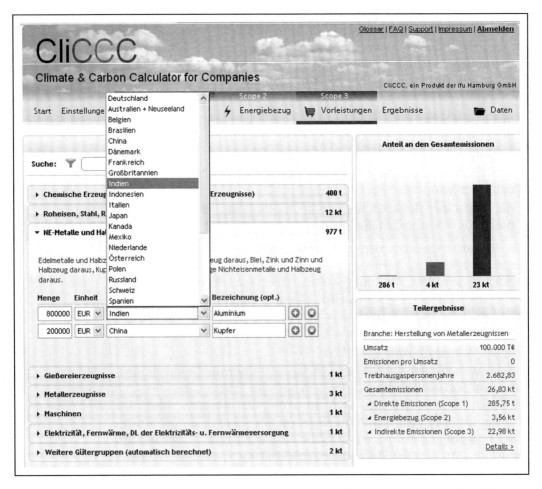

**Abb. 1:** Der CLiCCC-Eingabebereich für Scope-3-Daten aus dem Bereich der Vorprodukte und Vorleistungen (links) mit ersten Ergebnissen zur Emissionsbilanz (rechts)

Abb. 2 zeigt beispielhaft die Ergebnisse einer Emissionsbilanz auf Unternehmensebene. In diesem Beispiel dominieren die Beiträge durch die Bereitstellung von Vorprodukten aus dem Bereich Roheisen, Stahl etc.

### Achtung: Zugangsmöglichkeiten zum CliCCC

Bei der ifu Hamburg GmbH, die den CliCCC entwickelte, können Interessierte einen kostenlosen Test-Account anfordern. Vom finalen Bilanzbericht abgesehen, kann darüber der volle Funktionsumfang ausprobiert werden. Eine Jahreslizenz für das komplette Tool ist derzeit ab 500 EUR pro Standort erhältlich (http://www.carbonfootprint-software.com/de/cliccc).

Eingegebene Daten können als XML-Dokument auf einem Laufwerk des Anwenders gespeichert und von dort aus wieder in das Tool geladen werden.

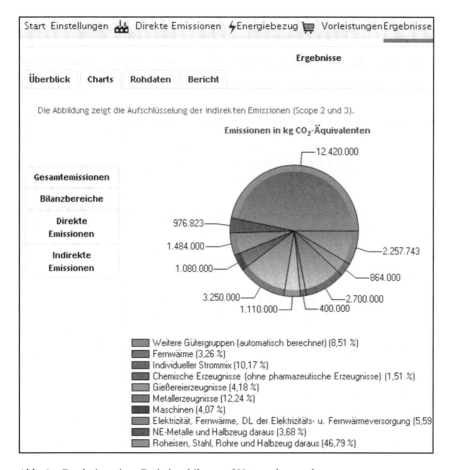

**Abb. 2:** Ergebnisse einer Emissionsbilanz auf Unternehmensebene

## 5 Fazit

Die vorgestellte Methodik eignet sich für eine betriebliche oder unternehmerische Treibhausgasbilanz, was häufig als Corporate Carbon Accounting bezeichnet wird.[8] Sie liefert Anhaltswerte darüber, wie groß der THG-Beitrag des Unternehmens insgesamt ist, einschließlich der Emissionsrucksäcke aus den Lieferketten.

Ergänzt werden kann eine solche Bilanz problemlos um weitere Bereiche, beispielsweise die Emissionen aus dem Pendlerverkehr der Angestellten oder aus der Nutzung und dem Betrieb der Produkte beim Kunden etc. Dies ist weniger ein Berechnungsproblem, sondern vielmehr die grundsätzliche Frage, wo die Systemgrenzen für die Emissionsbilanz gezogen

*Ergänzung um weitere Bereiche möglich*

---

[8]  Vgl. Schmidt (2010), S. 32 ff.

werden. Dies wird teilweise vom Corporate Carbon Accounting bereits gefordert,[9] hängt aber wesentlich von dem Erkenntnisinteresse und der Entscheidungssituation im Unternehmen ab.

**Definieren von Hotspots** Das Unternehmen kann mithilfe solcher einfacher Bilanzen bereits gut identifizieren, wie groß der betriebliche Carbon Footprint ist und wo die „Hotspots" in der Emissionsbilanz liegen. Weitere Bemühungen in das Erstellen solche Bilanzen wird man erst dann stecken, wenn der Carbon Footprint des Unternehmens – absolut oder relativ – groß ist. Dann wird man bei den „Hotspots" detaillierter recherchieren und von pauschalen Faktoren aus der UGR und VGR zu generischen Werten aus LCA-Datenbanken bzw. zu spezifischen Werten von Lieferanten übergehen.

**Keine Produktdifferenzierung möglich** Nicht geeignet sind solche Analysen für den direkten Produktbezug, denn hierfür ist die „Datenkörnigkeit" zu groß. Mit Branchendaten bei den Scope-3-Emissionen erreicht man keine geeignete Trennschärfe, um verschiedene Produkte hinreichend differenzieren zu können. Dafür wären andere methodische Ansätze sinnvoller.[10] Dennoch können vereinfachte Bilanzen auch im Produktbereich einen wesentlichen Beitrag leisten. Schließlich zeigen sie, wo die Brennpunkte liegen und bei welchen Produktionsbereichen, Lieferketten und somit auch Produktgruppen eine detailliertere Analyse überhaupt sinnvoll ist.

# 6 Literaturhinweise

Bleses, Input-Output-Rechnung, Wirtschaft und Statistik, 59. Jg., H. 1/2007, S. 86–96.

Hischier, ecoinvent – eine konsistente, transparente und qualitätsgesicherte Hintergrunddatenbank für Ökobilanzen & Co, Chemie Ingenieur Technik, 83. Jg., H. 10/2011, S. 1590–1596.

International Standardisation Organisation (ISO), Umweltmanagement – Ökobilanz – Grundsätze und Rahmenbedingungen (ISO 14040), Genf 2006.

Raqué, Aufwandsreduzierte Schätzung von Lieferkettenemissionen, in: Horizonte, H. 38/2011, 53–56.

Raqué, Treibhausgasemissionen, Einkaufsdaten und Preiskonzepte, in: Horizonte, H. 39/2012, in Druck.

Schmidt, Carbon Accounting zwischen Modeerscheinung und ökologischem Verbesserungsprozess, Zeitschrift für Controlling & Management, 54. Jg., H. 1/2010, S. 32–37.

---

[9] Vgl. WBCSD/WRI (2011).
[10] Vgl. Schmidt (2011), S. 1541 ff.

Schmidt, Von der Material- und Energieflussanalyse zum Carbon Footprint – Anleihen aus der Kostenrechnung, in: Chemie Ingenieur Technik 83. Jg., H. 10/2011, S. 1541–1552.

World Business Council for Sustainable Development (WBCSD)/World Resources Institute (WRI) (Hrsg.), Greenhouse Gas Protocol Initiative. Corporate Value Chain (Scope 3) Accounting and Reporting Standard, Supplement to the GHG Protocol Corporate Accounting and Reporting Standard, Washington, September 2011.

# Software-Unterstützung eines „Green Controlling" – Einschätzungen deutscher Software-Anbieter

- Zukünftig sind ökologische Inhalte in das bestehende Controlling-System zu integrieren. Hieraus ergeben sich neue Anforderungen an Controlling-Software.

- Derzeitig existiert kein einheitliches Verständnis darüber, wie sich ökologische Steuerungsaspekte optimal in einer Controlling-Software umsetzen und in die bestehende IT-Infrastruktur integrieren lassen. Viele Unternehmen fragen sich darüber hinaus, ob sie zukünftig zusätzliche Controlling-Software benötigen und was bereits am Markt an spezifischen Lösungen angeboten wird. Ziel des vorliegenden Beitrags ist es, diese Fragestellungen im Rahmen einer Bestandsaufnahme zu beantworten.

- Im Beitrag werden die Ergebnisse einer Befragung unter 16 deutschen Anbietern von Controlling-Software vorgestellt. Diese zeigt, dass unter den Software-Anbietern derzeitig die Meinung vorherrscht, ihre „flexiblen" IT-Lösungen eigneten sich für viele unterschiedliche Controlling-Aufgaben, das Green Controlling eingeschlossen.

## ■ Die Autoren

**Hans-Peter Sander**, Dipl.-Journalist und Presseverantwortlicher des Internationalen Controller Vereins e.V. (ICV).

**Andreas Dutz**, Leiter Marketing und Business Development bei der prevero AG in München. Er ist Mitglied des Fachkreises „Green Controlling" des Internationalen Controller Vereins (ICV) sowie im Forschungsprojekt „ÖkoLogi" des International Performance Research Institute (IPRI).

# 1 Ökologische Ausrichtung als künftige Herausforderung

Die umweltgerechte Ausrichtung der Unternehmensaktivitäten sowie von Produkten und Dienstleistungen stellt Unternehmen vor neue Herausforderungen.[1] Die Aufgaben des Controllings, die aus der zunehmenden strategischen Bedeutung ökologischer Aspekte für Unternehmen resultieren, stellen dabei keine grundsätzlich neuen Aufgaben dar, sondern sind vielmehr eine Erweiterung der Kernaufgaben des Controllings unter Berücksichtigung neuer grüner Ziele und Steuerungsaspekte.

Erweiterung der Kernaufgaben des Controllings

Die umweltgerechte Ausrichtung aller Unternehmensaktivitäten und die Gestaltung von ökologischen Produkten und Dienstleistungen bis hin zu Geschäftsmodellen werden auch als „Greening" bezeichnet.[2]

Unter einem „Green Controlling" wird somit die Unterstützung der Unternehmensleitung im Hinblick auf eine angepasste grüne Planung, Steuerung und Kontrolle im Unternehmen verstanden. Green Controlling hat dabei in erster Linie drei Aufgaben:

Verständnis eines Green Controlling

1. Nachweis und Sicherstellung grüner Wirtschaftlichkeit,
2. Überwachung und Kontrolle grüner Zielerreichung,
3. Förderung der Transparenz über ökologische Themen mithilfe von Kennzahlen für Planung, Steuerung und Kontrolle.[3]

# 2 Abbildung ökologischer Aspekte in Controlling-Instrumenten

Eine aktuelle Studie des Internationalen Controller Vereins (ICV) zum „Green Controlling" zeigt, dass die dort untersuchten Controlling-Instrumente bislang nur begrenzt in der Lage sind, grüne Aspekte abzubilden und damit den Ablauf von grünen Controlling-Prozessen zu unterstützen. Die Instrumente Kennzahlen und -systeme, strategische Steuerungsinstrumente, Produktlebenszyklusrechnung und Investitionsbewertungsverfahren sind noch am ehesten dazu geeignet, ökologische Aspekte zu berücksichtigen.

Controlling-Instrumente bislang nur begrenzt geeignet

Um ökologische Aspekte künftig besser abbilden zu können, müssen die Controlling-Instrumente weiterentwickelt werden. Als Beispiele lassen sich nennen:

---

[1] Vgl. Isensee/Henkel (2011), S. 135 f.
[2] Vgl. ICV (2011a), S. 2.
[3] Vgl. ICV (2011b), S. 9.

- Kennzahlen zur Transparenzherstellung und Möglichkeiten zum Benchmarking,
- einfache Hilfestellungen für Umweltbilanzierung, Umweltkostenerfassung und -budgetierung,
- integrierte Planungsinstrumente,
- integrierte Berichte,
- grünes Projekt-Controlling.[4]

**Herausforderungen eines Green Controlling**

Die zunehmende strategische Bedeutung ökologischer Themen erfordert vom Controlling somit eine Erweiterung der Controlling-Prozesse um ökologische Ziele und Informationen, damit diese im Rahmen einer nachhaltigen Unternehmenssteuerung integriert betrachtet werden können. Für das Controlling führt dies zu zahlreichen Herausforderungen:

- Lösung von Mess- und Bewertungsproblemen durch geeignete Instrumente/Methoden,
- Verbesserung der Kooperation zwischen den relevanten Akteuren,
- Aufdecken von Zielkonflikten und
- Anpassung und Weiterentwicklung der IT-Systeme.[5]

Der letztgenannte Aspekt soll in diesem Beitrag detailliert betrachtet werden.

## 3 Befragung zu Software-Lösungen für ein Green Controlling

Derzeitig existiert kein einheitliches Verständnis darüber, wie sich ökologische Steuerungsaspekte optimal in einer Controlling-Software umsetzen und in die bestehende IT-Infrastruktur integrieren lassen. Viele Unternehmen fragen sich daher, ob sie zukünftig zusätzliche Controlling-Software benötigen und was bereits am Markt an spezifischen Lösungen angeboten wird. Um diese Fragestellungen zu beantworten, wurde in einem ersten Schritt eine Recherche über derzeitig auf dem deutschen Markt verfügbare controllingspezifische Software-Lösungen durchgeführt.

---

[4] Vgl. ICV (2011a), S. 22.
[5] Vgl. ICV (2011a), S. 25f., sowie Isensee/Henkel (2011), S. 142.

## 3.1 Verständnis von Software-Lösungen für ein Green Controlling

Als „Controlling-Software" werden im Rahmen dieses Beitrags spezielle Programme verstanden, die von Software-Herstellern für den Einsatz in Unternehmen bezogen werden. Controlling-Software unterstützt dabei die Planung, Steuerung und Kontrolle der einzelnen Unternehmensbereiche. Unter anderem hilft sie bei

*Definition Controlling-Software*

- der Messung des Ist-Zustands eines Unternehmens,
- der Aufdeckung von Fehlentwicklungen sowie
- der Erarbeitung von Verbesserungsvorschlägen.

Die Controlling-Software wird sowohl im strategischen als auch im operativen Controlling eingesetzt. Nachfolgend wird der Begriff „Controlling-Software" synonym für Planungs- und Business-Intelligence-Lösungen (BI-Lösungen) verwendet.

Für Green-Controlling-spezifische Software-Lösungen werden durchaus unterschiedliche Bezeichnungen verwendet. Im Rahmen der Recherche finden sich beispielsweise Produkte wie „Carbon Management Software", „Environment, Health and Safety (EHS-)Software" oder „Sustainability Dashboards". Darüber hinaus gibt es einzelne Anbieter, die ihre branchen- und funktionsneutrale Controlling-Software hinsichtlich Green Controlling erweitern bzw. bereits erweitert haben.

Spezielle Software-Lösungen für das $CO_2$-Management wie beispielsweise „CarbonView" der australischen CarbonView Ltd. verwenden Energieverbrauchs-, Finanz-, Kapazitäts- und Engpassdaten, um Zielkonflikte des Einkaufs, der Produktion und des Vertriebs zu analysieren und zu optimieren. Die Software erlaubt die eingehende Abwägung von Chancen und Risiken, die sich im Rahmen der Strategieentwicklung in Bezug auf eine ausbalancierte Umwelt- und Finanz-Performance ergeben.

*Carbon Management Software*

Unter Environment, Health and Safety (EHS-)Software sind datenbankgestützte Software-Lösungen zu verstehen, die Daten eines Umwelt- und Abfallmanagements bis hin zu Arbeitssicherheit und Betriebshygiene erfassen. Auch bei der EHS-Software ist das Ziel, bislang voneinander getrennte Bereiche zusammenzuführen und umfangreiche Datenmengen verschiedener Disziplinen in einer zentralisierten Datenbank zusammenzufassen und zu verarbeiten. Mithilfe einer EHS-Software können Unternehmen längere Perioden auswerten, Trends erkennen und im Sinne eines Risikomanagements Maßnahmen festlegen.

*Environment, Health and Safety Software*

Sustainability
Dashboard

Einige Anbieter wie beispielsweise Dakota Software, bieten unter der Bezeichnung „Sustainability Dashboard" zusätzliche Tools für das unternehmensweite Erfassen, Analysieren und Steuern von nachhaltigkeitsrelevanten Aspekten an. Neben den sog. „EHS-Informationen" können damit auch individuelle Kenngrößen in Bezug auf $CO_2$- oder andere Treibhausgasemissionen, Verursachung von Schadstoffen, Recyclingquoten etc. erfasst werden. Zudem können relevante Gesetze, Vorschriften und Verordnungen mit Auswirkungen auf den jeweiligen Standort hinterlegt werden.

Basierend auf dieser ersten Recherche wurden 16 deutsche Anbieter zum Thema Green Controlling Software befragt, um so ein genaueres Verständnis über die am Markt verfügbaren IT-Lösungen zu bekommen. Die Ergebnisse dieser Befragung, an der sich sechs Software-Anbieter aktiv beteiligten, werden nachfolgend dargestellt.

## 3.2 Angebot und Anforderungen an Green Controlling Software

Keine spezifische
Green-
Controlling-
Lösung angeboten

Die Frage, ob ihr Unternehmen eine spezifische Green-Controlling-Lösung anbietet, verneinten alle teilnehmenden Unternehmen. Auch die Frage, ob spezielle (Teil-)Module explizit für Tätigkeiten und Prozesse im Green Controlling angeboten werden, wurde von allen Unternehmen verneint. Als Begründung gaben die Unternehmen an, dass Green Controlling derzeitig nicht im Fokus der Software-Lösungen steht und das Thema aus Sicht der Anbieter nicht in erster Linie ein Thema der Software, sondern mehr eine Frage der Fachkompetenz, Sensibilisierung in Bezug auf ökologische Aspekte sowie auf individuelle Prozesse und Strukturen innerhalb eines Unternehmens ist.

Neue Anfor-
derungen an
Controlling-
Software

Einig waren sich die Unternehmen darin, dass durch das Green Controlling neue Anforderungen an Controlling-Software-Lösungen entstehen. So wird die aus der nachhaltigen Unternehmensstrategie resultierende gestiegene Anzahl an Parametern, welche die Finanzkennzahlen beeinflussen, höhere Anforderungen an die Simulationsfähigkeit der eingesetzten Tools stellen.

Anforderungen
mit bestehenden
Software-
Lösungen
abdeckbar

Daran schloss sich die Frage an, ob sich diese zusätzlichen Anforderungen nach Meinung der befragten Anbieter mit bestehenden Controlling-Software-Lösungen funktional abdecken lassen. Fünf der sechs Unternehmen bejahten diese Frage, ein Unternehmen machte dazu keine Angaben. Es wurde die Ansicht vertreten, dass die jeweiligen branchen- und funktionsunabhängigen Lösungen ausreichend sind und zum Aufbau unterschiedlicher Controlling-Lösungen, d.h. auch eines Green Controlling, genutzt werden können. Ein Anbieter gab zu bedenken, dass hoch standardisierte Lösungen, z.B. für die Finanzplanung, mit der Abbildung dieser Inhalte tendenziell Probleme bekommen könnten.

Die Software-Anbieter argumentierten weiter, dass sich ihrer Ansicht nach mit einem flexiblen System jede Anforderung abbilden lässt. Ferner wurde angemerkt, dass es für eine spezifische Software-Lösung zuerst einen fachlichen Standard geben müsse, der in dieser Form noch nicht existiert.

Auch nach Meinung von *Dr. Carsten Bange*, geschäftsführender Gesellschafter des Business Application Research Center (BARC), ist marktgängige Controlling-Software durchaus in der Lage, verschiedenste Inhalte abzubilden. Seiner Ansicht nach sind die meisten Systeme so flexibel, auch neue Kennzahlen, Berechnungslogiken und Stammdaten aufzunehmen, sodass eine spezielle Software-Lösung i.d.R. nicht notwendig sei.

## 3.3 Wichtige Funktionalitäten einer Green Controlling Software

Die Anbieter wurden gebeten, die Funktionalitäten einer Planungs- oder Business-Intelligence-Lösung aufzuzählen, die ihrer Ansicht nach bei einer Green-Controlling-Lösung besonders wichtig sind. Als wichtigste Funktionalitäten wurden von den Anbietern genannt:

- Frühwarnsysteme,
- Kennzahlensysteme,
- Risikomanagementsysteme sowie
- Trendrechnungen.

Nach Meinung von *Dr. Bange* gehören

- die flexible Integration von Daten aus verschiedenen Quellen,
- Möglichkeiten zum Monitoring und zur Berichterstellung sowie
- in der fortschrittlichsten Form auch zur Modellierung und Simulation

zu den wichtigsten Funktionalitäten, welche bei einer Green-Controlling-Software-Lösung von Bedeutung sind.

Diese Frage wurde auch im Rahmen des regelmäßigen Branchen-Newsletters „Controller's e-News" des ICV gestellt. Im März 2012 wurden die Leser des Newsletters gefragt, welche Funktionalitäten in Controlling-IT-Systemen für das „Green Controlling" zusätzlich anzubieten bzw. auszubauen sind. Sechs Antwortbereiche waren dabei vorgegeben.[6]

---

[6]  Vgl. ICV (2012).

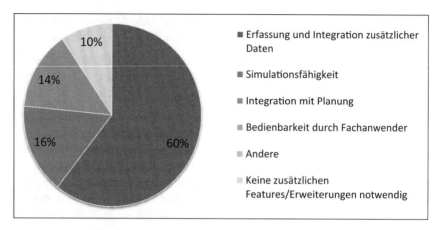

**Abb. 1:** Ergebnisse der Umfrage zu notwendigen Funktionalitäten in „Controller's e-News"

Erfassung und
Integration
zusätzlicher
Daten

60 % der Befragten nannten Erfassung und Integration zusätzlicher Daten als wichtige Funktionalität, welche zusätzlich in Green-Controlling-IT-Systeme einzubauen ist. Fast gleichauf lagen Simulationsfähigkeit (16 %) und Integration mit der Planung (14 %). Nur knapp 10 % der Befragten waren der Ansicht, dass keine zusätzlichen Features bzw. Erweiterungen in Controlling-IT-Systemen für das „Green Controlling" einzufügen sind. Die Bedienbarkeit durch Fachanwender als wichtige Funktionalität wurde hingegen von keinem Befragten ausgewählt.

## 3.4 Marktchancen und Anbieter spezieller Green Controlling Software

Bedarf abhängig
von Durchsetzung
des Themas

Auch bei der Einschätzung des kurz-, mittel- und langfristigen Bedarfs an speziellen Green-Controlling-Software-Lösungen im deutschsprachigen Markt waren sich die Befragten einig. Ihrer Ansicht nach wird sich der Bedarf an speziellen Software-Lösungen an der Durchsetzung des Themas Nachhaltigkeit und Nachhaltigkeitsreporting orientieren.

Nach Meinung von *Dr. Bange* werden die Unternehmen allerdings mit der zunehmenden Reife des Themas tendenziell eher versuchen, die neuen Inhalte in ihren bestehenden Data-Warehouse- und BI-Landschaften abzubilden. Der Vorteil liegt laut *Dr. Bange* darin, dass diese bereits so gut wie alle notwendigen Funktionalitäten besitzen und sich durch eine Integration der Daten mit anderen Inhalten und Kennzahlen verknüpfen lassen. Praktische Beispiele bieten dazu das „Nachhaltigkeitsreporting 2.0" der entero AG oder auch der vom Bundesministerium für Wirtschaft (BMWi) geförderte Green-Reporting-Prototyp „ÖkoLogi" auf prevero-Basis.

Eine weitere Frage an die Software-Anbieter war, was ihrer Meinung nach die besseren Marktchancen hat, spezifische Green-Controlling-Lösungen oder Erweiterungen bestehender Controlling-Software-Lösungen. Auch hier ergab sich ein einheitliches Antwortbild: Nach Ansicht der Anbieter werden spezifische Lösungen interessanter, je näher die gefragte Lösung am operativen Geschehen integriert sein soll. Als Beispiel nannte ein Anbieter den „Carbon Footprint". Geht es bei einer „Carbon Footprint"-Lösung auch um die operative Einflussnahme auf den $CO_2$-Ausstoß, lässt sich dies im Rahmen einer speziellen Lösung einfacher umsetzen als mit einer Anpassung einer bestehenden IT-Lösung. Geht es dagegen primär um das Monitoring und Reporting, sind Erweiterungen allgemein nutzbarer Controlling-Lösungen erfolgversprechender.

*Marktchancen spezifischer Software abhängig vom gewünschten Integrationsgrad*

Abschließend wurden die Anbieter gefragt, ob ihnen Controlling-Software-Anbieter bekannt sind, die bereits spezielle Green-Controlling-Lösungen, auch als Erweiterungen oder Zusatzmodule, anbieten. Als Antwort wurden von den Befragten in erster Linie große Anbieter von Business-Intelligence-Lösungen wie SAP, IBM und SAS genannt. Diese bieten sog. „Sustainability Reporting"-Lösungen an, d.h. spezielle analytische Applikationen, die typischerweise als „Software as a Service" bereitgestellt werden.

*Anbieter in erster Linie große Anbieter von Business-Intelligence-Lösungen*

# 4 Fazit

In der Unternehmenspraxis sind individuelle Zusatz- und Eigenentwicklungen, beispielsweise unter Nutzung von Komponenten des weit verbreiteten MS-Office-Pakets, eine erste Möglichkeit, IT-technisch ökologische Aspekte in das Controlling zu integrieren. Im ICV-Fachkreis „Green Controlling" ist man sich darüber einig, dass derartige Lösungen insbesondere für kleine und mittelständische Unternehmen ein sinnvoller und auch kostengünstiger Einstieg sind. Allerdings kann die vollständige Umsetzung eines Green Controlling nur dann gelingen, wenn alle mess- und steuerungsrelevanten Aspekte systematisch in die bestehende controllingspezifische Software-Infrastruktur integriert werden. Experten vom ICV-Fachkreis „Green Controlling" warnen in diesem Zusammenhang davor, die mit Umweltmanagementsystemen gemachten Fehler zu wiederholen. Deshalb sollte ein sog. Schatten-Reporting vermieden werden, das weder mit dem Monatsreporting noch mit dem Planungsprozess verbunden ist.

*Zur Umsetzung eines Green Controlling spezifische Software empfehlenswert*

Unternehmens-
spezifische
Kriterien bei der
Auswahl der
Software
beachten
Der Aufbau eines unternehmensweiten $CO_2$-Managements sowie andere Projekte eines Green Controlling bedeuten zum Teil auch einen kulturellen Wandel im Unternehmen. Eine wenig komplexe und einfach zu bedienende Software-Lösung kann mögliche anfängliche Widerstände gegen diesen Wandel im Unternehmen reduzieren. Empfehlenswert ist ebenfalls eine erweiterbare sowie skalierbare Software, die sich dem jeweiligen Umsetzungsstand eines Green Controlling im Unternehmen flexibel anpassen kann. Eine mögliche Alternative können in diesem Zusammenhang „Software as a Service"-Angebote im Gegensatz zu hochpreisigen Komplettpaketen sein. Die Auditierfähigkeit kann abschließend ein weiteres wichtiges Kriterium bei der Auswahl einer Green Controlling Software sein.

# 5 Literaturhinweise

Internationaler Controller Verein [2011a] (Hrsg.), Green Controlling – eine (neue) Herausforderung für den Controller?, Gauting/Stuttgart, 2011.

Internationaler Controller Verein [2011b] (Hrsg.), Green Controlling – Relevanz und Ansätze einer „Begrünung" des Controlling-Systems, Gauting/Stuttgart, 2011.

Internationaler Controller Verein (Hrsg.), Umfrage „Können Controlling-IT-Systeme schon „Green Controlling"?, Controller's e-News, März 2012.

Isensee/Henkel, Nachhaltigkeit als neues Ziel: Herausforderung und Lösungsansätze für das Green Controlling, in Gleich/Gänßlen/Losbichler (Hrsg.), Challenge Controlling 2015 – Trends und Tendenzen, 2011, S. 133–152.

# Kapitel 5: Literaturanalyse

# Literaturanalyse zum Themengebiet „Nachhaltigkeitscontrolling"

In den letzten fünf Jahren ist eine Reihe von Publikationen in der Controlling-Literatur mit Bezug zur Nachhaltigkeit erschienen. Neben einer integrierten Sichtweise im Nachhaltigkeitscontrolling, welche alle drei Dimensionen der Nachhaltigkeit (Ökonomie, Ökologie, Soziales) gleichermaßen berücksichtigt, überwiegt dort noch der Anteil an Beiträgen, die sich insbesondere mit der ökologischen Dimension der Nachhaltigkeit auseinandersetzen. Dies ist nicht überraschend, denn in diesem Bereich kann das Controlling auf langjährige Erfahrungen im Bereich des Öko- bzw. Umwelt-Controllings aufbauen.

Die Auswahl der Bücher dieser Literaturanalyse soll den Teilaspekten des Nachhaltigkeitscontrollings Rechnung tragen und Vorschläge zur inhaltlichen Vertiefung aufzeigen. Folgende vier Bücher werden vorgestellt:

- Das Buch „*Nachhaltigkeits-Controlling*" bietet einen praxisorientierten Überblick über bestehende Ansätze und beschreibt praxiserprobte Werkzeuge, wie die Umweltkostenrechnung, die Ökobilanzierung oder die Sustainability Balanced Scorecard.

- Der Herausgeberband „*Integriertes Umweltcontrolling – Von der Stoffstromanalyse zum Bewertungs- und Informationssystem*" stellt Forschungsergebnisse und praxisnahe Empfehlungen zu den Themen Umwelt-Controlling, Stoffstrommanagement, umweltorientierte Bewertung und Kostenrechnung sowie Umweltinformationssysteme vor.

- Der Tagungsband „*Ökobilanzierung 2009 – Ansätze und Weiterentwicklungen zur Operationalisierung von Nachhaltigkeit*" gibt einen Überblick über die Ökobilanzierung bzw. das Life Cycle Assessment (LCA).

- Das Buch „*Datenauswertung von Energiemanagementsystemen – Datenerfassung, Messwertdarstellung und -interpretation, Kennwerte zur Energieverteilung, Praxisbeispiele*" widmet sich der Erfassung, Darstellung und Interpretation von Messwerten und Daten des betrieblichen Energiemanagements.

### Die Verfasser der Literaturanalyse

**Christoph Munck** und **Mike Schulze** sind Wissenschaftliche Mitarbeiter und Doktoranden im Forschungsschwerpunkt Controlling & Innovation am Strascheg Institute for Innovation and Entrepreneurship (SIIE) der EBS Business School in Oestrich-Winkel.

| Überblick | | |
|---|---|---|
| Titel | Grundlagen | Aufbauliteratur |
| **Autor:** Armin Müller | ++ | + |
| **Titel:** Nachhaltigkeits-Controlling | Praxisorientiert | Wissenschaft-lich |
| **Jahr:** 2011 (1. Aufl.) **Verlag:** uni-edition **Kosten:** 19,90 EUR **Seiten:** 216 **ISBN:** 978-3-942171-22-9 | ++ | + |

### Inhalt:

Als funktionaler Beitrag zu einer nachhaltigen Unternehmensausrichtung hat das Controlling die wesentliche Aufgabe der adäquaten Informationsversorgung des Managements. Mit seinem Buch bietet *Armin Müller* dazu einen praxisorientierten Überblick über bestehende Ansätze und Instrumente im Bereich des Nachhaltigkeitscontrollings.

Nach einer kurzen Einführung, in der neben Kontext und Inhalt des Controllings insbesondere auf die Vereinbarkeit von nachhaltiger Unternehmensführung und Controlling eingegangen wird, werden in den Kapiteln 2 und 3 zunächst Controlling-Werkzeuge der Nachhaltigkeitsdimensionen Ökologie und Soziales isoliert dargestellt. Der Autor stellt fest, dass insbesondere im Öko-Controlling bereits eine Vielzahl unterschiedlicher Instrumente entwickelt, diskutiert und in der betrieblichen Praxis angewendet wurden, während derartige Instrumente und Erfahrungen im Bereich des Sozio-Controllings bisher kaum vorhanden sind. Als Instrumente für ein Öko-Controlling stellt *Armin Müller* betriebswirtschaftliche Ansätze auf der Basis des traditionellen Rechnungswesens, Erweiterungen der Kosten-Leistungs-Rechnung zu einer Umweltkostenrechnung, Kennzahlen und Indikatoren sowie Ansätze zu einer umfassenden Ökobilanzierung vor. Im Bereich des Sozio-Controllings beschreibt er Ansätze der Sozialbilanzierung sowie verschiedene Sozial-Indikatoren.

In Kapitel 4 wird aufgezeigt, wie die zuvor einzeln betrachteten Dimensionen Ökologie und Soziales zu einem Nachhaltigkeitscontrolling integriert werden können. Dazu werden die beiden Ansätze der Produktlinienanalyse sowie der Sustainability Balanced Scorecard vorgestellt.

Kapitel 5 beschäftigt sich abschließend mit dem Themengebiet der Nachhaltigkeitsberichterstattung. Nach einer allgemeinen Einführung zu den Grundsätzen des Berichtswesens wird anhand der zwei Praxisbeispiele Berichterstattung anhand des Reporting-Standards der „Global Reporting Initiative" (GRI) sowie des Sustainable-Value-Ansatzes gezeigt, wie Unternehmen den Anforderungen an eine glaubwürdige Nachhaltigkeitsberichterstattung entsprechen können.

Ein kurzer Anhang mit konkreten Beispielen einzelner Instrumente und Checklisten sowie ein umfangreicher Fragen- und Antwortenteil, welcher dem Leser zur inhaltlichen Selbstüberprüfung der vorhergehenden Kapitel dienen soll, runden das Buch ab.

### Bewertung:

Mit seinem Buch schafft es *Armin Müller*, die wichtigsten derzeit diskutierten Themen zum Nachhaltigkeitscontrolling überblicksartig vorzustellen und für den Leser auf nachvollziehbare Art und Weise aufzubereiten. Hierzu wird eine Vielzahl von Tabellen und Abbildungen genutzt, die allerdings vom Layout eher einfach gehalten sind.

Dem anwendungsorientierten Leser wird zur Umsetzung eines Nachhaltigkeitscontrollings das nötige Rüstzeug geliefert, indem die wichtigsten praxiserprobten Werkzeuge, wie die Umweltkostenrechnung, die Ökobilanzierung oder die Sustainability Balanced Scorecard erläutert werden.

Zum besseren Verständnis und Lernerfolg sind eine Vielzahl von Kontroll- und Übungsaufgaben sowie Fallstudien in die einzelnen Buchkapitel integriert. Diese zum Nachdenken anregenden Aufgaben zielen darauf ab, sich reflektierend mit den zuvor dargestellten Inhalten auseinanderzusetzen.

### Fazit:

Insgesamt ein empfehlenswertes Buch, das sich aufgrund des zusammenfassenden Überblicks über bestehende Ansätze und Instrumente im Bereich des Nachhaltigkeitscontrollings als Einstieg für Leser aus der Unternehmenspraxis eignet. Aufgrund der umfangreichen Lern- und Kontrollfragen und der Fallstudien zu den einzelnen Kapiteln ist das Buch auch als Lehr- und Arbeitsbuch für Dozenten und Studierende der Betriebswirtschaftslehre geeignet.

| Überblick | | |
|---|---|---|
| Titel | Grundlagen | Aufbauliteratur |
| **Autoren:** Martin Tschandl, Alfred Posch (Hrsg.) | + | ++ |
| **Titel:** Integriertes Umweltcontrolling – Von der Stoffstromanalyse zum Bewertungs- und Informationssystem **Jahr:** 2012 (2. Aufl.) **Verlag:** Gabler **Kosten:** 49,95 EUR **Seiten:** 326 **ISBN:** 978-3-8349-3031-6 | Praxisorientiert | Wissenschaftlich |
| | ++ | ++ |

▨ **Inhalt:**

Bei dem Buch „Integriertes Umweltcontrolling – Von der Stoffstromanalyse zum Bewertungs- und Informationssystem" von *Martin Tschandl* und *Alfred Posch* handelt es sich um einen Herausgeberband mit insgesamt 15 Beiträgen unterschiedlicher Autoren bzw. Autorenteams. Das bereits in der zweiten Auflage erschienene Buch basiert auf den gemeinsamen Forschungsaktivitäten des Studiengangs Industriewirtschaft/Industrial Management der FH JOANNEUM in Kapfenberg, dem Institut für Systemwissenschaften, Innovations- und Nachhaltigkeitsforschung der Universität Graz sowie den Aktivitäten des Internationalen Controller Vereins (ICV) zum Thema „Green Controlling".

Nach einem einleitenden Teil „Umwelt und Controlling" mit zwei Beiträgen über die Grundlagen des Umwelt-Controllings sowie die verschiedenen Perspektiven der Integration in betriebliche Managementsysteme und das Controlling folgen drei weitere inhaltliche Abschnitte zu den Themengebieten „Stoffstrommanagement", „Umweltorientierte Bewertung und Kostenrechnung" sowie „Umweltinformationssysteme".

Der Abschnitt „Stoffstrommanagement" umfasst drei Beiträge über die Stoff- und Energiebilanzierung in der industriellen Produktion, die Möglichkeiten der Simulation im betrieblichen Stoffstrommanagement sowie das zwischenbetriebliche Stoffstrommanagement mit einem Fokus auf industrielle Verwertungsnetze.

Im Abschnitt „Umweltorientierte Bewertung und Kostenrechnung" beleuchten zwei Beiträge die ökologieorientierten Bewertungsverfahren. Zwei weitere Beiträge befassen sich mit der ökonomischen Bewertung und stellen mit der Flusskostenrechnung und Ressourcenkostenrechnung zwei innovative Kostenrechnungsansätze vor. In einem weiteren Artikel werden Vorschläge für die Einführung und Anwendung der Balanced Scorecard für das betriebliche Umwelt-Controlling unterbreitet.

Der Abschnitt „Umweltinformationssysteme" beginnt mit grundlegenden Ausführungen und einer Darstellung der prozessorientierten Perspektive. Der Datenherkunft und -eignung widmen sich zwei weitere Beiträge, die das Datenmanagement für stoffstromorientierte betriebliche Umweltinformationssysteme (BUIS) und die Möglichkeiten des Datenmanagements unter Beachtung integrierter Informationssysteme besprechen. Ein Artikel über die Sustainability Balanced Scorecard als Integrationsrahmen für BUIS rundet den Abschnitt und den Herausgeberband ab.

### Bewertung:

Die Herausgeber konnten ausgewiesene Experten aus Wissenschaft und Praxis als Autoren gewinnen, die durch ihren unterschiedlichen Erfahrungshintergrund zur interdisziplinären Ausrichtung des Sammelbandes beitragen.

Ziel des Herausgeberbands ist es, sowohl der Forschung neue Impulse im Bereich des Umwelt-Controllings zu geben, als auch die Kooperation zwischen verschiedenen betrieblichen Teildisziplinen anzuregen und den Dialog zwischen Theorie und Praxis weiter zu verstärken. Hierzu vermittelt das Buch dem Leser eine Vielzahl von Ansatzpunkten und vertieft diese durch anschauliche Fallbeispiele.

Die jeweils zwischen fünfzehn bis dreißig Seiten umfassenden Artikel sind für sich gesehen zumeist leicht lesbar, gut verständlich und durch zahlreiche Abbildungen leserfreundlich aufbereitet. Beim Lesen fallen lediglich die unterschiedlichen Schreibstile der Autoren auf, die den Lesefluss etwas beeinträchtigen.

### Fazit:

Der Herausgeberband von *Martin Tschandl* und *Alfred Posch* vermittelt neben wissenschaftlichen Konzepten auch deren Anwendung in der Praxis. Somit ist er nicht nur für Wissenschaftler, sondern auch für Anwender in Unternehmen geschrieben. Das Buch eignet sich sowohl als Einsteigerlektüre in das Thema Umwelt-Controlling als auch zum Vertiefen von spezifischen Themengebieten, wie beispielsweise dem Stoffstrommanagement oder Umweltinformationssystemen.

| Überblick | | |
|---|---|---|
| Titel | Grundlagen | Aufbauliteratur |
| **Autoren:** Silke Feifel, Wolfgang Walk, Sibylle Wursthorn, Liselotte Schebek (Hrsg.) | + | ++ |
| | Praxisorientiert | Wissenschaftlich |
| **Titel:** Ökobilanzierung 2009 – Ansätze und Weiterentwicklungen zur Operationalisierung von Nachhaltigkeit <br> **Jahr:** 2009 (1. Aufl.) <br> **Verlag:** KIT Scientific Publishing <br> **Kosten:** 32,00 EUR <br> **Seiten:** 295 <br> **ISBN:** 978-3-86644-421-8 | ++ | ++ |

**Inhalt:**

Der Herausgeberband „Ökobilanzierung 2009 – Ansätze und Weiterentwicklungen zur Operationalisierung von Nachhaltigkeit" gibt einen umfassenden Überblick über die Ökobilanzierung bzw. das Life Cycle Assessment (LCA), eine etablierte Methodik zur Umweltbewertung von Produkten und Prozessen. In dem Buch wurden Beiträge der fünften „Ökobilanz-Werkstatt", eine Veranstaltung des Netzwerks „Lebenszyklusdaten", zusammengefasst. Bei dem Netzwerk handelt es sich um eine deutsche Informations- und Kommunikationsplattform für alle an der Thematik der Lebenszyklusanalysen interessierten Gruppen und Personen, die mittlerweile mehr als 30 Partnerorganisationen aus Wissenschaft, Wirtschaft und Verwaltung umfasst.

Das Buch beinhaltet insgesamt über 35 Beiträge von mehrheitlich wissenschaftlichen Autoren zu methodischen Weiterentwicklungen, IT-Lösungen und konkreten Anwendungsbeispielen der Ökobilanzierung. Die Beiträge verfolgen das Ziel, die komplexen Zusammenhänge darzustellen und den Nutzen sowie die aktuellen Herausforderungen dieser Methodik herauszuarbeiten.

Das umfangreiche Buch gliedert sich neben einer allgemeinen Einführung und der Zusammenfassung inhaltlich in neun Teilaspekte, die die einzelnen thematischen Schwerpunkte der Fachtagung widerspiegeln:

- Allgemeine Einführung, Darstellung verschiedener Methoden im Kontext der Steuerung von Nachhaltigkeit
- „Holz als Ressource"
- „Life Cycle Assessments (LCA) im betrieblichen Rahmen"

- „Allokation und Systemraumerweiterung"
- „Bewertung der Ressourceninanspruchnahme Wasser und Land"
- „Material-/Produktinnovationen: entwicklungsbegleitendes Life Cycle Assessment"
- „Methodenerweiterung: Life Cycle Assessment und darüber hinaus"
- „Life Cycle Assessment Datenformate und Datenaustausch"
- „Life Cycle Assessment über Nutzung und Anbau biogener Energierohstoffe"
- „Datenqualität und Datenaktualität"
- Zusammenfassung und Ausblick

### Bewertung:

Durch die Einbindung einer Vielzahl unterschiedlicher Autoren und Einzelaspekte gelingt es den Herausgebern des Tagungsbandes, ein breites inhaltliches Spektrum abzudecken. Das Themengebiet der Öko-bilanzierung wird mit qualitativ hochwertigen Beiträgen ausgiebig aus verschiedenen Blickwinkeln beleuchtet. Dem praxisorientierten Leser werden Lösungsansätze und weitergehende Handlungsempfehlungen für aktuelle und potenzielle Problemstellungen aufgezeigt.

Das Buch eignet sich weniger als Grundlagenliteratur, sondern richtet sich gezielt an Leser aus Praxis und Wissenschaft, die sich bereits mit ähnlichen Fragestellungen in der täglichen Arbeit beschäftigen.

### Fazit:

Der Tagungsband empfiehlt sich primär für wissenschaftlich orientierte Leser. Für den praxisorientierten Leser, der bei einzelnen thematischen Aspekten an einer wissenschaftlichen Fundierung der Methodik und aktuellen Forschungsergebnissen interessiert ist, ist das Buch ebenfalls eine gute Wahl.

| Überblick | | |
|---|---|---|
| Titel | Grundlagen | Aufbauliteratur |
| **Autor:** Manfred Weiß | ++ | + |
| **Titel:** Datenauswertung von Energiemanagementsysteme – | Praxisorientiert | Wissenschaftlich |
| Datenerfassung, Messwertdarstellung und -interpretation, Kennwerte zur Energieverteilung, Praxisbeispiele<br>**Jahr:** 2010 (1. Aufl.)<br>**Verlag:** Publicis Publishing<br>**Kosten:** 49,90 EUR<br>**Seiten:** 180<br>**ISBN:** 978-3-89578-347-0 | +++ | |

### Inhalt:

Effiziente Nutzung von Energie ist ein wesentliches Element im Rahmen einer nachhaltigen Unternehmensführung. Viele Unternehmen etablieren daher, insbesondere vor dem Hintergrund der aktuellen Entwicklungen auf den globalen Energiemärkten, ein betriebliches Energiemanagement, um die Ressource Energie optimal zur Erfüllung ihres jeweiligen Unternehmenszweckes einzusetzen. Dies erfordert allerdings in den Unternehmen ein spezifisches Wissen über die unternehmensinterne Energiewertschöpfung sowie die entsprechenden unternehmensindividuellen Zusammenhänge von Energieeinsatz und -ausbeute. Hierzu müssen durch das betriebliche Energiemanagement nicht nur Daten und Informationen erfasst und archiviert, sondern auch interpretiert und aufbereitet werden können.

Das Buch „Datenauswertung von Energiemanagementsystemen – Datenerfassung, Messwertdarstellung und -interpretation, Kennwerte zur Energieverteilung und Praxisbeispiele" von *Manfred Weiß* richtet sich diesem Gedanken folgend explizit an alle Personengruppen, die im Bereich des betrieblichen Energiemanagements in Unternehmen tätig sind. Es beschreibt die Grundsätze unterschiedlicher Messverfahren, die der Erfassung von Energiebezugs- und Verbrauchswerten für diverse Energieträger dienen. Darüber hinaus werden dem Leser die verschiedenen Möglichkeiten der grafischen Darstellung von Messwerten aufgezeigt. Die Interpretation von Istwerten, Ganglinien, Häufigkeitsverteilungen sowie Kennzahlen und Rechenwerten liefert wichtige Anhaltspunkte, welche Möglichkeiten es in den jeweils betrachteten Prozessen zur Optimierung des Energieverbrauchs gibt. Mithilfe entsprechender Betriebssichten können Mitarbeiter der technischen Betriebsleitung, Energieeinkäufer, Facility- und Energiemanager konkrete Maßnahmen für die Steuerung der betrieblichen Prozesse sowie die künftige Energieplanung ableiten. Der letzte Teil des Buches widmet sich der Darstellung von konkreten Praxisbeispielen zu einzelnen energierelevanten Fragestellungen. Dort wird jeweils konkret dargestellt, wie die in den einzelnen Beispielen erfassten Energiewerte innerhalb des Betriebs zu beurteilen sind und daraus Schlüsse für die Optimierung der einzelnen Energieträger gezogen werden können. Im Anhang finden sich die wichtigsten Formeln und Berechnungen sowie ein kurzes Glossar häufig verwendeter Begriffe im betrieblichen Energiemanagement.

### Bewertung:

Es gelingt dem Autor hervorragend, in aller Kürze die wesentlichen thematischen Aspekte der Erhebung, grafischen Darstellung und Interpretation von energierelevanten Daten darzustellen. Das Buch ist durch kurze, prägnante inhaltliche Abschnitte leicht lesbar, für Leser mit einem technischen Grundverständnis gut nachvollziehbar und mit sehr vielen Abbildungen, Tabellen und Diagrammen leserfreundlich aufgearbeitet. Eine Stärke liegt darüber hinaus in den zahlreichen Praxisbeispielen, die im hinteren Teil des Buches vorgestellt werden.

An einigen Stellen des Buches wird deutlich, dass das Buch vor allem aus einer technischen Perspektive geschrieben ist. Neben der Senkung des absoluten Energieverbrauches ist ein weiteres Ziel eines betrieblichen Energiemanagements auch die Reduktion der daraus resultierenden Energiekosten. Auf diesen Aspekt der finanziellen Bewertung und Steuerung des betrieblichen Energieverbrauchs wird allerdings nicht eingegangen.

### Fazit:

Das Buch von *Manfred Weiß* ist eindeutig auf den praxisorientierten Leser ausgerichtet. Es erhebt keinen Anspruch auf inhaltliche Vollständigkeit, sondern soll lediglich einen Ausschnitt der unterschiedlichen Facetten eines betrieblichen Energiemanagements beschreiben. Das Buch ist empfehlenswert für Leser, die sich in komprimierter Form das notwendige technische Hintergrundwissen zur Erfassung, Darstellung und Interpretation von Messwerten und Daten des betrieblichen Energiemanagements aneignen wollen.

# Literaturanalyse

# Stichwortverzeichnis